《蘇州全書》編纂出版委員會 編

·僑吴集

蘇州全書

甲編

古吴軒出版社
蘇州大學出版社

圖書在版編目（CIP）數據

僑吴集 / (元) 鄭元祐撰 . -- 蘇州 : 古吴軒出版社 : 蘇州大學出版社 , 2024. 12. -- (蘇州全書). -- ISBN 978-7-5546-2465-4

Ⅰ. Z429.47

中國國家版本館 CIP 數據核字第 20246035N7 號

責任編輯 戴玉婷
助理編輯 王霽鈺
裝幀設計 周　晨　李　璇
責任校對 張雨蕊
助理校對 周　磊

書　　名 僑吴集
撰　　者 〔元〕鄭元祐
出版發行 古吴軒出版社
地址：蘇州市八達街118號蘇州新聞大厦30F　電話：0512-65233679
蘇州大學出版社
地址：蘇州市十梓街1號　電話：0512-67480030
印　　刷 常州市金壇古籍印刷廠有限公司
開　　本 889 × 1194　1/16
印　　張 35.5
版　　次 2024 年 12 月第 1 版
印　　次 2024 年 12 月第 1 次印刷
書　　號 ISBN 978-7-5546-2465-4
定　　價 240.00 元

《蘇州全書》編纂工程

總主編

劉小濤　吴慶文

學術顧問（按姓名筆畫爲序）

王　芳　王　宏　王　堯　王　鍔　王紅蕾　王華寶　王爲松　王衛平
王餘光　王鍾陵　朱棟霖　朱誠如　任　平　全　勤　江慶柏　江澄波
汝　信　阮儀三　杜澤遜　李　捷　吴　格　吴永發　何建明　言恭達
沈坤榮　沈燮元　武秀成　范小青　范金民　茅家琦　周　秦　周少川
周國林　周勛初　周新國　胡可先　胡曉明　姜　濤　姜小青　韋　力
姚伯岳　馬亞中　袁行霈　華人德　莫礪鋒　徐　俊　徐　海　徐　雁
徐惠泉　徐興無　唐力行　陸振嶽　陸儉明　陳子善　陳正宏　陳尚君
陳紅彦　陳廣宏　黄愛平　黄顯功　崔之清　張乃格　張志清　張伯偉
張海鵬　葉繼元　葛劍雄　單霽翔　程章燦　程毅中　喬治忠　鄔書林
賀雲翱　詹福瑞　趙生群　廖可斌　熊月之　樊和平　劉　石　劉躍進
閻曉宏　錢小萍　戴　逸　韓天衡　嚴佐之　顧　薌

《蘇州全書》編纂出版委員會

前言

中華文明源遠流長，文獻典籍浩如烟海。這些世代累積傳承的文獻典籍，是中華民族生生不息的文脉和根基。蘇州作爲首批國家歷史文化名城，素有『人間天堂』之美譽。自古以來，這裏的人民憑藉勤勞和才智，創造了極爲豐厚的物質財富和精神文化財富，使蘇州不僅成爲令人嚮往的『魚米之鄉』，更是實至名歸的『文獻之邦』，爲中華文明的傳承和發展作出了重要貢獻。

蘇州被稱爲『文獻之邦』由來已久，早在南宋時期，就有『吴門文獻之邦』的記載。宋代朱熹云：『文，典籍也；獻，賢也。』蘇州文獻之邦的地位，是歷代先賢積學修養、劬勤著述的結果。明人歸有光《送王汝康會試序》云：『吴爲人材淵藪，文字之盛，甲於天下。』朱希周《長洲縣重修儒學記》亦云：『吴中素稱文獻之邦，蓋子游之遺風在焉，士之嚮學，固其所也。』《江蘇藝文志·蘇州卷》收録自先秦至民國蘇州作者一萬餘人，著述達三萬二千餘種，均占江蘇全省三分之一强。古往今來，蘇州曾引來無數文人墨客駐足流連，留下了大量與蘇州相關的文獻。時至今日，蘇州仍有約百萬册的古籍留存，入選『國家珍貴古籍名録』的善本已達三百一十九種，位居全國同類城市前列。其中的蘇州鄉邦文獻，歷宋元明清，涵經史子集，寫本刻本，交相輝映。此外，散見於海内外公私藏家的蘇州文獻更是不可勝數。它們載録了數千年傳統文化的精華，也見證了蘇州曾經作爲中國文化中心城市的輝煌。

蘇州文獻之盛得益於崇文重教的社會風尚。春秋時代，常熟人言偃就北上問學，成爲孔子唯一的南方弟子。歸來之後，言偃講學授道，文開吴會，道啓東南，被後人尊爲『南方夫子』。西漢時期，蘇州人朱買臣負薪讀書，穹窿山中至今留有其『讀書臺』遺迹。兩晉六朝，以『顧陸朱張』爲代表的吴郡四姓涌現出大批文士，在不少學科領域都貢獻卓著。及至隋唐，蘇州大儒輩出，《隋書·儒林傳》十四人入傳，其中籍貫吴郡者二人；《舊唐書·儒學傳》三十四人入正傳，其中籍貫吴郡（蘇州）者五人。文風之盛可見一斑。北宋時期，范仲淹在家鄉蘇州首創州學，並延名師胡瑗等人教授生徒，此後縣學、書院、社學、義學等不斷興建，蘇州文化教育日益發展。故明人徐有貞云：『論者謂吾蘇也，郡甲天下之郡，學甲天下之學，人才甲天下之人才，偉哉！』在科舉考試方面，蘇州以鼎甲萃集爲世人矚目，清初汪琬曾自豪地將狀元稱爲蘇州的土産之一，有清一代蘇州狀元多達二十六位，占全國的近四分之一，由此而被譽爲『狀元之鄉』。近現代以來，蘇州在全國較早開辦新學，發展現代教育，涌現出顧頡剛、葉聖陶、費孝通等一批大師巨匠。中華人民共和國成立後，社會主義文化教育事業蓬勃發展，蘇州英才輩出、人文昌盛，文獻著述之富更勝於前。

蘇州文獻之盛受益於藏書文化的發達。蘇州藏書之風舉世聞名，千百年來盛行不衰，具有傳承歷史長、收藏品質高、學術貢獻大的特點，無論是卷帙浩繁的圖書還是各具特色的藏書樓，以及延綿不絶的藏書傳統，都成爲中華文化重要的組成部分。據統計，蘇州歷代藏書家的總數，高居全國城市之首。南朝時期，蘇州就出現了藏書家陸澄，藏書多達萬餘卷。明清兩代，蘇州藏書鼎盛，絳雲樓、汲古閣、傳是樓、百宋一廛、藝芸書舍、鐵琴銅劍樓、過雲樓等藏書樓譽滿海内外，彙聚了大量的珍貴文獻，對古代典籍的收藏保護厥功至偉，亦於文獻校勘、整理裨益甚巨。《舊唐書》自宋至明四百多年間已難以考覓，直至明嘉靖十七年（一五三八），聞人詮在蘇州爲官，搜討舊籍，方從吴縣王延喆家得《舊唐書》『紀』和『志』部分，從長洲張汴家得《舊唐書》『列傳』部分，『遺籍俱出宋時模板，旬月之間，二美璧合』，于是在蘇州府學中槧刊，《舊唐書》自此得以彙而成帙，復行於世。清代嘉道年間，蘇州黄丕烈和顧廣圻均爲當時藏書名家，且善校書，『黄跋顧校』在中國文獻史上影響深遠。

蘇州文獻之盛也獲益於刻書業的繁榮。蘇州是我國刻書業的發祥地之一，早在宋代，蘇州的刻書業已經發展到了相當高的水平，至今流傳的杜甫、李白、韋應物等文學大家的詩文集均以宋代蘇州官刻本爲祖本。宋元之際，蘇州磧砂延聖院還主持刊刻了中國佛教史上著名的《磧砂藏》。明清時期，蘇州成爲全國的刻書中心，所刻典籍以精善享譽四海，明人胡應麟有言：『凡刻之地有三，吴也、越也、閩也。』他認爲『其精，吴爲最』，『其直重，吴爲最』。又云：『余所見當今刻本，蘇常爲上，金陵次之，杭又次之。』清人金埴論及刻書，仍以胡氏所言三地爲主，則謂『吴門爲上，西泠次之，白門爲下』。明代私家刻書最多的汲古閣、清代坊間刻書最多的掃葉山房均爲蘇州人創辦，晚清時期頗有影響的江蘇官書局也設於蘇州。據清人朱彝尊記述，汲古閣主人毛晉『力搜秘册，經史而外，百家九流，下至傳奇小説，廣爲鏤版，由是毛氏鋟本走天下』。由於書坊衆多，蘇州還産生了書坊業的行會組織崇德公所。明清時期，蘇州刻書數量龐大，品質最優，裝幀最爲精良，爲世所公認，國内其他地區不少刊本也都冠以『姑蘇原本』，其傳播遠及海外。

蘇州傳世文獻既積瀓着深厚的歷史文化底藴，又具有穿越時空的永恒魅力。從范仲淹的『先天下之憂而憂，後天下之樂而樂』，到顧炎武的『天下興亡，匹夫有責』，這種胸懷天下的家國情懷，早已成爲中華民族精神的重要組成部分，傳世留芳，激勵後人。南朝顧野王的《玉篇》，隋唐陸德明的《經典釋文》、陸淳的《春秋集傳纂例》等均以實證明辨著稱，對後世影響深遠。明清時期，馮夢龍的《喻世明言》《警世通言》《醒世恒言》，在中國文學史上掀起市民文學的熱潮，具有開創之功。吴有性的《温疫論》、葉桂的《温熱論》，開温病學研究之先河。蘇州文獻中藴含的求真求實的嚴謹學風、勇開風氣之先的創新精神，已經成爲一種文化基因，融入了蘇州城市的血脉。不少蘇州文獻仍具有鮮明的現實意義。明代費信的《星槎勝覽》，是記載歷史上中國和海上絲綢之路相關國家交往的重要文獻。鄭若曾的《籌海圖編》和徐葆光的《中山傳信録》，爲釣魚島及其附屬島嶼屬於中國固有領土提供了有力證據。魏良輔的《南詞引正》、嚴澂的《松絃館琴譜》、計成的《園冶》，分别是崑曲、古琴及園林營造的標志性成果，這些藝術形式如今得以名列世界文化遺産，與上述名著的嘉惠滋養密不可分。

維桑與梓，必恭敬止；文獻流傳，後生之責。蘇州先賢向有重視鄉邦文獻整理保護的傳統。方志編修方面，范成大《吳郡志》爲方志創體，其後名志迭出，蘇州府縣志、鄉鎮志、山水志、寺觀志、人物志等數量龐大，構成相對完備的志書系統。地方總集方面，南宋鄭虎臣輯《吳都文粹》、明錢穀輯《吳都文粹續集》、清顧沅輯《吳郡文編》先後相繼，收羅宏富，皇皇可觀。常熟、太倉、崑山、吳江諸邑，周莊、支塘、木瀆、甪直、沙溪、平望、盛澤等鎮，均有地方總集之編。及至近現代，丁祖蔭彙輯《虞山叢刻》《虞陽説苑》，柳亞子等組織『吳江文獻保存會』，爲搜集鄉邦文獻不遺餘力。江蘇省立蘇州圖書館於一九三七年二月舉行的『吳中文獻展覽會』規模空前，展品達四千多件，並彙編出版吳中文獻叢書。然而，由於時代滄桑，圖書保藏不易，蘇州鄉邦文獻中『有目無書』者不在少數。同時，囿於多重因素，蘇州尚未開展過整體性、系統性的文獻整理編纂工作，許多文獻典籍仍處於塵封或散落狀態，没有得到應有的保護與利用，不免令人引以爲憾。

進入新時代，黨和國家大力推動中華優秀傳統文化的創造性轉化和創新性發展。習近平總書記强調，要讓收藏在博物館裏的文物、陳列在廣闊大地上的遺産、書寫在古籍裏的文字都活起來。二〇二二年四月，中共中央辦公廳、國務院辦公廳印發《關於推進新時代古籍工作的意見》，確定了新時代古籍工作的目標方向和主要任務，其中明確要求『加强傳世文獻系統性整理出版』。盛世修典，賡續文脉，蘇州文獻典籍整理編纂正逢其時。二〇二二年七月，中共蘇州市委、蘇州市人民政府作出編纂《蘇州全書》的重大决策，擬通過持續不斷努力，全面系統整理蘇州傳世典籍，着力開拓研究江南歷史文化，編纂出版大型文獻叢書，同步建設全文數據庫及共享平臺，將其打造爲彰顯蘇州優秀傳統文化精神的新陣地，傳承蘇州文明的新標識，展示蘇州形象的新窗口。

『睹喬木而思故家，考文獻而愛舊邦。』編纂出版《蘇州全書》，是蘇州前所未有的大規模文獻整理工程，是不負先賢、澤惠後世的文化盛事。希望藉此系統保存蘇州歷史記憶，讓散落在海内外的蘇州文獻得到挖掘利用，讓珍稀典籍化身千百，成爲認識和瞭解蘇州發展變遷的津梁，並使其中藴含的積極精神得到傳承弘揚。

觀照歷史，明鑒未來。我們沿着來自歷史的川流，承荷各方的期待，自應負起使命，砥礪前行，至誠奉獻，讓文化薪火代代相傳，並在守正創新中發揚光大，爲推進文化自信自强、豐富中國式現代化文化内涵貢獻蘇州力量。

《蘇州全書》編纂出版委員會

二〇二二年十二月

凡例

一、《蘇州全書》（以下簡稱『全書』）旨在全面系統收集整理和保護利用蘇州地方文獻典籍，傳播弘揚蘇州歷史文化，推動中華優秀傳統文化傳承發展。

二、全書收録文獻地域範圍依據蘇州市現有行政區劃，包含蘇州市各區及張家港市、常熟市、太倉市、崑山市。

三、全書着重收録歷代蘇州籍作者的代表性著述，同時適當收録流寓蘇州的人物著述，以及其他以蘇州爲研究對象的專門著述。

四、全書按收録文獻内容分甲、乙、丙三編。每編酌分細類，按類編排。

（一）甲編收録一九一一年及以前的著述。一九一二年至一九四九年間具有傳統裝幀形式的文獻，亦收入此編。按經、史、子、集四部分類編排。

（二）乙編收録一九一二年至二〇二一年間的著述。按哲學社會科學、自然科學、綜合三類編排。

（三）丙編收録就蘇州特定選題而研究編著的原創書籍。按專題研究、文獻輯編、書目整理三類編排。

五、全書出版形式分影印、排印兩種。甲編書籍全部采用繁體豎排；乙編影印類書籍，字體版式與原書一致；乙編排印類書籍和丙編書籍，均采用簡體横排。

六、全書影印文獻每種均撰寫提要或出版説明一篇，介紹作者生平、文獻内容、版本源流、文獻價值等情況。影印底本原有批校、題跋、印鑒等，均予保留。底本有漫漶不清或缺頁者，酌情予以配補。

七、全書所收文獻根據篇幅編排分册，篇幅適中者單獨成册，篇幅較大者分爲序號相連的若干册，篇幅較小者按類型相近原則數種合編一册。數種文獻合編一册以及一種文獻分成若干册的，頁碼均連排。各册按所在各編下屬細類及全書編目順序編排序號。

僑吴集

〔元〕鄭元祐 撰

據中國國家圖書館藏明弘治九年（一四九六）張習刻本影印，《補遺》以上海圖書館藏清鮑廷博校跋鈔本配補。

提要

《僑吴集》十二卷附録一卷補遺一卷，元鄭元祐撰。

鄭元祐（一二九二—一三六四），字明德，號尚左生。元遂昌人。自幼勤學，晝夜不倦。年十五作詩賦，往往有驚人語。早歲遍交宋末遺老，質疑稽隱，多所獲益。中年後與虞集、張雨、倪瓚、顧瑛等往還，互相薰染。於書無所不讀，文章豪宕有古風。善賦詩，氣格蒼古。楷法精妙，世稱一絶。至正十七年（一三五七）以薦任平江路儒學教授，引疾去官。又七年擢江浙儒學提舉，學者稱遂昌先生。著有《遂昌雜録》等。

鄭氏身前已有《遂昌山人集》行世，晚年手訂存稿，授門人謝徽，命其重編文集。以家本遂昌，徙於錢塘，後流寓蘇州四十年，故名文集爲『僑吴』。謝氏所編《僑吴集》元末曾有刊刻，歷來罕傳，清黄丕烈已稱『不可得見』。雷夢水《古書經眼録》著録元至正刊本一種，未知尚存否。明弘治九年（一四九六），廣東提學僉事張習有感於兩集繁蕪重出，遂加歸併整理，編爲十二卷，凡詩六卷，文六卷。《四庫全書》本亦據明弘治刻本校録而有所改竄。此外又有舊鈔本若干存世。

鄭元祐交游廣泛，素負文名，時人於碑傳『有不貴館閣而貴其所著者』。其詩規模杜甫，風骨清峻，題材多樣，成就較高。其中友朋唱和之作，可考元末文人之交游；品題書畫之詩，則可資考證作品遞藏源流。元祐曾任職平江路，集中對平江路學校、書院等記述頗多，於城墻、墓地、寺院、風物等亦有涉及，對研究元末平江路乃至東南地區發展狀況頗有價值。

本次影印以中國國家圖書館藏明弘治九年（一四九六）張習刻本爲底本。原書框高十八・七厘米，廣十二·八厘米。此本刊刻精良，字體古雅，有宋刻遺韵。明清以來，又歷經毛晉、汪士鐘、江標、董康、陶湘、陳澄中諸家鑒藏。並附黄丕烈、顧廣圻、潘祖蔭、葉昌熾、費念慈等題跋，彌足珍貴。上海圖書館藏有清鮑廷博校跋鈔本，後有《補遺》一卷，乃從《草堂雅集》《乾坤清氣集》《珊瑚木難》等文獻輯出，亦具參考價值。今取鮑鈔本《補遺》，配於國圖藏張習刻本之後，一並影印出版。

僑吴集精妙已極令人愛
不忍釋卅年塵土始見此
殘本有下函諸
祖蔭識

僑吳集序

遂昌鄭明德先生天資穎敏高出倫輩其生於
杭於書無不讀作為文章抑揚頓剉反覆開闔
一主乎理而氣以攄之若長江大河流衍滂沛
汩汩數千百里而終歸之溟渤綽有古作者風
既壯來僑於吳比老乃彙其所作之文曰僑吳
集授徽曰吾在杭亦嘗有作茲僑吳久而作之
為多故名焉予實見而知之者宜為序之徽不
敢辭庸復於先生曰先生固僑於吳矣夫吳東

南之一都會也山有虎阜靈巖之勝水有三江五湖之饒而遺臺故苑舊家甲第仙佛之宮叅錯乎城郭之内外民俗富而淳財賦强而盛故達官貴人豪㑺之士與夫羈旅逸客無不喜遊而僑焉其僑何如不過即其山川風物之美觴詠娛嬉以各適其所樂而已烏有如先生之僑寓哉先生以吳乃讓王之封國而子游北學於孔子與聞堯舜禹湯文武周公之道得聖人一體為文學稱首其流風餘韻未泯也斯其所以

僑爲者正欲以聖賢之道資進脩之益耳豈徒藉乎山川風物以為觴咏娛嬉之適而止耶則先生之僑異乎人之僑也已惟其異乎人之僑所以發而為文亦有以異乎人也雖然文豈易言哉堯舜禹湯文武周公之文禮樂政治皆是也蓋其道之充乎中而其發扵外者無非文如天之有氣則有日月星辰之光輝如地之有形則有山川草木之行列文實道之顯不可岐而二之也何子游之所以為學絕諸子各以所見

著書是不獨文與道二而道之裂也已無有純全者惟董仲舒氏曰正其誼不謀其利明其道不計其功揆其行事不戾斯言可不謂其文與道一者乎而韓愈氏曰所志於古不惟其辭之好好其道焉耳是亦知夫道之與文不可二矣然以實而考之則其文固未能一出於道至歐陽脩氏蘇軾氏曾鞏氏文非不能為也豈能與道弗二乎文而一出於道惟周程張朱數君子焉觀其易通易傳正蒙本義等書簡妙精切不

惟輔翼聖經而幾可與之並由其得孔孟不傳之學故能若是豈嘗拘拘學為之文哉徽竊聞先生嘗以文師承於金華石塘胡公四明剡源戴公此二公學羣聖賢之道者也其所以授于先生洎先生所自得有蘇曾諸氏之文而不失程朱數賢之道道未必不寓乎文文未嘗不載夫道文與道則一而子丿游之所以為學者亦在其中矣奚必欺僑於以吳而后有所得也哉弟假是以名編爾徽生也以後誠吳人也父祖以上居

吴累世矣然於道詎有所聞而文亦莫之能措於先生豈弗甚可愧姑從命强顏爲之言是集也爲古今詩銘箴贊題書疏序記碑誌總若干篇釐十有二卷於戲有道之文當傳之天下豈獨吴哉

至正二十年歲庚子仲秋望吴後學謝徽序

僑吳集目録

七卷　銘　箴　贊　題　䟦　書　疏

八卷　序

僑吳集目録終

僑吴集卷之一

括蒼鄭元祐明德著

四言古詩

旌表孝義金門

出吴東門沄〻其水傳陸以居居民櫛齒不有孝義衆何所恃
孝義伊何曰維金氏百五十禩業儒循軌事親養志同氣敬順
兄掌家鑰弟秉文印不矜而譽不言而信里舉鄉推事騰于朝
用旌其門以闡教條張書扁式與表𨑹遠守臣樹聲加示慶典
坊名孝義大厥里門彰善癉惡周書具存吴固沃土才隳于膴
風頹俗靡事尠儷古求若孝義幾何其心堪繼公藝價重南金
克孝克義我謠我歌借稷鬩墻敦化猗那

高昌偰侯三節堂

帷天啓偰産自瀍水潤被北庭侯濟厥美挺事昌朝忠武罕比

戡金平宋傑審功修入毗廟堂黔黎安只蠻酋獸獷侯轅南指忠憤踴躍奮莫顧已忠誠貫天白虹觸起孱〻孤嫠兒矣孔哀誓死靡他夫人貞哉貞哉夫人夫死兒乳教兒能孝父志在洪齒方成童母病弗療刲肱和藥人孰兒詔彼美至性移孝而忠撫字列城繼侯英風侯既有子且復有孫〻〻皆讀書益大侯門相繼掇科荐承寵光侯其來歸英葵樂康子佩金符孫縈紫綬世訶其陰侯植之厚三節一貫何有夷險協于王風永配令典

可齋

大哉宣聖以詩教我興觀群怨皆與曰可誠篤是學感發志意善〻惡〻廢全美刺詩人得失於焉考見妍媸在己反省毋眩和以處衆不至於流設使雷同其道亦繆懲創羞惡中惟一致溫柔敦厚慎勿暴氣用以事親孝哉有子移以為忠曾不越此

鳥獸草木名類匪一惟篤學問旁資多識是我宣聖以詩設教下逮百王是則是効嘉子嗜學尤勤於詩以可名齋義寔在茲六義具存既殫源委以詠以歌性情斯理

登鴻山弔梁伯鸞

我以飢驅爰求樂土注意山栖茲非其所敬弔夫子顏嗣徳音隼棲擇髙魚游擇深夫子當時五噫謳吟出都接淅唉擲華簪歸隱杵臼傭力是任配諧徳曜雝雝鼓琴上窺羲軒以樂此心以樂此心儷古傲今而我肱折罔知適從蠅附以驥莵冐以松式依夫子娛老考終優哉悠哉歌以相舂

蘭

協以鼓琴世誰知音采以紉佩湘江水深蘭生棘中如石韞玉玉受不瑳幽香滿谷

爲李繹成悼其妻馮氏

彼美者媛，令姿靜淑。姆教在鞶，懿範端肅。擇配哲士，聞望右族。讀書思榮，焚膏繼晷。媛來主饋，克承夫志。載緝載紉，裳衣補綴。奉飧舉按，翼若始祭。倏遭百罹，鸞鳳分飛。鼓盆哭哀，語及涕洟。人孰無婦，婦賢而睽。永懷弗諼，爰形聲詩。

春暉樓

陽春有暉，泛在物表。寸草承之，弗間其小。春暉熙熙，彼草離離。區萌就質，芃芃茂斯。詩人載歌，悲物之情。子於父母，恩莫與京。親恩之大，春陽之溥。子心如草，膚寸思補。爰搆重屋，以奉父母。以介眉壽，其樂訏訏。旨甘滫瀡，奉親之常。寸草之微，那報春陽。孝子愛日，孝子養志。敬親之枝，勿蹈非禮。揚親之譽，悠久不已。是謂可報，寸艸春暉。萬一攸在，吾祈與歸。

五言古體

擬古五首

北辰衆星宗列宿環共之手杓指其方生始悉所資萬卉春芃
芃至秋悴如期蠢動罔弗然闢翕啓閉隨静觀造化理在人豈
其遺君象實有類萬古成綱維

仲尼去云遠吾道日以微達士忘賤貧佞人紛是非時態良弗
古乃致孅事希末路欲忘言屛跡避危機桐江有垂釣首陽有
采薇清風盖一世舍此其安歸

大道本常在為士者弗由窮居嘆時邁遂世竟悠悠豪強互吞
劫雄智復相尤遂令務奔詐攘竊何時休所貴者仁義勢利爲
足謀懿教信遼矣民風此其媮默默掩幽室感之紛淚流

春來桃杏華秋榮菊與杞豈但物性殊造化之所使人生類如

斯通塞固其理苟識吾性誠隱顯良有以
委身竹素閒義理賁考尋載業泰華高浩瀚滄溟深涉之遠無
津舉之力難任不如反諸已求諸聖賢心成湯警日新大禹惜
寸陰紛拏試屏絶請鼓無絃琴因之忘肉味太古寥寥音

出塞七首效少陵

已踰烏盭山未涉孤奴水飢羸形骸黑枕戈待明起將軍方蹋
踘天地入馬籍吾儕亦何人一死等螻蟻
秦時閭左戍漢家弛刑徒髑髏棄瀚海天陰哭嗚嗚我非望生
還魂魄迷歸途但願戈矢利委身斷狂胡吁嗟載筆書不絶萬
骨枯
受詔武臺宮西遮鉤營道搃虎射命中相從願深討蹀血焚龍
庭以功當橫草乎巡列部伍鮮整旄與蓧奚慮蛇豕繁一鼓殲

搶掃歸取萬户侯歲月未云老

糒呑天山雪衣裂青海風前行幾千里不見單于宫走馬脱轡
頭所恃五石弓鄉井豈不懷簡書戒命洪黄塵觸壘起勇奮奔
貔熊鋊刀異莫邪所覬一割功

騎羊五歲兒出没甌脱中翻身異鳥鼠快捷如飛鴻生理不土
著水草無豐凶一戰那足平燕然方勒功

烽烟邊上發塞鴈群南翔仰睇冥冥天風際雨雪霜驅馬上崖
谷悲笳咽雲黄氣絶骨肉親詎弗懷故鄉軍聲動劍戟砲火燒
衣裳鞠育非寡息道遠不得將呑咽復何憤思虜其名王

邊塵暮猶黑兕燐出霜草展戰圖報國忘慮骨枯槁人生無百
年一艶不待老但願土境富微軀奚足道勳業銘旂常秋天氣
同杳

寄張仲敏

予居闔閭城有屋蔽風雨心融詩書澤口斷兒女語客庖婦供饌茗竈手自鬻外屨多弗却束脯乾可茹如何舍之去晝隨緣棟鼠朱門盡華簪青冥無允羽已隨鳳鳴岡尚感鴈遵渚於以見貞操屯貞貴能處

仲春六日辱陳敬初諸君枉顧小飲弊樓分得靜字

蔥肆不嗅葷華門惟習靜何此枉飛佩諸君森相映方慙乏詞鋒安知隨語穽酒杯淺於臍樓居小如磬敢云諧謔歡遂忘跪跽敬飛花落硯席輕雲拂塵柄舍坐或屢舞分題各成詠莫非江海士行應丘園聘顧我拓飛蓬更春不復盛假如湛誠痴何嫌慝非病相會苟不樂明朝雪盈鏡

贈譚臺史

高昌佳公子氣橫海岳秋玉壺洗零露錦纜濯芳洲真致埃𡎺
外獨與神明遊岧嶤鳳皇臺日晏行雲愁帝念南紀大建臺分
頤憂列聖耳目寄職斯布皇猷誰工古人學可參應臣謀之子
被辟命[illegible]書上丹州煌煌二台星列宿莫敢儔而子妙折旋婉
變通衿喉不居世祿懿遠慕儒術優先正高與馬德言皆可讐
骨朽名不泯耿光縣斗牛子能勗令聞席珍重天球况復五彩
筆畫意工冥搜飛花落碁局弱柳維江舟感此時物佳念子何
能休龍駒少汗血駑馬老益羞白雪高莫和青山晚加稠日沒
烟樹遠重倚城南樓

仙山樓觀圖

嵯峨三神山仙聖之所居芝草布庭閒報霞光曳衣裾渴飲碧玉
漿飢飡紫琳腴霓旌冉冉下彤樓擁鸞輿青童啓藏室帝命較

寶書齋心始能讀字〻皆玄樞朗詠以相援靈風舞神魚天遠
靡得聞何以能啓予蹔嗟珊瑚日照耀金芙蕖

久旱得雨

望秋佀即麗以旱同無虞忽殄蘊蟲〻屏翳騰龍魚乃合霈霂
雨涼氣吹鬚須未必便滂沛且擁羲和車高田土生煙稿禾仍
盼蘇澤陂未萎稻引根勿躊躇一或薦清廟猶與豐年俱憶昨
歲巨浸流潦恒湍衢廡士宅一廛下農田一區彼此竈產鼃潭
蛟爲飢驅至今殍死兒夜〻哭其廬塌未獲一飽焉知陰慘舒
焦原赤欲燒政不妨官租民輸諒有幾廩收長有餘盜臣被華
哀我口何由糊悲歌等慟哭激烈誰非夫

送楊郡博赴任上饒

廣信山水郡衙宮淨含暉陰〻松檜中白鷴時兩飛雨餘岩泉

落清音叶鳴徵泮沼紫鱗躍講壇紅杏菲藤蔓遶硼石新綈羅成幃諸生緇經坐子衿問褒衣格言咀芳潤奥理宣幽微凡陋當脫屣聖哲胥乘機遲師一指授仁風敞巖扉

與張天雨楊廉夫陳子平諸公遊虎丘次東坡韻

昔吳有縣精茲丘據其領前瞻埋金竈尚餘淬劍井簡書畏懷異星日發光耿手將不剸兕牡鞠豈禁鼉至今點頭石斷非躍冶礦上機不由智大將寧論猛公剖儒繹緒便從康莊騁詞鐫琬琰巖聲抽轆轤哽掉缺清静海不墮生死頃憶昔此來遊六月佩旌冷山靈寶其躅歲月塵劫永我生若後時惜此媚風景坐嘯嗟所見起舞顧其影箕尾横青天有懷無從請

附陳敬初同游和韻

吳王闔玄宮劍氣在茲領石留千人座泉迸百尺井逮公今題

墨潭光並耿〻雄章久変虎強聒不聞鼉荒〻短簿祠猶復倚頑礦石磴極高下躋攀足力猛前瞻公留題天葩筆下聘仙語不求似児詩空自哽嚥之具區大玻瓈寗計頃自公返奎躔千岩秋月冷載惟緇經室地古松日永高標歎俱逝今昔異風景人生非金石何必形吊影所愧頗學意天高無從請

贈張生

堂〻金源公門墻多桃李根柢無淺深恩榮周遠迩張生事公久最爲公所喜折旋杖屨間唯諾圖書裏公承天子詔馳傳將使指宵憂泣牛衣晝征塵馬箠風飡郵亭庖露炊官署米蹀躞趣裝騎紛綸劄鮮乜

胡古愚南歸

胡君有佳兒純懿而靜者自君留詞掖恩君不暫舍親老當懸

車迎之華轂下喜親出都門徒跣控親馬祖道賓迭至別盃酒更把官秩司旂常餞章宣風雅擊節想已屢知音誰云寡歸途春水泮燒痕霊雨洒喜見江南山螺黛秀而野掛帆胥江潮卧聽灘聲瀉兒搆遠碧樓樓成君歸也旦〻候鵲喜夜〻卜燈灺出迎空里閭驩聲振屋瓦婦增姑饌供孫將兒衣撘整蠹理篇帙劄鮮作脯鮓君歸樂如此令我空蹊躁行樂須及時歲月難久假

張彥沖比上

堂〻宛丘公高懷羅星斗明良之君臣尊嚴之師友皇經在冑監而公為祭酒英材資樂育本公生物手麟趾瑞物呈胼胎明珠剖覽輝鳳皇下擊劍龍虎吼自非學術純何以服衆耦鄉公僑南紀積學富林藪青天珠璣唾一一化瓊玖公今廟廊上我

則牛馬走食貧莧撑腸衛朧衣露肘於爲識張生嗜學不少苟自言家在汲外家讀書久今將入成均積分會居首於時中吳道岸花雜汀柳風帆遂北上解纜星在罶會見生去後才名騰衆口爲拜祭酒公桓榮漢廷叟上探群聖祕下溉群物朽須令腐儒喜行樂歌隴畝

送劉長洲

中吳號沃土壯縣推長洲秋糧四十萬民力罷誅求昔時兼并家夜宴彈箜篌令乃呻吟聲未語淚先流委肉餓虎蹊予令三十秋畝田昔百金爭買奮智謀安知徵斂急田禍死不休膏腴不論直低窪寧望酬賣田復有獻惟恐不見收日覺鄉胥肥吏臺起高樓坐令力本農命輕波上漚天意憫困劇南轅卯金侯侯有萬金劑探囊令病瘳躄者起雀躍瘖者言嘲啁坐令百里

邑姦回息彫鏤是皆仁侯惠頌聲滿道周清朝老功選賞典無滯留願侯登廊廟一洗蒼生憂

松軒為潘世穀追題其祖忠烈公卷

昔在世皇日潘侯如貞松衛身青雲表流潤翠百重迎寒保金石遇雨翔虬龍枏栱夙所具匠氏仍相逢一洒鼎湖淚難進秦山封仁者滋有後孫枝挺玄冬願繼歲寒節雨露日以濃

高節樓

自古高節士無如嚴子陵客星耀寒芒歸隱不可徵婦人守婦節之死矢不二以節加令名或順或婉懿舍是而曰高〻豈在閨壼由名斯究實於義竊未穩表母陳氏媼一邑稱淑賢訓兒昌家基母老雪滿顛岩〻高節樓枏栱絢雲日一賦栢舟詩千古保貞吉

宴顧氏芝雲堂分韻得玉字

開士枉遥駕貞人啓華屋座接麈談素酒傾麟壺緑遶山横書幌飛花落棋局谷芳寄荃蕙夕陰留梧竹双絲夾鵾絃群書閟魚目跡異心匪殊語契道難瀆接驩雖云暫後會詎可卜離懷渺炯水遐音毋金玉

過沈仲説清樾軒

睠此龍伯國湖江白漫々路出洲渚上天垂葭葦端林樹茂清樾浪花浮碧瀾烟消棟宇出露下場圃寛漁師自繩攟農老仍衣冠隱矦有令德錢鏗富清歡楚音喜人至戟手勸客餐酒行鶴獻舞飲具魚横盤自稱禮法野所貴人情安江山歳欲暮風露日以寒蘭佩香久歇蒯緱鉄空彈懷君不暫置於世何所乎明發當復來壽盃爲子乾

吳興道場山

道場古名刹浮圖冠其山峯巒日星上棟宇雲霧闢羅立千杜宮欲亢九虎闞蘇公昔出守以齒鬓未斑詩如九洞奔畱列青巘顔至今作虹氣夜電鏤神姦趙侯景蘇者水綠芙蕖殷公餘繼咲詠暫可拋愚頑

蘇公潭

鳳舉不鍛翮龍騰不傷鱗由來貴顯者定異尋常人公昔令烏程溺水已没身河伯急扶出體完氣仍伸公後踐台鼎潭名世其因山厚玄豹伏水清白鷗馴懷公蒞政處雲木青蓁蓁趙侯或公餘濯纓鑒淵斎

遊鴻禧廢寺聽舊僧心敬言

渡南已四葉繼統屬濟王祀國支圯柱前星掩寒芒幃妍肇乱

晨奴謀肆鴟張兩潘爲義激不顧百口戕起以奉其主近在菩
水陽天津斡斗杓海底洗日光人非霍狄儔誰是涉險航間其
被戮時母老兩鬢霜吐辭語觀者令人殊激昂吾見宗忠臣雖
死猶不亡至今草間燐熒熒出幽房北城鴻禧寺棟宇自蕭梁
兩潘舉義日俾衆聽鐘撞哀哉城門火遽遺池魚殃遂指寺逆
地瀦宮示非常田斷飭僧粥爐冷供佛香金像久頹剝青苔重
悲涼仰懼栟櫚隧俯歎榛莽長殘僧四五人飢用餐束腸敬也
業尤白宴坐不下堂家本蜀楊氏能言寺之詳補苴罄衣鉢創
巨醫難良更今百廿年我來重彷徨潘忠世莫雪寺廢人弗傷
天高莫之訴題詩空慨慷

送俞灃掾

鄉年予胡子在杭客僧坊褐衣冷不絮娃竈突不煬直言迅風

遒勁氣蟠穹蒼獨與俞校理咲語温而莊心探群經奧目短一百
氏墻折裏不求似各極其短長我時為諸生拱聽私自慶融藹
會于一掣蔀睹日光死生一闊別今幾四十霜我既為飢驅東
延吴下航俞公有猶子吏事析豪芒讀書復讀律才比百鍊鋼
漕府多俊彥何異鴈鶩行秩滿陞帥府年勞躋省郎功名晚亨
奮自可上廟堂我忝里閈末看子青雲翔威鳳一高舉應龍豈
終藏送子歲年暮贈子金玉章

憫農一首送張德常吴令出郊勸農兼柬國瑞公相

日行底天廓勸農正其時昀昀土膏動稺稺條風吹渚花尚自
媚汀柳亦閒垂中吴號沃壤東作多遺黎首更太伯化民俗恒
熙熙一從干戈興殺戮令人悲草生髑髏眼竈絕茆茨炊十室
存二三燒刼偶見遺官租不必貸民力何由支張侯尹吴縣氷

蘗嚴矜持征科淚暗落且復鞭創痍茲當東作興載耜循年規言告加勉聶心傷為嗟咨田老鋒鏑餘僅保骨與皮猶復望歲豐迎拜攜孤嫠茹芥敢望飽無力堪拖犁嚙蝨恒苦腥飯牛惟苦飢疾為百里宰腹笥盛書詩民勞曷小康民病曷小醫鰥文諫周室千古有令儀咽餓啗兒肉何人埋父屍民力苟不蘇天鑒亦不私上帝專主宰臣言諒非癡

鶴巢次張貞居韻

胎禽巢居迥每在林表松棟梁架青冥户牖瞰碧峯欲睹仙者馭每懷塵外蹤玉童坐吹笙娟娟好顏容時歸理其室護以虎與龍茅簷瑤草香欲往路莫從星宫集群真霞光覆千重扉扃十洲上仙聖應相逢

送友還鄉

隨地作男兒有用須及早當年懸弧意焉得鄉曲老青雲一蹉
跎鬢髮日已皓常恐歸去遲心焉惄如擣我家東吳城翠竹森
若蓀力畊輸王税妻子亦温飽詩成每獨詠觴至或共倒富貴
將焉如歲晏聊自保蕭蕭風前柳貿貿霜下草有官固當歸無
官歸亦好

賦採香徑送吳縣張令陞佐嘉定州

泰伯常採藥深蹊入芳菲攀桂作帷帳紉蘭製裳衣坐令文身
俗悉從端委歸支胤後世君禮讓日漸違迷陽行棘足蘼蕪露
沾衣三秀不改度齋房耀靈輝擷之薦瑤席神享民是依

遊惠山寺

百里盡平壤茲山忽中峙磴砑得宏深迂徐納平寬僧坊隱其
腹崇搆居桓桓玄神衛觚稜緣雲置闌干我來玄冬交榜舟起

微瀾天連黃沙白露委青林丹地無車馬塵松筠政陘完蒼然後凋意彼此不厭看稍稍陟其崖探源汲清寒恭惟棄亭翁出處良獨難帝青九萬里冥飛見脩翰空留雪泥跡莫究清淨觀煮茗滌煩暑晏然有餘歡

山雪齋

山中太始雪玉光鬱嶟屼積之非歲月坐而閱暑寒純白既不变空明諒非難懸氷松梢隨危石澗底蟠維時古真人頭栽切雲冠閱世方內熱憂喜虧其完燕坐以觀復一念萬刼寬閒之何因耳咲指青琅玕

明月鏡

神工鑄明鏡持進嫦娥宮嫦娥羞鑑容暮掛搏桑東浮雲散天風照耀九海空如何萬丈光瀉入詩仙胷誒玄走銀蟾落筆驚

彩虹掩却星斗文孤輝天地中

上清金蓬頭道者

巍巍龍虎山融結自太古篤生虛靖君道獨繼祖武真人生岩穴蕭然一環堵蓬首目光烱燕坐閲衆父爰契虛靖心天風檜杉舞

贈姚尊師

山中學仙侶鄉来鬓皆玄驚我頭白来忽已十七年民物殊更變青山獨依然館我太霞室酌以松根泉非君慰幽獨空齋難晏眠

贈江右哲上人

江右山水窟所産多才賢溢爲空門秀一一皆清妍向時訢太中説法龍河壖遂令吴下雪便叅老暉禪畫飛楚畹墨夜發昇

州船文廟日有賜來自冥〻天地蒸金銀氣海湧雲霞鮮歆艷谷崖動參究槌拂捐東歸住双戟户僂來後先光風流轉處名滿越與燕哲也繼訢出研㘅侵雪肩芳楚依苔石瘦竹穿礀泉神閒妙盤礴思入孤桐絃朝陽鳴孤鳳秋空唳飢鳶想從聞思脩六根互相宣聽者悲說喜贈章動盈篇恨非昌黎伯乃欲觀其顛要須三摩地契悟非言傳

馬氏雲山祖塋圖

孔子少也孤不知防墓地親殯五父衢問之鄹母氏嗟我雲山翁追遠心不置祖塋在陽岡距今已七世松楸寫新圖名筆為題識國史既特書銕史光相繼（陳繹曾編脩嘗為賦詩楊廉夫曰和韵故云）睠茲河陽山白雲浩無際

山居圖

侍生沈周

卑棲拙謀身曠望時縱目山氣晚亦佳燒痕晴自綠轢金扳松屑鮮纓濯岩瀑幽懷良自怡誰云有延促惟是安僻境本非薄榮名松根聽泉坐溪邊看雲行夜雨下黄葉春風開紫荊物理有代謝古人誰獨生

淩波仙

追追湘浦秋盈盈洛川月鏡空離鸞舞天遠孤鴻滅木葉向人下瑶草帶愁折有懷無由寄琴心謾三疊

歲晚寄鄘尚德馬民立

玄冬夜何長白日寒苦短流光邁魯疾浮態怯齊緩畫沙勞纖錐窺天費幽管事靡有定形犬毳馬生卵豈無酒消憂累觴弗能滿冒雪梅含英香露珠纍纍西窗期同觀賡詠傾茗盌

竹夫人

罡台有淵媛不嫁斂眉嫵江南夏六月火玉金伏土于時媛以潔空中不受暑攜持枕簟間斷非戕斤斧況復不妬忌涼薄善自處紗廚奉清懽通宵默無語君子加保抱安寢夢淨侶各彈綠筠操就中節史苦嚴冷莫可犯編排其有序玲瓏瑑黃玉琥通映朱户舞榭洞入窗歌臺高百堵弗貽六宮憐頻消汗如雨安知涼秋至君顏不復睹此時愁緒多恰同齊紈素用舍良有時寧間今與古

聯句

學詩齋聯句有引

至正甲申蜡月望前二日句曲張外史天雨自義興道吳還錢唐其老友某僑居吳中因宿外史于客棲時吳興鄭韶九成亦在焉予舊嘗喜與外史聯句是夜將爲之而未得題韶

作而言曰生以學詩名齋示有志於溫柔敦厚之教也倘二
先生即是為題生幸多矣用一哂從其言詩將終而予恆寒
先就寢明旦外史亟歸且屬以足成之為之補就吳人陸友
善隸韶乞寫二紙一張於齋一寄外史云

明良賡歌基猗那奏鼓始清廟殊雖〻祐赤舄固几〻豈惟緇
衣賢兩政以朱襮美原鴒兄弟急祐河魴父母迩便施谷中葛
韶亦采體下菲詠桑表沃若兩歌萊賦樂只韶鮑潛蘇公絕祐
厲懷凡伯恥思鳴卷阿鳳兩頌繪袞衣蜼韶蔽以思無邪毋曰
鼠有體兩言趍授簡貢祐道在過庭鯉兩遂去文辭害亦屏訓
詁眯譎諫主風刺祐昌言發興比雅亡繼麟筆韶和賡續巴里
鴝罷魚在藻屈倡凫泯水兩緪絃誰與奏補笙自難擬哀〻河
梁別祐嘆〻沛風起兩祠雒悔心萌祐決虞壯圖巳塞瓠恨華

鬱祐援桂慄蘿蘼便啼城上烏雨猶恨水中沚祐隂中抱膝想
許下横槊偉體要必中度祐葩正悉循理雨響當貫珠串祐轍
始轃車軌齣清圓斲氷苦雨穎脱扣鍾喜齣無敵白乃聖有作
甫良史雨險如横空盤突若破陣褫祐雕鏤百神困策役萬象
靡雨爕桐聲王明廟樂獻石齒揮毫既凌厲賦物斯須委祐郯
公學方篤吳歙好誠鄙雨蕭齋扁佳名華搆落新址詩律妙獸
造吏塵凈一洗瑰辭出語穽遺經貯腹笥祐道在用㫰形神悟
為洗髓雨不虧素王造信全幽人履胥胃苦稻擢物累困成毀
直登陶韋奥旁摩鮑謝壘厳凌天策燉古偕靈光歸請驗百世
傳致慎一匱圯兩老皆苦心六義始盈耳挂一真萬漏祐聊以
示吾子雨

僑吳集卷之一

僑吳集卷之二　　遂昌鄭元祐明德著

七言古風

姑蘇臺

城西高臺高百尺傳是吳王舊遊迹百花正開西子醉明月芳洲照清夕嬌顏如花醉王側城上烏啼曉星白歌鼓聲消醉未消越王已將兵來朝鏦金撾鼓殷天地兵敗可復棲夫椒吳入遺恨化潮汐暮往朝來箭涇直不然自可君甬東何用蕭蕭馬嘶驛

夏駕湖

吳王城西夏駕湖至今草木青扶疎想見吳王來避暑後宮濯濯千芙蕖酣紅矗翠揔殊絕誰似西施天下無西施醉凭水窻曬罾衍魚能張水戲月上湖頭王醉醒歸舟蓮炬繁如星不知

擁扇唱入者日夜窺吳不暫捨

吳桓王墓

有吳桓王之墓田乃在盤門南郭邊墓中玉鳧久化土石上赤
烏猶紀年寒食無人洒麦飯東風滿地飄榆錢功昭前代啓吳
祚葬地合擇名山川闔閭城南不百步土薄易致畊夫穿昭紘
衆臣號詳密慮不及此寧非愆緬思山東舉義日鄗灶傾已無
諸賢惟王父子起相繼黄星閃避東南天假之脩齡定四海許
下豈容瞞着鞭鑿山掩匠葬叢掘朽壞一抔誰獨專白楊蕭蕭
北邙路姓名能得幾人傳

岳武穆王墓

棲霞嶺南湖水陰墓木两株高百尋凫神撝護霜雪榦日夜怒
號風雨音山僧紙錢每自掛隴首金槌那得侵精忠既已塞天

地英粢尚爾盤山林恨雖無血可化碧世故有人能範金恭惟父子一抔土尚想君臣千載心萬松嶺前行殿廢五國城頭寒漏沉空令遺黎痛至骨荒墳一上一哀吟

古墻行

其童時侍先人到杭訪諸故家其數至則循王府也府在省西天井巷其北則油車巷也宋諸王子孫居之者如蜂房其家粗完則月潤先生也先生諱拱與菊存先生兄弟行先人言論孤峭尊俎間每謂循王功名去韓岳遠甚特與高宗意合故享富貴壽考耳其昆季每聞先人抗論徃徃引去今幾五十年杭故家掃地盡矣而循王府亦為江浙省官署向年淮陰龔聖予與菊存交亭見王府環墻猶堅完知其版築時取土於南山其用意遠矣為賦古墻行其詞於王多所褒美然

豈春秋筆削之謂哉爲賦此庶幾黃太史浯溪讀碑詩意夫

崒嵂環墻連數堵宋亡猶是循王府渡南功臣王第一賜第錢唐貯歌舞築墻遠取南山土軍士肩赬汗流股楨幹停勻杵築堅小刦猶支三百年當時能留岳忠武返旆定可銘燕然嫖姚忘家子胥戮宰嚭賣國身名全偷安湖山忘大辱詔諭江南等臣僕蕭墻繚周千柱宮只欠甃泥蒸後築帶礪鐫銘在甲第築墻不厭高於屋遠鴈秋横五國城帛書無復淚交傾可憐忠臣痛刻骨空令志士死結纓佞顯忠誅誰得失二百年餘照白日舊時每見古墻邊鬼鐙夜暗光如漆墻土于今化作灰欲問故熱心先摧只有省垣新築後鼓角聲殷吳山隈

弔劉龍洲墓

宋渡南如晉永嘉屈辱更甚慚栖鴉才賢盡斃賊檜手君相甘

同魯婦髽孝皇悲憤痛莫雪士逃竄誅能幾家翁也諸侯老賓容有淚每落西風笳南樓載酒桂花晚經綸志在言非誇且將南山扶虎穴豈但東海刲鯨牙長敵虢章過慟哭況聞遠鴈來龍沙林蘇與白出處異便欲呼起能無譁醉鄉生死忘今古酒孰純香魚可乂和戎自有祈請便經天非無博望槎瞪視乾坤謝軒冕朽骨深瘞山之涯妻江東流山蘊玉翁也墓此誰疵瑕荒陵無人澆麥飯廢冢有樹開梨花熒熒兕燐出松鳩想翁來遊路匪賒

重建岳王精忠廟謝李全初長司

憶昔紹興南渡時從王百萬虎與貔鄂王奮身起偏裨能以百戰扶國危師行動以紀律持屯行野次人罕知堂堂大將精忠旗敵人不敢正眼窺連城之壁無瑕疵如何青蠅玷汚之後來

禮葬西湖涓血已化碧無完屍于今宗亡宗社隳獨遺墓木蟠孫枝夜啼鵂鶹嘯狐狸過而問者知謂誰廬陵李君每涕洟迺坐懊府深自惟不獨罄發囊中資又屬州人使共治徘徊經營出成規廟遂落成煥楠拼烝嘗復享崇令儀父老瞻拜咸嗟咨贊君爲政能及茲只令解任舟將移何以表君去後思爰勒堅珉著貞詞昭示億年匪李眺過者下讀麗牲碑

長孫皇后免冠圖

貞觀聖人還紫宫按劍欲殺田舍翁々本帝仇今作輔逆鱗易批難論功后聞君言心慄惻自古君明則臣直直臣脫若死無辜賤妾一身亦奚惜免冠再拜明主前陰扶紅日行青天他時拭目看陵樹不以大義虧其全

淵明歸莊圖

終風晝霾八表昏有眼不睹東方暾只應門前種楊柳山河已改枝柯存原田畇畇水漾漾歸來有酒盈清尊醉鄉生死豈不好縣書甲子明深息仁人義士久黃土丹青彷彿柴桑村画圖不盖古今意寒蛩夜語秋槐根

東坡赤壁圖

奎星墮地不化石化作盤天老胸臆清禁森嚴著不得半夜吹簫過赤壁百億魚龍不敢聽萬古東流月華白

温日觀畫葡萄

伊昔錢唐温日觀醉兀竹輿殊傲岸却將書法画葡萄張顛草聖何零亂枝枝葉葉點畫間醉瞠白眼看青天狂呼大盜楊褷統天不汝誅吾早顛楊枷箠死曾不畏故老言之淚尚潸畫成葡萄誰賞識惟有鮮于恒嘖嘖醉叩齋室支離疏拊摩悲歌淚

塡臆鮮于設浴師浣之爲師滌垢曾弗辭人言結襪張廷尉千載風流寧異茲蓦如龍須實馬乳問師揮毫奚獨取只因漢使遠持來野老詩成淚如雨

贈無錫強教諭

義門影連梁溪水誦聲琅琅長應耳中有文儒名父子教鐸鏗鏗相繼起毗陵去家不百里藹藹春雲盡桑梓三年職教識才美鼓篋來遊無遠迩振衣升堂靜兀兀緊於群經味其旨坐見金精出鑪錘津池冰消躍赤鯉壇杏絨春紅蕊蕊政成南鄙黙行李明月清風滿船尾歸娛慈親綵衣喜釀酒華堂紛拜跽棣萼春輝交韡韡咸祝先生此升矣

送范子方掌教

江南喬木幾家存魏公猶多賢子孫根株久浸詩書澤萌櫱長

承雨露恩兲化山長尤秀出翩其令儀如玉温觀光帝都富述作傳經親闈加討論一官不厭客氊冷暫爾定省違朝昏側身霄漢度林嶺照眼井絡逢人村東風吹衣晝襲襲北斗橫屋夜暾暾公侯復始自今日浩蕩恩波白獸尊傳聞吾家光祿墳青松上啼古帝魂大皆十圍閱世久禅旁徂枝無留根貞元丞相久寂寞不辭為庶爲清門得從君去拜桑梓勝倚孤雲濺淚痕

贈達長司樾衡

十月二日君生辰菊有黃花霜露新漢朝既須召賈馬嵩岳豈徒生甫申衆瞻雲霄黃鵠舉自愛江海白鷗馴烏絲畫臨嶧山刻銀箋夜製吳宫春政爾揚舲海潮上忽然煮茶溪水濵轉枝幽禽語留客攙臈野梅開向人蒼生却問謝安石白首可同鄭子真

送顧縣尉定之

虎頭諸孫豈誠癡飛墨即是蒼筍枝故家喬木盡黃落此君貞節仍堅持向年毗陵爲録判正聲早騰青玉案親㱕天南樞返吳棄官急歸方寸亂從兄負土成孤墳天平山麓黯秋雲哀哀淚滴墳上土終制北謁天皇君一官又赴同安尉白雲黃葉秋無際道經武夷山下路遏雲棹歌迎鼓枻山中徵君戴小冠能令幽居席畫看

贈藏書顧明則

昔人於書皆手鈔六經子史方神交編摹雖勤不聞道是亦蠹蟫書作巢積書之家貴裝緝褙工亦由書傳出一朝妙手完缺殘正如雲開睹初日我欲一問顧生家松陵春晴桃始華蟠胸萬卷老多忘撿卷只如昏樹鴉嗟嗟書生吳鉅族風霜日夜摧

喬木雖然業身簿秩間有眼且看江南山

古書行贈吳孟思

蒼頡四目通神明制字以來幾變更籀創大篆豈柱史石鼓有刻非無徵驪珠煌煌幾千顆照燭萬世開章程周平東遷帝紐解甄酆繼出加研精秦斯學荀儒運阨獨負小篆超焚坑戈森劍列出華玉百世是寶堪依憑次仲忽挾八分起喜動呂政消威稜一朝檻車化鶴去傳聞無乃非人情政方鞭戮海宇日程邈繼仲尤知名六國滅姬旋自滅人如亂麻死長城神工異畫先後出隸隸法變篆由邈興十年覃思非不苦習趨簡便令人輕堂堂逵門許叔重憤悱鈌譌復著經三才萬物總蒐討一掣屋蔀瞻繁星慎於六義功不細朽骨逮今餘德馨漢章變草本伯度波磔與隸猶相仍俗書姿媚相翕告韓論匪激毋深驚千年

陽氷紹斯跡有茂其實蜚英聲珪璧煌煌照衰世白馬記與廉子銘兩絶識解吏卓特著書翼慎言庚庚張侯豹姿編復古金薤琳琅垂九清皇元篤生趙文敏掃世糠粃開群盲龍翔鳳翥彩雲晚爽以日馭揚双旌自公騎箕上天去衆論悲與濮陽生生名吴睿孟思字篆隷可寶如璜珩周旋向背盡規矩分布上下紛縱横囊錐畫沙泯芒角寶樹出網含光晶研裂雲根劍就淬射穿楊葉弓開⿰弓平刋題班班滿山石姓名徃徃聞帝京贈言無如胡汲仲我乃蚓竅蠅薨薨閭閻城中每相見愧我頭白君眼青長歌戢成三月暮妬婦無能空拊膺

龍香行贈吴國良

張公洞中芝草春帝藏寶書吏幾塵中有龍香燒墨法古苔溜雨松膚皺木公竊窺試造後至今法行溪水濱吴生妙解不求

似獨造萬古工何純玄霜夜搗玉兔臼黑璦曉剥蒼蛟鱗製成比之犀截角研罷頻似鸞憑茵姿如青銅色如漆并潘便見亦相親老奚父子委世久潘李竟誰追後塵嗟生一朝過賞識會同南璆貢紫宸頽寶龍香古圭璧明月清光長照人

相地余君祥贈言卷

我早不識余山人湖海名知三十春聞其欲識天下士不厭四方走跋跋竭来中吳春苦雨雨窗峭寒肌骨皴袖有贈言成大軸讀未卷終傷我神儒先淪落日已盡我獨未死如枯鱗涸轍曾無斗升水破靴厭踏康莊塵生言宿知地理學轉移造化抽機輪黄箸定鈐司馬氏青囊為書郭景純二子騎箕上天去遺編憑誰據其津余生兩眼炯秋月徧觀山崖與海濱先輩而今木已拱後生蹇予蠖不伸何處青山可埋我免使烏鳶螻蟻嗔

舒大尹伯洪之任晋陵

西門曉送舒晋陵十里冲冲聞鑾永邑侯生長單父邑彈琴化行咸服膺民風莫訝北南異身教始為今者稱我歌侯聽意良苦且住槽撥朱絲繩田閭困悴非一日錐刀割剥動千層孱民不殊置重衷兇猾吏却如霜後鷹豪強結托相表裏機变聚集夯才能繭絲何曾宿杼軸粟穗况欲棲溝塍煌煌列宿在霄漢扣首昊天呼不譍風聲俗習一至此問侯何以寬凌競侯從胄監學古訓仁義褸褿身先登雄談浪浪瀉河漢偉度浩浩吞鷗鵬力行以言拯頹俗定奮其力支崩騰坐令凋瘵復完實豈但賢勞不次陞腐儒歌長侯勉聽無肉如陵酒如澠歌長意苦白日暮忽見新月上漁罾

送韓從事玉温之閩

韓侯魏公之子孫傳家故夠今猶存吏程于今重漕府入望自昔推名門風帆曉綽鳳洲過鐵碇夜劃鯨波渾七閩宏開元帥府二品欲均丞相尊簷團煌煌荔子葉庭走陰陰榕樹枭遷陛卽署不憚遠遙拜朝命茲承恩道山亭上登臨日為賦海湧玻瓈盆

送汪秀才瑩中

三十年前湖上路君之外舅錢唐簿春風双鬢綠於雲豈料于今各蓬莫遲暮相逢两相顧出者非迂處非誤君出才如班定遠我處心慚黄対度向年邊岷弄鋤梃屈君從戎曾不腐皇家福力九鼎固尔民何異置中兎上功幕府窮不聞一命低徊樂其素叅佐南安郡幞歸行李蕭然只如故于今復理吏部銓束書朝上閶門船柳條纖黄雪初霽鷗波吹白舟當牽纜書逢窓

遮老眼沽酒野店澆殘年想見新春花欲然君應醉倒春風前
青雲故人布百辟黃帋除書來九天得官南歸應過我姑蘇臺
東野水邊却問朝端泰秘監何時寄我歸來篇

趙松雪畫

鷗波亭前千疊山縹緲峯巒烟靄間既如春雲多態度復似靜
女工幽嫺老槎霜寒露刻削崩湍雨霽聲潺湲飛樓湧殿出林
表中有逸人相往還風帆截谿馬載道無有艇子維滄灣有時
扣舷一清唱有時談玄一破顏吳興仙翁補天手毫端五色春
爛熳畫成未數董北苑王維二李相躋攀白翁騎鯨上天後至
今玉珮聲珊珊空令下土寶遺墨真贋紛紛誰與刪

趙仲穆畫

王孫畫思淺紫青千峯削出秋冥冥丹臺疑通玉京路飛瀑上

濺銀河星抱琴隨馬風泠〻定知不是王門伶山空水流木葉落曲終正不求人聽溪流明滅夕陽晚似有樵唱來岩垌王孫歸卧鷗波亭釣天清都夢始醒浮雲变滅不掛眼盤石溪邊且濯纓

李龍眠唐馬仲穆臨

龍眠畫馬妙入神邈得唐時馬與人〻通馬語默相契馬知人意更相親文皇昔御六龍出天為聖主産騏驎開元馬牧蕃盛日要駕囓膝誰能馴自昔龍駒有天骨驌驦獨起秋輪囷西巡不復觴王母東歸政尒慙直臣馬圖流傳至汴宋王驄紫燕聊前陳守文之君保成業不肯一日閑邊塵遂賓驊騮鼓車下猛蛟失水無完鱗柏臺退休親貌得畫意逮逼曹韓真畫史纔知粉墨趣學士乃通元化曰曹韓骨朽伯時死餘子溪上苕花春

臨摹不得畫史意掩卷愁眉誰與伸

徐孟達別墅冬日海棠

猗唐厚德徐有功力廻兇殘致時雍子孫蒙休百世下草木作花嚴冷中園林尚或保剩綠霜霰不敢欺嫣紅金盤朝露洗睡態錦綵步障圍春容流年固如東逝水街子豈必西飛鴻何異佳人倚脩竹尚矜絕艷殫孤桐徘徊樹下三歎息人生遲莫將無同

王元章白描梅

王郎筆底無纖塵只有萬斛江南春疎花冷蕋禁不得珠明玉潤前森陳珊瑚交柯撑鐵網金鈿鏁日張龍鱗咸平處士西湖濱風雪滿頭肌肉皴長歌短吟梅樹下聲詩寫得梅花真王郎晚載剡溪雪艤舟孤山一問津色香聲塵盡奪取高揮大抹駿

世人舊時娟〻裊湖月清光長照無疎親

頤定之墨竹

尾頭諸孫妙飛墨蕤篁脩纖傍湖石只疑湘江水湛碧英娥騎鯨去不返千古遥岑綰秋色

黄子久山水二首

小黠大癡誰復然畫山畫水亦隨緣懸厓絶谷噴流泉此中即是安養地九品蓮華光燭天

衆人皆黠我獨痴頭蓬面皺絲鬓垂勇投南山刺白額飢緣東嶺采青芝仲雍山趾歸休日尚餘平生五色筆画山画水画樓臺萬態春雲研坳出只今年已八十餘無復再投光範書留得讀書眼如月萬古清光淵太虚

向年與岳漢陽趙宛丘同登荆溪王氏仁後堂今幾四

十稔時允同尚未生茲允同出拜感念今昔賦以與之

昔年嘗登仁壽堂岳趙兩侯與頡頏周情孔思藹胞臆商彝維鼎陳宝蔵名畫珠官啓册碧法書金薤垂琳琅官窰器列八珍饌博山爐焚三傑香稽經考史發言論跨秦越漢譚文章惟時石塢梅花吐育興起穿林嶺長溪迴路轉雪欲作薄暮似遶羅浮傍歸途列炬兼擊柝候人奔迓遥相望南枝禽翻北枝凍置酒張鐙羅豔粧主賓一時極驩會轉頭于今四十霜趙登廊廟岳物故我仍饑驅行四方人生那能免離合世運乃爾罹慘傷乾坤瘡痍戰塵黑溪山破碎愁雲黃華屋終焉變瓦礫舊厭梁肉今糟糠子之家居尤可念蒿艾叢深蹲虎狼幸哉仁者必有後出贅于此存豪芑子之拜我〻增慨衰頹有幾桒榆光朋儔凋落世變苦安得不及我淨滂

送俞教授之餘杭

餘杭縣前春水生校官書舟如葉輕鶯啼講壇杏垂實魚躍泮水芹抽莖易於觀天聖域敞文者載道天機精明年彤庭對策後我亦閶門送前旌

送俞叔元從游慈溪陳文昭

百舍重趼從師遊為道不為利禄謀今子遠鼓淛東柂濤江日暮青山稠慈谿為縣山水幽製錦者誰陳太丘退食何曾廢探討圖應户屨遠相來它時卒業歸語我坐見一鶚横清秋

送李運使海漕抵京見宣城貢侍制

易於涉險必曰川何況杭海决九淵海鰌無風浪或顛銀山雪屋相崩騫國家鴻庥上際天漕海運粮今幾年波神水妃相後先分護糧艘咸周全棹郎挨舵歌扣舷南風趠帆到幽燕萬井

白裊朝炊炟青駒之年福更延上帝降監加矜憐天子明聖宰相賢明燭萬里無私倫春運已達北海壖天吳帖首海若眠李郎夏運能勉旃海波鏡平糧在船由郎心純志確堅敬亭之山秀而妍幼從貢公讀陳編志存功業永久傳縣知此行尤靜便定膺上賞坐玳遜金繩縹醪寵命宣應從貢公見榻前清光只尺如霏煙貢公若問老鄭處為言白頭仍草玄海宇清晏無戈鋋咏歌太平老林泉卻寄貢公山木篇

寄雲南蕭總戎

將軍昔麾白虎旛指揮虎士平雲南大山豐林犀象窟青山一東西橫擔諸軍落險坐如蝟下嗔長鯨手獨探威行武侯擒縱地大旆森立如松杉整師徐行身後殿黠胄還國無留贅揔戎既已等郤縠相國正可同曹參自參大政論國柄載具清靜民

心甘鳳飛祥雲忽鎩翮公論在人寧久酣皇明鼂徹燭群逋蔀
蔽盡徹憸諆戡将軍復犛蒼玉佩入朝拜手儀容請念臣已老
心則壯寶鏡在匣秋儋々聖君萬歲國基固明堂締構須梗楠

送劉朝章同知赴任 仲治公之子

府尊向任杭推官宛丘趙公宗交歡子時方年二十許身衣大
布頭南冠二公相予忘齒爵稽經抽史言盤々趙公騎箕尊府
老會合無由空嘅歎尊翁後貳吳府政吏畏民思閭井安只令
星霜十五易北歸懸車魏地寬郎君翩々蒙世澤氣貌潤皙神
仍端同知黃岩行有日部從南向千峯巒徽詩於予感衰老况
復秋深霜露寒客懷蕭々詩髩白江浦淒々楓葉丹自慙居貧
無贐餞鴻飛萬里須脩翰高天無雲卿月皎候吏側足迎羿鞍
民思善治甚飢渴報政何以蘇凋殘尊公存此後佳信損騰實

著無畱難

題張伯雨畱别卷

句曲外史儒仙師開口論事劍芼〻詩律精嚴奪天巧字畫峭重含春姿一朝飄然上京邑赤墀不拜惟長揖名稱藉〻諸公間落紙雲烟槃星日璽書令任西湖濱忽思騎虎朝玉宸大茅峯頭斟北斗劍佩色映江南春山經幽文與道帙歸藏靈澗之石室小刼猶剖紫琳腴大書應按皇人筆鬼物守護令幾年闔户勒銘師亦仙酒星在天照酒泉師醉而死方陶然如何卧病二十日鶴骨瘦筋神隼急一朝返真大滌洞西湖山空鬼夜泣飛墨如霧畱人間讀之鏘然鳴珮環疑師不死不得見老淚洒入秋苔斑

重題温日觀葡萄

故宋狂僧温日觀醉凭竹輿稱是漢以頭濡墨寫蒲萄葉葉枝枝自零亂隴首時有連真珈每欲邀師飲其家路逢其人輙大罵欲泄憤怒寧辭撾鮮于廋師工字畫北面從師學波磔寫出蒲萄皆法書二王楷範從師得困學齋前支離跣師來或哭或歌呼醒塗醉抹不可測其言皆足警懦夫先生弊廬耿家步阿師舊日經行路月落山空喚不譍尚想秋棚溥白露

則天如師子林

萬竹陰陰師子林蒼霏如雪不厭深影當初陽鸞鳳舞響作平地蛟龍吟棒機元非擊後悟乗凉已在栽時尋行鞭土酥雖詰屈沛潤法雨无陰森筍時不傳飡玉法定起每聽貫珠音那知閻浮有六月只緣毗耶無二心眼光固已爍天地王度政亦式玉金老矣蒲鞋尚堪織貧豈藜羹長乏斟養威窟中善自愛觧

鈐頷下知誰任擾擾塵勞竟何以便應於此投華簪

送詩僧珩書記

吳僧娟娟珩上人詩如嶽靣青嶙峋旁支小山各秀出吞雲滅雨千星辰陳高復來説珩好思若美玉蒸浮尹（即浮筠玉之光采）我老於詩苦思短援筆欲下仍嚬呻奏香擬繞玉皇案放櫂却入桃源春艱難若此良自咲東燒不爇釜底塵如何諸君擅天巧珩也又復能清新百年幾見光嶽合四海此喜文章純吾聞禪門重行解言必與道無緇磷西風搖落鴈南鄉長歌送子空沾巾

送顏陋隱道士

顏闔煉朮三茆山朮烟如雲紫翠間久御師壇黑虎出又騎仙岩白鶴還符籙登真有要訣祠竈却老須玄關宝書仍傳具茨牧珠實政綴玄都班（班）是中有人煉玉質不逐頹景凋朱顏修辭

如蘭吐酷烈濯足古澗聽潺湲企余東望不可即天風泠然鏘珮環

送林玄卿鍊師歸永嘉

玉晨明皇大道君丹霞上館較瓊文芙蓉製冠珠織裙並乗綠鸞鶴飛雲有美一人岸青幘來從東甌東海濆不咲不語穷居忻帝驚頑語仙聖群是能執持神化蘊叶余昔夢謁帝喜紛拯余於危釋憂惶報崇仙階秩孔殷尚念無以章殊勳琳宫紫幄珠流熉靈來乘純去乘雯景響濁世那由聞神孫飄翩接芳芬亶陽洽陰調夕昕氣神元精駐不分由能鍊之久益貞水浸不溺火不焚是謂真人非外梵鴈蕩木落溪沄沄子今東歸侶鷲麋将與浮脆固氤氳釃之清泠濯垢氛我将學之意則勤其如衰年日已曛况復歲晏手足歎作詩送子空云云

送聰首座遊昇聞極 日本人

昔年龍河帝作宮萬礎搆出金芙蓉祝鸞至命黑衣相董役廼是烏臺公帝乘雲去師示舜瓦礫依然化金碧撾鐘吹螺震天地游從每振東南錫聰也金鼇背上入金翅擘海驅波神典座南屛萬峯上高閣瞪睨青嶙峋来吳欲作鳳臺去詞鋒欲寓秦淮樹業材衆天必豫章匠石何啻後梁柱湫湫長江無盡流詩成爲寄波閒鷗自昔六朝帝王州老夫每欲東南遊白下江山暮雲合烏衣巷陌斜陽愁古人銷亡景物在着我一賦商聲謳

贈日本僧

海以島嶼爲連城其大每與龍伯爭珊瑚柱冷建宮闕翡翠浪暖闢蓬瀛亦有神僧出其國能與古佛同無生飯香盛貯帝青鉢身垢沐浴琉璃瓶錫飛曾追獨雀遠杯渡至此羣鷗輕輔教

編成獻明主彎弓機險開群肯梅花飛雪歲云暮氷封削玉天初晴魚翻春波迓鼓柁馬嘶曉驛知揚旌湯茶榻前啓沃處不讓義夫留大名

題夷僧寫蘭卷

老禅首從日本来足踏萬里鯨波開金仙所居太霞上五色芝草為樓臺國香中有蘭與蕙成蕤托根在蓬萊老禅一見契幽獨葉葉莖莖在心目硯坳盛得楚芳魂九畹春風種華玉紫鱗肯開龍伯宫千柱結構神施工妙高臺上醉揮墨光雲閃映珊瑚紅賢王分茅甸南服萬馬屯雲夜如簇獨延老師至王宫霜毬毫蘸松煤緑為書蛟龍古奇字噴霧拏雲看不足老禅擔簦東入呉白虹夜騰西太湖飛墨何分醉和醒高天頃刻青糢糊横揮直抹恣圖寫太虚空裡無精粗諸方非無大林坐合讓主

席啖揮鈇只緣自有寶〻刹千層樓閣金銀鋪人間腥膩蝸一
殼蟻蠓聚散真斯須定追他日議天統大沛法雨滋焦枯

鍾馗部鬼圖

羌髯足恐迷陽蕀鬼有藤輿振双膝前驅肥身兒短黑非髯嬌
兒則已腊後從衆醜脹厮役檐携鬼脯作髯食鬼肌未必能肥
腯餔之空勞髯手擘彼瘦而巾惜長窄無乃癯儒執髯役其餘
醜狀千百態專為世人尸辟㤪楚龔獰羌非其類請問何由識
其緊想龔目睛爍陰界行兔走鬼非殊派民膏民脂飽死後卻
供髯飡縮而瘦無由起䶌闘其候有嘯于澴妖莫售大明當天
百禄輳物不疵癘民長壽

馗妹圖

天寶治衰妹兄出白晝宮庭魆獰猶妹時何在不佐兄覘妝自

衒妖媚質後來形見知何所百鬼尊之莫敢睹提劍躍馬從其兄每為人家守環堵老韓飢窮夜縛船送之不去今幾年妹肎從兄肆笄逐我亦家富黃金錢

謝自然像

老韓詰屈雄世間好用險語搜神姦上仙飛空詣丹闕政自與世無相關奚為造言極誣詆何妨月照千江水龍伯珠宮深處明鶴髮篙師臨時喜扶植世教須老韓天風不礙鏘鳴鸞不見果州南充縣香火至今盟未寒

花蝶謠題彝峯畫

華魂迷春招不歸夢隨蝴蝶江南飛碧蘐粉香酣不起卧帖芳茵晒鉛水癡娥眼嬌錯驚顛解裙戲撲沾零露折釵搔首咲相語阿誰芳心同栩栩穎雲流光空影寒冰波緘恨啼闌干

贈筆工沈日新

南州先生真玉人，蘇家季孟世絶倫。良公騎尾上天去，清潤餘流溪水濵。東老之家酒熟未，其孫猶以縛筆聞。公家兄弟不買筆，我筆秃之天且嗔。不如醉用榴皮寫，仙人豈亦能書者。

趙千里聚扇上寫山次伯雨韻

宋諸王孫妙盤礴，萬里江山歸一握。卷藏袖中舒在我，清風徐來縠衣薄。文采于今淪落餘，雕闌玉砌凄烟蕪。寶玉不隨黄土化，門上空啼頭白烏。

趙善長枉顧玉山遂以絹為予索画并詩其上

顧家絹如雞子皮，趙生畫似鮫人機。冰絲瑩滑始受彩，天藻絢爛方含輝。海波金芒鼈日上，溪樹翠鎖春洲肥。漁師出港晴擧網，埜老問渡寒褰衣。試訊何從有此景，顧在筆底縱横揮。

崇碧軒

江城喬木春陰薄故家文獻多淪落雨聲環堵長蓬蒿鬢影衰年飯藜藿見說張家崇碧軒楩楠豫章青拂天后皇嘉樹無不有雨露所濡皆可憐何時從予柗根下讀書逍遥以忘年

漁莊

濠上春晴花朶々施罟強知魚與我爭如頑循讀書倦馺沓浪花宵鼓柁船頭列炬船尾唱繩擉如雲翻水上并刀斫雪鱠縷飛拍々茆柴薦新釀莊上東風柳欲綿鯉魚吹浪迎歸船由來名教有樂地看書却掃消殘年

梅隱

昔者先人住杭州和靖祠前水東流弊廬與祠政相近看梅吊古山之幽咸平梅花三百樹無復春風一樹留荒烟野花開躑

蠋落日林樹啼鵂鶹黄昏娟〻重裹湖月每爲香影含孤愁長懷此花冰玉質無言自足令人羞眼明波間双白鷗亦復與世相沉浮不見梅花已悽怨況聞箭聲湖水頭青山難消楚人恨白髮易感商聲謳吾廬亦豈能自愛種梅繞屋休嬿稠三十年間屢易主歸魂每夢花間遊目觀此圖重歎息萬事何異水中漚知君斷非充隱者卜居梅花善自謀我亦漂零江海上悠〻千古一登樓

玉山佳處爲顧仲瑛賦

東望東吳積水深海天削出青瑶岑肅侯諸孫有基搆界汪築室如山林石根孚尹䲔（音浮）蒸玉氣岍曲穿窕來跫音籠鶴教馴合舞節池魚出游聽鼓琴樓臺花雨衆香國書畫芸香千古心按歌宵𡣍夜投轄弾冠又須朝盍簪已傷萫磯學釣擲更上風

磴窮登臨竹梧綠天鳳鸞集老夫為爾長歌吟

湖光山色樓

顧家湖光山色樓登覽近在西簷頭朝烟帖水白初散晴雲出塢青相繆浪花鑠閃上初日崖氣澄橫如凜秋宿草依〻仲雍墓孤帆搖〻范蠡舟靈來每見雲旗下物換幾番汀草抽何人孤嘯畣漁唱有客五月披羊裘主人領客遥指點童子昔時曽釣遊曳裾王門塵眯目擔簦客鄉雪滿頭何如長年老於此登臨咲樂孰與儔玉關西望不得入辛苦纔封定遠侯

雲山高隱圖

大山巖嶪如張旗小山偃蹇如牽衣巖頭千仞瀉飛瀑迸珠濺雪交橫飛林廬隱〻空中起青紅棟宇相軒委中有幽人歌紫芝自採藥苗臨澗洗喬林露下青童〻交柯老幹森虬龍豈無

明堂棟梁柱還當采獻明光宮帝無谷底白駒客考槃歌中風落日盡圖難寫西隱踪一曲鸞笙度空碧

虞勝伯江山風雨圖

雍公之孫勝伯父落筆驚人意獨苦篆籀從衡寫風雨平林遠岸舟横浦想從出蜀看山多筆鋒森然如斲戈春秋著成可柰何酒酣拔劍須君歌

鄭禧之古木圖

吾宗有子擅風流屐行只如陳太丘復向仇池寫林薄六月陰森如凜秋前修凋零吾亦老落日孤雲生晚愁

鉤勒竹

鳳凰仇池五色毛睥睨一如金錯刀欲斲滄海上初日下有積石定風濤曾向雲間拾鳳毛從衡文彩自揮毫龍孫歘詠求摹

鶴露洗珊瑚月影高

題梅為人壽

二月十日君生朝連日重霧今日消梅花含春照池水眼明見此千瓊瑶我願君年等金石梅花結子調鼎食年年為君持壽盃大醉花前華月白

天台山圖

萬八千丈天台山仙人抱琴時往還絲聲落磵秋潺潺曲終韭雲舞玄鶴霞光樓觀難躋攀

芭蕉菴為僧賦

芭蕉為菴世所知諭人生滅無多時春風方抽綠羅卷秋雨便折青瑶枝叢茂如雲盖有自身飄着土當從誰畦傍築室吾取譬葉上濡墨仍題詩猩紅吐花粲堪數鵝黄駢實甘如飴使其

堅牢閲世久敢恨迫窄逢君遲雨聲蕭〻集疎響世路驀〻遭
多岐於兹不悟佛所説金槃如来良足嗤

楊妃上馬圖

華萼樓前上馬時君王忘是壽王妃龍顔含咲待持鞚海棠睡
美春風吹繡鞍嬌凭翠裊泠金鐙㩦跨絲鞭垂宫韉拍韉欲馳
及歘〻步摇危不支後宫窈窕千蛾眉並乘騕褭黄金羈夫容
濯露揔殊妙襍遝綺羅知謂誰獨擁妖環何所之聯翩欲向華
清池双龍嚙脿踏花去錦香覆満紅燕脂從官車騎空瞻望並
肩私語行遅〻行毋遅〻日已西漁陽鐵騎崩雲追纔出都門
便别離千載形跡令人悲再拜能忘臣甫詩

九馬圖

西風原野汗血駒或蹄或嚙或驚驅齕草飲水秋氣肅追風抹

電神情蘇一匹豕塵一匹逋兩疋交頸如城烏其餘五匹總殊絶入龍溢一崩群驚爲閙何時脱羈靮肆行如雲從所適仰首斜陽嘶齧膝一似逢人訴胸臆自穆西歸遭漢家不辭低頭駕鼓車渥洼水深龍種在玉關西望空咨嗟

王時進梅屋

張髯講道吳王城聽受不懈惟王生讀書折旋梅花側冷香吹入吾伊聲仙芸豈是辟蠹草古苔終開掛鳳英春融太古有積雪風度曲闌糝飛瓊生於此時讀書處正值何遜吟詩成豈應娟娟舊時月獨留疎影當窗橫

芝雲堂

仙家芝草曄五色海日一照蒸成雲結爲樓觀霄漢上千門萬戶皆氤氳斑龍誤騎有誦籍雲旂夜下星官君忽爲隨地変爲

石昆吾有刀切不得巖鑿高深翠濤積御雲輪囷瑤草碧永護金粟仙人宅

画

抱琴船頭為誰鼓滿江秋声荻花浦鯨魚出聽掉尾聲曲終鴻鴈起江滸帝子降兮木葉下

除夕

今日歲徂鐙火明欲雪未雪雲冥冥貧家夜有轢釜聲十年飄泊吳王城安知節序兒女情不眠坐數長短更但有榾柮煨砂瓶煮茗亦得尊前傾檐冰錚然向堦落比隣坐歌厭杯酌丈夫雖貧氣不索此意莫令羇旅覺

僑吳集卷之二

僑吴集卷之三

長短句體

汝陽張御史死節歌

遂昌鄭元祐明德著

張御史罵賊死國忠臣家孝子忠義國家培植來白日照耀黄金臺此身許國誓不二不信白骨生青苔近者汝陽妖賊起揮刀殺人丹汝水侯指頭上獬豸冠掌柱乾坤立人紀侯頸可斷身可捐義不與賊同戴天背裂齒碎加憤怒髮直上指目炯然賊刀入口鈎侯舌舌斷含餬罵不絶孤忠既足明丹心三年猶須化碧血顔平原張睢陽一日雖短千載長人誰不死死忠義汗簡至今名字香朝廷易名賜廟食人誰無心應感激坐令忠義銷兇邪鑿井畊田歌帝力

沈孝孫孝感行為謝醫沈日新

吳東門葑泥千頃曾無根舟行浸漾渺無際天水日夜相吐吞
太平日久人烟聚落散布洲渚上繩擱網罟往往成人村沈仲
說父奉其高年之祖母避喧却掃於此安晨昏說也不惟文行
一如李令伯零丁孤苦形影相依惟此祖與孫祖母今年九十
歲十年三蒙賜帛息孫扶母出拜君命能無芳鮮列酒樽阿婆
喜懽一一為孫加咲歡便出泄瀉腑臟如雷奔耄齡久衰元氣
薄數日不復欣盤飧說憂形於色苦形於言東吳世醫沈君日
新父與沈世契如水有委則有源新至切母脉察母虛實寒与
温謂非藥可療精擬曾經臘水浸中有穀氣可以回脾元作糜
飲母病良愈說也樂甚再拜謝新新難具論嗟哉說與新時趍會
孝如說藝如新皆可敦薄俗厚彝倫只今聖王敷五教舉逸民
一朝徵車轟轉動龍伯國陳情有表應更語諄諄新也上醫國固

有道說也孝感可以假上帝通明神是謂同姓不減骨肉親二
子孝與藝流布千秋春

虛靖天師大道歌

千峯秀攢龍虎山學仙之人住其間時乘飛馭下人寰主掌符
籙尸神姦虛靖繼出千載後道風契天高莫攀如網有綱樞有
環足以立懦而廉頑豈徒風霆走禀命政使仙聖皆承顔大道
甚夷民自艱大道甚徑民自孱天師興歌一哀唱只在身中無
往還吁此血肉塊成壞等草菅氣歸元海便無極箭射虛空真
等閑無何虞趙二公辯方始無乃七聖皆迷所見才一斑

碧海謡贈洪尊師

我逢碧海之仙人為賦碧海之仙謡霞光樓觀不在東瀛大海
外煌煌紫芝一年三秀近在討籌之山樹山椒真人號南谷乘

雲累侍通明朝其言皇帝王霸若指掌聖心傾佇如以水沃焦
白雲那知紫極貴歸休林壑殊逍遥草衣木石甘應世土堦茅
茨或夢堯坐致公卿貴人北面拜稽首真人眼空四海瞪泬寥
於時大弟子獨稱薛與姚洪君之家在天目百年喬木風霜凋
時從真人問道巖谷裡暑時日爍石寒時雪齊腰道成真人駕
鶴去山頭每每聞吹簫于今三十載海遠天迢迢先輩儀刑漸
淪落何以使我鄙吝消騎牛青林躬耕苦日短釣鼇碧海欲往
嗟路遥送别未幾度水清淺相逢鬢髮俱飄蕭吳王城中暍欲斃
擬渡碧海心旌摇便欲乘槎共君去問君登真之要訣分君不
死之藥苗萬一天風引舟便芳君遠舉雲旗招

送木善副使任古杭宣監　蓋晋僧之官也

昔者雪山大沙門道如日月行乾坤屬法王臣俾外護言雖巳

遂如生存爰自西來東震旦護法孰如我皇元統以内外宣政院官僚皆選宰輔尊公為院副秩二品横金厭衿腰犀溫大江之南地萬里僧之賢愚難具論公以憲監暫居此摩尼珠照濁水源我知公繼相業大召登廟堂扣天閽太平勳業可坐致豈但安禅闡教報佛恩異時丹青畫麟閣知是忠武魯公賢相之諸孫

觱篥吟次趙季文韻贈老伶杜寛

呉王故宫天早秋誰吹觱篥城南樓一吹風生鷫鸘裘再吹何人敢伊優曲終引氣如刀鏤龍笛鳳笙皆不侔五音歔噂一吸収玉關淚落定遠侯不獨壯士皆回頭杜伶何來自中州目睫每射車前牛不以伎業寒颼〻妙吹觱篥冠名流嚌宮噴徵無時休巧如春鸎囀曉簧舌抽歘如飢鶻嘯樹呼高飂憀如國殤

舉憐精靈夜相求劃如雌龍挾雨歸吟百丈湫緯嫠與嫠婦聽終各自愁為問竹枝蘆葉若為傷出秦青謳四座皆感歎何如謝安石素抱蒼生憂且復彈絲矣竹少為東山留我頽謝公上廊廟任臣鄰掌調燮鏘琳球一鳴簫韶下感鳳和樂雝雝聞九丘毋但謠感篥妙語高浮浮功成拂衣滄海上仙人並轡驂螭蚪却憐江潭憔悴者悲世迫臨賦遠遊

李早馬圖

外甥似舅明昌帝取法宣和尚工伎李早畫馬供奉時畫院森森巖昂茀冀之北土馬所生早也想見房星精遂令能媒出毫素側胥注目疑嘶鳴紈扇畫三騎郎君峭鞍鑾窄衫繡襆四帶巾靴尖曾踏中州碎紫絨軍敗祁連山金鈿玉軸仍南還好事空餘扇頭馬至今拂拭塵埃間

離鸞曲為貞婦徐夫人作

鸞孤飛鳳不歸百年雖遠情依〻請彈離鸞曲秪愁聽者哭夫死南征兒尚乳對鏡離鸞淚如雨大名城裏千家杵不歌不相私相語為問嫠之哭月上手横屋兒啼欲乳夢夫歸金創在骨血滿衣夫婦忠貞兩不遺匹如鸞鳳參差飛母云青天遠千古令人瞻德輝

題桐華烟卷

桐始華桐花開向荊溪之水涯溪聲長遶孝侯廟桐陰盡覆吳生家吳生家藏燒墨法傳自李潘父益嘉尾溝爇膏火蘊灺穗結葩日掃桐花之烟三萬石鬼物守護無疵瑕千杵萬杵白兔臼麋鹿搗膠無夜晝製成龍香古圭璧玉剛金精石同壽奚老焚松〻化石潘癡坐井〻裂甃二子却掃桐花烟生也與之誰

後先墨成飛上通明殿紅雲一朶捧宮硯試之漆黑勞磨研呉
生姓名等潘李肯讓諸蒲先着鞭

贈薛相士

君不見會稽楊廉夫醉吹鐵笛聲嗚〻又不見虎林張伯雨靈
石溪邊待輕舉二子道異出處殊長歌短吟意則俱薛生相人
兩眼燿流電二子喜之皆贈以所製之詩書詩如于闐瑞玉裝
劍璏書似昆吾寶刀切琳腴生矜袖中有明月出以照我白髭
髭我鬚日加白我面歲增黑筆硯慚久蕪江湖厭為容生工鑑
人知我者眞翻骨也由命也兒癡家貧四壁立誰為老韓念東
野生見張楊煩寄聲老來何處堪歸耕珠藏深淵劍在匣夜〻
空谷騰光晶

贈翰古清

虞公借榻宗鏡堂四衆鄉仰不暫忘古清上人獨見取贈以金薤之琳琅公時目眚視留留文成欲寫難成行殞星着紙發屬讀風襟露帶斜低昂中言上人善幻化神龍千丈一鉢藏蜿蜒委蛇各有態擘雲掣電金蛇光海濤翻山霹靂碎怒捲河漢如壺漿世人蒿目不敢覷師獨摩撫如馴羊神膏點鱗翠鬣舞金箆刮瘼星芒張珊瑚千樹宮室祕獻以耆婆未覩之藥方師哀其誠為摹寫風旗雷車雨腳霧點睛未了便飛去硯坳有墨空淋浪頽師騎之上帝都為問蒼生誰短長鳧眠鶴翥且莫辨伽邪定裏松花香

巖栖仙人歌

彼仙之人與神為謀舒嘯煙霞放浪林丘以六合為指掌以千歲為春秋瞪霄漢之空碧渺白雲之孤遊踈星向曙目光炯頹

玉映雪肌膚柔方騎閬風謁絳闕又采瑤草過滄洲仙之人兮欲擅一壑美匪遲徊兮此淹留傍置素琴不復鼓得非與世方同憂龍蟠青藜杖花落綠綺裘岸巾不掛壁翠髮風颼颼正研思慮探道奥金匱石室非難紬想應誤騎斑龍隨謫籍於以輔相聖主福齊州顛崖蒼生性命懸一縷可但獨樂身衷猶仙之人兮須爲謝安石莫學王子猷謝公廊廟上王郎澗之幽窮而成仙達卿相君家子房出處真其儔功成拂衣江海去笛聲尚殷岳陽樓

檳榔木拄杖歌

海南阜樹四時綠至剛獨有檳榔木刻作仙人九節杖昆吾之刀削玄玉吳人沈傅師腹撑書與詩遂欲念我老贈此珊瑚枝入手豈獨扶持力老蛟鯡瘦鐵作脊何況提携指爪間玄冥側

身避正色朝敲隣扉看竹去隣翁指示三歎息此枝曾被猱猱攀酒痕尚留枝節間靈藥結作雞心核蠻唾噀成花乳殷老夫行将東入海撑拄残骸謁真宰就中可有安期在杖頭挑得棗歸来分餉傳師壽千載

松風吟

昔者谷仙之真人曾謁世皇通明殿殿上賜坐言諄諄以為皇王帝霸不殊冬夏秋春紫極雖貴白雲難親翩然歸卧計籌峰下通玄館日聽松風不異大韶樂自謂身是葛天民松風晴吹東日上蓬山閣外五采雲霞新日方西傾月復白松風吹澗壑不著人間一點之埃塵細而笙竽間奏有餘韻大而海濤怒鼓翻龍鱗真人卧起食息聽不厭自謂軒轅張樂湘靈鼓瑟同天真有時雨雪黯慘之寒寒夜有時花柳明媚之芳辰松風不吹樽

殂淡松風不吹肌骨皴真人於此時漱嚥太和朝玉宸撼屋松風三日吹不醒安知便以神為馬尻為輪飛度蓬萊弱水三萬里衆真懽言歸何晚坐吟松花屑粉沾冠巾于今三十五寒暑天根月窟來往長頻〻濟〻山中學仙侶或跨鸞鳳驂騏驎辛开范蠡謁師友南郭顏成誰主賓善聽松風不以耳善御松風不以身真人有道傳不朽千古萬古無緇磷

自怡歌

緬惟陶隱居高卧松風樓太平晋主特延聘麟鳳肯向人間遊試詢山中何所樂白雲與我同悠〻當時江左難將作三綱墜地民風媮所以自怡者惟呑白雲盈隴頭至今稱其高疑是神仙流東吳阿翁貞白裔不逐鞅掌干王侯國政雖未斁黎氓却懷憂〻民之責非預帯布謀所以擺脫世寰聲勢利惟與白雲

為佯倚芻豢豈足適吾口綺綉何以閒吾醉淡然白雲相近處
那知倚門骯髒風馬牛熱鳌翻餅縈纈賂芳州車輪括頸窒䡄
圖小秋周為胡蝶〻為周天下之樂莫若怡雲優箇中誰覺吾身
心亦相讐好如司馬之獨樂知者良寡味者稠吾聆此語奚翅
鈞天廣樂鏘琳球老髮雪種戒滑當自儕使欲陪杖屨與雲同
去留山中自怡者慨然許識此意否慨然許識此意否

悲歌一首寄呈劉學齋相執王可矩張德昭二尚書周
雪坡大監王本中經歷貢吉甫司業字文子貞助教危
太樸待制貢泰甫授經陳元禮孝廉列位

天星曾照遂昌山人家隱約木石巖巒間貞元丞相有支裔避
地東入浙甘與猨猱麋鹿老死不復還五季閩王鄭光祿至今
拱木斬伐後尚爾青珊〻後不念鄉井俯仰應享類其如負病

日零落每企予望淨域長濟濟僑吳三十載惟餘此心在豈惟讀書老無成但覺出門俱有礙三兒兩病一兒劣四體三完百崩敗貸累方炊薪水艱飢屋屢遷家具壞文章出售有誰收書籍縱沾無可賣此心獨有何所似夜夜長虹發光怯青雲故人祿萬鍾不割少許裨飢窮忍令江南秋雨夜頹垣腐草啼寒蛩

李遵道海岳圖

李黃岩煉有瘦體滿臆秋嶄嶄似獻分符磵谷底折腰肯鄙面皺鬚頒毿毿竟騎鯨魚上天去帝憫人間留不住乃令筆底飛墨如雲霧王維鄭虔本有素早年臨摹米顛海岳圖黃巖非有顛非無庵空月落山木擁是中疑有窮猿呼二子風流俱不泯實月夜夜生珊瑚

趙松雪人馬

王孫昔騎天廄驎貌得名駒并圉入羲臺路寢風日嫩繡韉錦韉花柳春吾聞冀北之野每以穀量馬駿骨千金古来寡世皇騎之一天下鞭笞四海入褢蹄億兆俯伏聽鳴嘶如何頓年頓失之對畫令人双泪垂

黄公望山水

姬虞山黄大癡鶉衣垢面白鬓垂憤投南山或鼓袒裼勇飢驅東閣肯為兒女資不惮北遊行萬里歸来画山復畫水荆關復生亦退避獨有北苑董營丘李放出頭地差可耳顏仙種术茅公山喜得此卷開心顏句曲千巖萬壑縱深秀何似卷舒只在咫尺間

活死人窩為番陽胡道玄賦

我嘗夢登天身乘帝青雲下視六合大死人何紛紛尸行鬼走

不知醜天䠷鬼踔無由分首戴髑髏萬兩目腸縣題湊空孤墳
自謂桀神智可以奸明君自謂璚纂組可以成華文自謂昭旂
常可以銘前勳形如枯株心強活氣如濕灰耳強聞哀哉腥腐
蠹何以能趍群天孫爲余言此皆不足云纍〻白骨成飛塵安
知中有不死人眉厖睺結目如電揮呵風雨走百神塌顴玉陛
下自稱小兆臣臣之形骸與衆等久斷葷血腐肉皺言臣不死
誠謬妄固有不死丹元君丹元君在何處泥丸真人且延駐一
曲鸞笙五百年死人窩裏翻身去

送性僧遊徑山

憶昔苕溪登逕山童孩無識空躋攀但見五峯削玉倚天外兼
聞衆木戛樂下雲間振威何人喝石裂行脚有僧挑月還神龍
依禪井水立杜鵑啼血春花殷孤烟中分白窈窕一雨忽洗青

嶄顏何時復至舊遊處行跡應有蒼苔斑願從師去不可得起看蘿月空彎彎

雪巢

太古有積雪不在西蜀西西蜀之鹵雪山遠斷氷千仞難攀躋豈如界溪之上爾侯宇虛室生白皦於楮正猶積雪太古前表裏空明湛中處其處其誰世眞儔純浄不涅緇塵羞素履恒因積後見氷滿夜轉銀潢流遂疑巢居葛天氏不在木末并山頭三啓惜明啓牖户九霄排雲達遥路吳天月明日將曙銅盤盛得金莖露借問脩梁初舉時見者喜氣盈芝眉巢成定産九苞鳳我老爲賦巻阿詩

陳履元畫玉山草堂

故人陳孟公辭如春雲氣如虹畫法師海岳山如鶱鵬樹如龍

騎箕上天二十載有子齇鼻畫極工驚鮫嘘雲海浪白離鸞照水岩花紅皺鱗張鬐得欝磵底松中有一畝幽人宮石林支頤睨飛瀑意遠欲托冥飛鴻我欲從之不可得青山萬疊金芙蓉

趙松雪畫馬

地用莫如馬壺頭竟何施寒風善相不假式何必郭家口齒謝家鬐神駒龍変如何按式取譬之圖面八駿令人嗟君不見房星精飛光夜流拽練明漢家都廐畫凡骨冀之北土龍方生見能引弓射鳥鼠便觧騎過宛王城玉堂學士親眼見貌得風蹄燿流電山人半世只步行髀肉何曾識鞍韉每々作詩題馬圖千金駿骨嵩無人間空費粉墨摹玄黃牝牡真成誣

高房山墨竹

高侯胸中渭川之千畝家居房山未必有如何文章政事之暇

日能為此君圖不朽想當飛墨時蒼龍投硯池山雨急洗琅玕節海月靜照珊瑚枝自從騎箕上天去浮世茫〻水東注千秋萬古房山雲載拜為矦賦墨君

倪元鎮古木竹石

雲林子外生死解内敬為天使帶經而鋤倦即休亦復拈筆爲林丘樹枝鱗皴崖石幽若有人兮在空谷招之不来兮雲慘瘁以令人愁

沈仲説画樹石

風流沈傳師浩蕩江海姿默菴豈誠默開口譚書詩興来捉筆畫樹石溪深岸高浪波白豪端無非篆籀法折鐵中即此其式世人貴耳賤目者於此却令三嘆息

嵇康柳下鍜圖

何所聞而來不妨柳下鍛何所見而去魏闕不復夢哀哉志士千古心有鎚弗鍛躍冶金

江鄉捕魚圖

入言東坡謫居海上時顧見漁釣之家樂嬉嬉問其生涯烟波萬頃舟一葉問其日給鰕蟹小鱻日三炊有時大魚入網即沽酒有時順風張帆即解維不知朝廷尊嚴百官側枕聽雞起不知行役戴星出入世途愁險欲進退跼跼子女瞻竹笛鳴鳴朝暮吹坡聞其言悽不樂我身何有恒百罹瘴海南浮天接水家鄉徃徃夢見之何如此漁者生不觸禍機麄衣糲飯既飽暖高蓋大馬空奔馳我觀此圖重歎息無乃有似坡翁所見盡入無聲詩金緋貴官一射獵漁釣江湖勞夢思投毫寫圖意可見一舸秋風双髩絲

三卷終

僑吴集卷之四

遂昌鄭元祐明德著

五言律

送峽州何學正

夜雨西陵樹，春風燕喜亭。學官資裁正，士類仰儀刑。天險開三峽，人心繫六經。哀猿月中嘯，莫作異鄉聽。

送泉州蒙古學正

王制嚴心畫，臣工重古人。朝廷政典大，嶺海學宫新。番舶檳榔唾，郵籤荔子塵。方言若翻譯，誰与討皆陳。

送白主簿

牢落慈湖館，于今二百秊。閑居仍憫巳，解易尚成編。吾道乾坤大，斯文日月縣。何時甬東路，入邑拜前賢。

簿領慈溪縣，遥知傍海壖。鼇波官賦急，扶犢野農淳。船䑺航檣

曉烟明島嶼春每嫵鳳栖棘只尺是青旻

次韻虞學士贈趙伯容

王孫有仙骨夢斷欝輪袍候火温丹毘吹笙醉碧桃鳥毋双蓬鬓鵷雛五色毛人間既腥腐青海樂游翺

寄張宣慰

此老懸車日顏丹鬓尚玄由来行樂處須及未衰年令子工為政諸孫雅尚賢固應歌舞地長見月初圓

貞逸處士

處士生無字端居代有人飛書表貞逸閉户樂清真生意萱花曉恩光棣蕚春懸知東帛聘側席待天民

送陸秀才

出鼓江湖柑来飡杞菊苗道方行沃壤舟巳問歸潮水浦魚初

上春城雪未消思君好溪水鄉夢夜迢迢

義興岳夫人輓歌詞

道豈汙隆易身由潔素全栢舟凌黑浪蓬首戴皇天木拱終同穴蘭摧不異阡何人紀貞烈留取姓名傳

朱澤民畫

窈窕溪橋路陰森楓樹林岸隨青嶂轉家在白雲深畫史分明意山人去住心勞形何日已於此欲投簪

贈永嘉高生

高生永嘉秀秀也實南金學啓麟經祕雛生鳳穴深浪花迎客棹霜葉變楓林異日魏科掇秋期又盍簪

送范山長

曉色馮公嶺春風慶朔堂親庭白雲外書院碧山傍雀啄飛花

柳鳩鳴結椹桒詩書有世澤簪笏繼朝行

崑山石

崑岡曾藴玉此石尚函輝龍伯珠璣服仙靈薜荔衣一泓天景動九節澗苗肥閲世忘吾老蒼寒意未違

虞侍講書乃祖丞相雍公誅蚊賦

父作更生靈皃為命世英西州覩威鳳南國翦長鯨不厭朝廷小終扶日月明誅蚊賦重錄妙墨冠時名

徐良夫耕漁軒遊題

幽館夏初度清林暑氣中開軒對流水坐石待薰風花落烏巾側鳥啼山几空畊漁者誰子散髮奏絲桐

次韻宋春卿

閒貴堂前路于今二十年美人黄土後廢址綠蕪邊顧我知何

已唯公獨巋然春風吹杖屨猶復侍周旋

覲章德懋

博士衫繞緑書生鬓已皤艱難奈行李葬潤動哀歌疊笏牀仍在臨池墨尚多郇公有世澤春水洞庭波

贈薛相士

子有唐生術誰知范叔寒知無狼顧骨可有鶡皮冠野日晴猶嬾春泥晚未乾多君遠相顧不用畫灰看

送何景文

郡國推何武江湖老鄭虔世儒方醞藉詩律尚清妍宰相才難得文章妙莫傳歸耕釣臺畔早寄白雲篇

鍊雪軒

誰煉紅爐雪晴雲皺面旋六花吹作乳兩腋欲成仙蒼壁龍鱗

舞松花蠏眼圓如何鬻白石一味舌頭禪

排律

飛龍亭

先帝潛龍日幽人待鶴時青山頻望幸琳館皆來娛寶篆黃金鼎恩波白玉卮天開六朝地花發萬年枝閃々前星夜汪々湛露私遠符天曆鳳先協石龜稽古開廷閣繙經出講帷方蒙宣室召忽抱鼎湖悲舊邸梅花落新亭柳線垂至今思沛感時或下雲旂

送徐山長勉之赴慈湖

見說慈溪縣先民有學宫心源推自得已易竟誰通論道非人異朝宗到海同朝窓梅蕋白夜館燭花紅遵渚三更鴈吟秋四壁蛩横經山色裏覓句雨聲中官况氊何冷詞塲筆最工棘闈

還待子金榜日華東

送李舉人克明任教職

職教同時雨郎官苐列星吳區都水監閩國道山亭兩地頭逾
白諸公眼為青身名金玉質文采鳳皇翎鼓枻辭江郡携書入
漢廷河山秋爾〻宮闕曉冥〻夜月鴻遵渚秋風馬在坰李嶠
初夢筆劉向老傳經樸樕材千尺菁莪翠一庭天邊期中鵠囊
底任枯螢歸路梅花發長歌為子聽

送嵇洞玄鍊師雲遊

已躡東遊屩還乘上海槎尋真度弱水抱子飯胡麻少廣蒼精
佩双成綠髻鬟娛遊芝作蓋服食棗如瓜鸞遞采觀初日神虛茹
紉霞玉笙宵度曲金匱夙抽芽遂把東皇袂來朝阿母家初平
羊已化中散蝨空爬翂蝕緱仍結尊空石漫窪歸期定何日夜

夜卜燈花

輓錢翼之

字法勤書史年勞起校官如何管城子竟老鶡皮冠句積詩囊重心投酒斝寬刻深吳下石名藹楚鄉蘭梅福身無老虞翻骨未寒佳兒繼述作留與後人看

輓虞彥高

茗水橫經日長洲筦庫時玄霞散髭鬣白雪吐言詞自分儒紳拙寧知委吏卑袖籠生物手笏拄看山頤返老梁溪灘縣革錫麓歷溫言恒侃侃孺樂更怡怡竹色賓階潤花陰戶屨移入閩求古刻踰浙致名師夜雨連書屋春風動講帷扣舷吳子國衛茗李紳祠政以孤蹤淡誰令二豎持古心空似月裏鬢已如絲白日誠難挽皇天不憖遺士林紛雨泣絮酒諒神知冊旌霜風

憐青林磴道危可無千字誅因賦八哀詩

送劉廷美待聘

文皇南面日劉楚北游時抗疏三公府高名四海知近臣推得士公論果無私坐置昌平策歸尋后土祠仲容為姪好王述豈人癡騍子難籠絡鵷雛足羽儀氣紓商女怨賦解洛神悲淮左鐢桂啇類羆茹芝長裾令已曳好爵固應縻送子難為別西門折柳枝

送楊季常山長

楊子談經處吳公學道祠宮墻紅靡靡庭篠綠差差演迤詩書澤冲融雨露私草玄心獨苦稽古力難裨二載平生學諸生去後思簡書猶用試匠石詎能遺霧豹方深隱雲鵬豈後時會看清白吏勳業著常旂

挽潘祥卿

已佩官箴爾人推吏議精筆鋒廻雅道經術讞疑情孝悌居無忝公廉志夙成家移山郭住祿代石田耕晚謝蕪湖幕恩留槜李城湖山容佚老蓬藋足逃名藉草拋書卷看雲把酒觥陽坡秋種菊畫舫夜彈箏既已忘榮辱方知外死生嶢嶢墓頭石百世保厤貞

劉母丁夫人輓詞

忠養兒能孝居官不惡貧長言遠遊客兼是未亡人主績機恒紡尸饔餕必親課孫裨缺學爲子欵佳賓蓮幙方圖養蓉城忽返真兩雛悲塌翼諸友爲沾巾淚斷枯魚索愁凝繐鵠茵佳城瘞何日瞻望極酸辛

七言律

奉柳太常道傳

烏蜀先生雙鬢絲蕁鱸江上故園思水光閃閃金壺墨石理硜硜玉佩辭水落魚龍秋不雨月明烏鵲夜無枝名山蚤選藏書穴迹取蒲輪未召時

送貢司業泰甫

代祀躬趨黄木湾歸朝仍綴紫宸班識高京兆囊封後道在河汾户牖間迎日講筵瞻鳳扆籲天經術動龍顔異時歸變藏書穴好在南湖疊嶂山

送泰兼善總兵

大師樓船過浙東軍聲爾爾峭寒中令嚴虎帳中天日威息鯨波萬里風鑾徼盡讋戎蚝白極南遥湧壽星紅道山宫闕多仙聖預啓瑶編錄儁功

寄雲南蕭元帥

南望元戎玉帳寒炎〻桂海息狂瀾牽獅入貢金連索騎象来朝罽織鞍丞相渡瀘先鬓白将軍標柱獨心丹春波涸盡思霖雨箕畢星纏夜夜看

送許具瞻進士

純孝淵〻許子将身遷父柩脫烱煬遂登龍虎黄金榜便綰鵷鸞紫荷囊山水窟中民訟簡弦歌聲裏晝陰長聖朝南面求賢切佇見才名上廟堂

寄潘子素文學

與子同庚命不同悠〻江海異窮通潛鱗易借風雲力朽栟難論雨露功欲進老人圯上履可孤焦尾嶧陽桐河陽縣裏花千樹不借孤芳一朶紅

次韻頎仁夫得代

君房未歷金華省，潘岳猶居散騎營。秋水紅蓮能自採，春愁白髮為誰生。夢驚里閈三年別，歸載圖書一舸輕。野老淒涼逢吉去，更誰虛左日相迎。

次韻贈完顏子中

紫誥黃麻疊綰歸，棣花香裡拜庭闈。聖經教子無金埒，憲節傳家有繡衣。佳句易增詩篋重，故人難會酒行稀。頗從菰米鱸魚國，醉把黃花莫暫違。

寄楊士可巡檢

警邏深山行，夕嵐日嚴。笳鼓罷，幽探坐中。拄笏知非擾，馬上轡兮想漸諳。梔葉長年思共渡，菊英何日采盈甌。揚雄千柱華櫰宅，只在輝々北斗南。

蔡孝子廬墓

三十六峯雲氣深墓廬何處得相尋青山當户哀哀哭白日孤光黯黯沉馴虎欲嘷風落石棲鳥不定月穿林三年泣血誰相問灑灑寒泉磵下音

錢道士游仙

綠髮飄蕭禮上玄明星遥隔絳河邊香消楚澤春風佩愁入湘城夜雨絃素手不将條脫贈綺䟽惟把步虚編西神峯頂飛霞觀小駐鸞笙五百年

栖碧亭為華幼武賦

華家池館傍山南倚高木翠氤氳金波影裏魚鱗擘玉瑯聲中麈尾談玄夕雲運盼曈曨紅飛花雨撲炬嵐漁郎一別桃源路回首春風雪滿簪

芸齋

博士齋居芸草香，青編不復蠹魚傷。能窮腹裡書三篋，敢望身前笏滿床。雨屋篝燈驚鶴夢，月窓展卷淡螢光。孔門体用平生學，綠鬢應須佐世康。

園隱

麻姑山下地仙家，謖草春深贜着花。雛雉逐雌催刈麥，鳴鳩呼雨課鋤瓜。放歌不厭牛親餉，對客何妨蝨屢爬。一夜南坡雷雨作，竹萌迸地蕨抽芽。

宣城姚秀才棄舉業為道士于昇州

娟娟月出敬亭山，曾照書聲竹樹間。淡墨何須題鴈塔，扁舟先巳過龍灣。仙人觀闕雲端見，帝子笙簫月下還。水驛花開喚相問，滄波誰似白鷗閑。

至元丁丑夏五宣城汪叔敬吳人干壽道冉丘柯敬仲國人泰兼善同僕遊天平次往靈巖有作奉和

西望層巒草木青魏公祠下拜儀刑經綸有策迴天地憂樂無時忘闕庭異代蒸嘗遵典禮故山香火下神靈浮雲變滅知何在閒聽松風語塔鈴

右天平魏公祠

吳王宮闕草萋萋飛閣重登意轉迷洗硯池邊雲欲暝拜郊臺上日平西湖涵遠浪千帆沒樹響悲風一鶻棲江海鴟夷招不返荒烟野水鷓鴣啼

右靈岩涵空閣

送樂昂儀歸東平

岱宗高入帝青寒榮馬東歸不厭看一變便與周禮樂兩生那識漢衣冠雨休樹下碑仍在雪起封中玉未刊更上靈光殿基望冥冥鴻鵠有脩翰

送季山甫慈湖教諭

季子揚舲之甬東，慈湖應與暮潮通。豚吹野岸楊花白，鳩食桑林椹子紅。遺老應傳羲易說，先民誰繼日鈔功。東吳寓叟頭全白，目送孤雲没斷鴻。

和宇文子貞見寄

別來見話幽人屋，此去當扶野老笻。涇底魚肥春欲上，墻陰薺嫩雪猶封。齋庖不糝頻炊釜，山屐應留屢舞蹤。它日孫依外家學，書籤題墨寓教濃。

送林道士歸温

鴈蕩行雲生翠微，東還行李正騑騑。松矜日老當秋發，鶴養雛成待客歸。珠斗影寒瑞玉璣，繡雲香積紫烟衣。懸知夜禮虛皇罷，宴坐朝元意不違。

遊嘉定道院

芙蓉洲上集仙宮環珮聲聞縹緲中桂閣吹香天樂下稻田䟽脈海潮通呼龍起舞迎初日降鶴歸來御晚風大藥已成金鼎隨丹光猶得乇年豐

春寒

春寒峭峭過王師都出南門送鼓旗嶺海鯨鯢就誅日江湖鴻鴈欲歸時參差帆葉開溪舫顛倒梅花落硯池多病杜陵頭白盡每因送客賦新詩

送葛奏差赴閩

天子分符鎮七閩元戎建旆拂三辰荔花蜂釆千崖蜜榕樹鶯啼二月春吏署看山時拄笏使軺飛鞚不驚塵南來勾漏丹砂訣定愛溪邉白鹿馴

廬山圖

潯陽郭裏望廬山日出千峯紫翠閒烟樹近同蠻井絡風帆遥認楚鄉閑匡仙抱鶴巖頭放李白騎鯨海上還却向畫圖求彷佛菖蒲花老石苔斑

題程國表妻墓碣

太末溪頭送夫婿祝郎戰勝早歸来龍光暫漏金閨籍鸞影先分玉鏡臺兒女淚痕宵泣血杯圈口澤歲與哀它年墓道焚黄日銘碣悲凉首重廻

陳母張安人輓辭

延陵陳母具柔慈訓子成名鬓亦絲樓護契家元自蚤馮勤補衮不嫌遲旨甘每却數波味燕饗長懐剪髮思未拜恩封先已殁後来阡表有餘悲

挽楊九玄

虎丘山下有孤墳，曾識譚經楊子雲。夢落江湖仍聽雨，魂浮泉壤亦修文。家山路遠聽猿淚，書傳香留辟蠹芸。況有佳兒能力學，草玄猶足繼前聞。

賓月樓

最愛香山賓月樓，清光全得太湖秋。魚龍出向初懸舞，蟾兔來從上客遊。凝閣綠苔須士賦，委波金鏡屬誰收。江山千古才情在，牛渚何人獨獻酬。

知音亭

亭院日長深復深，高山流水思愔愔。曲中別鶴啼清怨，樹底薰風養綠陰。激楚忽聞機裂帛，懷人又見冶鎔金。能言萬籟無南郭，隱几形閒孰賞音。

聽雨樓

每愛滄江聽雨眠不應愁絶似今年建瓴長恐崩高屋鍊石徒聞補漏天響入北廊葭菼亂濕增傍壁薜蘿牽白頭倦客孤篷底尚想躬耕有石田

趙季文茶屋

蕭蕭茶屋傍池開謾謾叢篁帶雨栽窓雪晚晴雞誤唱炊烟帶暝鶴歸来醉猶燒燭親黄卷静愛飛花點緑苔尊酒久違真莫負鷓鴣啼上越王臺

薛玄卿鶴齋

君家少保已登雲留得青田貌後真鳥母朁仙須顯駕羽車驂乘必長人聽經香案孤撐雪啄菌瑤堦每過春遅子吹笙明月下丹砂乞與頂頭巾

次韻寄顏元卿院判

酒盡空懸蘸甲瓢一燈孤館夜寥寥鴈寒猶下滄洲宿地暖偏[illegible]盎[illegible]
田重露消長笛一聲推趙嘏衮衣三世屬文饒看雲早晩摩娑[illegible]
翼鬅爾青雲萬里遥

寄泰兼善總制

征鳳鮮于専節制戮鯨王式任偏裨長江謾擊中流楫落日方
懸大将旗夜泣寒機嫠擲緯朝粧明鏡女揚眉丈夫身在難乾
没三秀煌煌是紫芝

和吳宗師寄張貞居

齊老堂前烟樹空真人錫類坐神宮一繖今賚高年帛重壤褎鑴
廻禿髮翁琳館花殘春欲雨石壇松老夜多風遥思問道崆峒
處都在衢尊盎盎中

和薩天錫留別張貞居寄倪元鎮

梁溪歲暮若爲情溪上梅花待晚晴逕雪冷埋山屐齒簷冰夜墮石床聲内篇携向松根讀如意持將竹裏行短褐何能理幽事南窻剪燭話寒更

次韻薛真人賀吴宗師壽辰

臣工袒割紫鱗肪辭藻輝飛白玉堂五色雲中扶日轂九霞盃裏酌天漿又從禹範開皇極重拾堯蓂紀歲陽古桂長承新雨露綿綿根柢發天香

壽春官達郎中

清油幕下紫薇開身總群綱偶上台桂海巳聞京觀築越裳還見貢琛來詩書未與秋揺落刀尺難從世剸裁廊廟棟梁須致貞松合抱是良材

次韻王季野北歸

黑髮黃鬚萬里歸，腰如開國待䧺圍。樓前花似琴臺發，江上魚如丙穴肥。鑾井遠民茶稅急，槐陰燕席酒觥飛。名勲莫負傳家笏，只尺青雲立綉衣。

公子承恩日下歸，小山堂上錦香圍。百壺寫濼方論醉，五鼎契肪不厭肥。聽琵池魚衝浪出，寄書籠鶴傍雲飛。茜袍色映輕裘好，為是夫人手製衣。

歲暮感事

歲除風雪苦陰寒，民族逋租巻繫官。破蕩未充狼虎欲，係累只作馬牛看。何人肯破楊城械，有客空彈貢禹冠。上力已窮民力瘁，腐儒頭白淚闌干。

僑吳集卷之五

七言律

遂昌鄭元祐明德著

范魏公祠

白雲鄉裏魏公祠翼翼烝嘗薦莫時功蓋百年書史載道求千古聖賢知山侵虎穴盤風磴石拔鯨牙插羽旗更上高亭望城邑義田秋實正離離

龍門

龍門岩嶨倚天開點額神魚幾度來雲起區中成五色星從闕角見三台更無鐵限嵳山兕可有金鋪上石苔李范黨同勳業異御車千古意悠哉

天池

立石如雲不待鞭兀臨池水看青天下潛靈物疑無底傍戲山

蹊似有年剌水翠菡霜後在舞風珠樹月中懸太湖萬頃應凡濁閱此泓渟一勺泉

寄鄭長卿

吾宗自昔有升沉況復姬嬴遠至今世詠孫枝發枯蘖人推祖德返遺金鏑頭未必雲縈佩谷口何嫌雪滿簪自恨衰年多病苦藥囊時乞細探尋

壽李廉使

立秋三日是生申糟鑲功高海若馴金莭已懸岩下電繡衣仍應日邊春從隸古森波磔復向心源揖聖神野老願畱吳下佳一新漕政荅鴻鈞

寄干彥成高士

文鋒久淬鸊鵜膏鞍甲藏身百戰鏖王簿宅前春載酒李紳祠

下醉揮毫鄉關未覺東林遠光燄終如北斗高儒老感君難報
稱黃金隨力鑄韋皐

送郝遵道北歸

汴河千里鴈南飛吳下孤騘又北歸竹素殘編無世味蒯緱孤
劍有星輝岧嶤使節弓旌近迤邐神州草木稀想見瓊軒茶對
日黃金臺上雪霏、

次韻劉憲副春日湖上有感四首

庾信哀多賦湯成江南文物久晨星市衢火後蒿橫目民舍春
來草滿庭浪嚙湖堤官柳盡沙填江浦夜潮腥歸來何異遼東
鶴只有西山慰眼青

湖水西邊舊是家春風遶屋種梅花傳聞故老談前日愛教仙
人服幼霞鶴老離巢松化石鸞騫孤照水竹穿沙只今重到經竹

處憔悴蕭郎兩鬢華

潮落空城誰重過，猶餘里耳聽鳴珂。襄陽耆舊知誰在，江左風流不厭多。自見石麟眠枳棘，長聞蜀魄叫松蘿。野梅開盡西湖雪，萬斛春愁柰尔何。

湖水荒〻寒食天，相逢猶話國初年。紅樓夜唱花間席，翠管春吹月下船。玄圃自應留富麗，湘雲誰爲惜清妍。可憐頭白歸來日，井邑凄涼藹白煙。

次韻錢伯行遊仙

海定初風湛綠羅，仙人詞藻寄來多。貫珠音在雲誰遏，琢玉文成手自磨。霄漢畫橋嘗有會，崑崙黃竹漫成歌。可憐人世書裒手，池上猶籠道士鵝。

送章心遠道士入閩

風日晴繅楊柳青翩然獨鶴過南溟山中每憶羅公遠海上重逢武達靈榕葉擁雲山似簇蠣房烹玉酒初醒小冠子夏如相問為道窮愁老一經

送劉宗師入覲次虞學士韻

羽輪暫別大茅峰又御青冥萬里風月帔引朝宣德殿雲韶賜宴集靈宮懸知漢室龍顏主似見商岩鶴髮翁便使圖形在麟閣閑心只愛白雲中

送劉年基高士還江東兼東張一無

劍寒秋水客東歸堂上慈親白髮稀櫑具定無瑞玉璏綫痕猶是紫烟衣蜂營崖蜜花爭發鹿養春茸蕨正肥自古山林有甘膬何妨物色報春暉

為問江東張道士著書還了致桑篇江湖吟落番君老雲漢昭

回象帝先芋火夜煨霜後葉萊庵朝汲澗中泉相依共住知何日孤鶴東還意惆然

寄貞居張儒仙

露泠玄洲草本踈硯泉分得磵循除鈎題石記脩人袠筆削山經作志書舟鼎曉温松節酒茗甌春點菊苗菹殘骸若有登真分亦欲西游候羽車

簡張仲舉待制

宵占兩〻使星東川后迎恩啓閟宫海上天燈懸寳月帷中神語颯泠風雲團芝蓋香烟直春入衢尊酒味同況是詞臣工致祝鯨波永息歲恒豐

送錢思復之東嘉

校官東上斗城時水落高灘舟楫遲造化縱憑脩月斧文章須

旻表忠碑爲庵近畫空彈鋏詩說窮源屢辯順来歲秋闈戰仍捷桂林折取最高枝

贈柯敬仲次王止善韻

楚天鴻鴈白雲秋歸卧滄江看水流莫問湘纍王子宿且同新息賈胡留山林不返趨朝夢道路難爲築室謀莫遣虹光貫明月眠波帖下有沙鷗

喜雪寄達監司次壽道韻

去年南國暖如蒸歲盡猶多撲緣蠅直恐蛇神司有厲可須麟筆紀無氷元動復相調金鉉稔歲恒占應玉繩佇聽賡歌繼豳雅萬年枝上日東升

正自風流謌白雪何須辛苦賦青蠅成章霧豹方依穴鼓柵神魚欲上氷劍具寒侵瑞玉瓏宫懸凍直縹絨縆枯鱗望活西江

水涸轍何因有斗升

釣月

籊竹裁竿拂帝青山河影裏夜亭亭坐乾草際沾衣露掣得波間在罶星巨犗可應投貝闕長絲便欲繫天經清光照徹磻溪叟方看霓裳舞廣庭

梧桐月

露下秋陰洗夜光轆轤哀響度銀床蒼龍出井獻沉璧青女抱琴彈履霜鵲遶暗知河漢近鳳棲明見羽毛張宝釵擊罷宫娥老一曲霓裳淚數行

送李秀才歸越

躡屩東歸度浙河越山無數縮青螺森森南國春秋學嫋嫋西風子夜歌潮湧月輪丹桂近山環親舍白雲多明年春捷靈光

殿遠聽鳴騶駐玉珂

贈朱君復秀士

松陵驛裏雨騷騷，剪拂誰甄汗馬勞。扁石呼兒朝授簡，踈檽啓帙夜焚膏。不因聖藥無熊膽，每爲神山有鳳毛。老我江湖讀書眼，會看攀桂月輪高。

送白治中之徽州

高下溪聲三百灘，好山高入帝青寒。雄藩擇牧金投冶，別駕行春錦覆鞍。茶焙香銷芽尚採，硯坑雲冷石仍刓。殘民久望詩書澤，闕里遺編墨未乾。

輓順義貞惠公

朔漢人豪貞惠公，策勳元自不酬功。自從虎旅平南服，眼見龍旂捲北風。庭有芝蘭更種植，老登槐棘保初終。只今太史修臣

傳應有幽光發閟宫

次韻吳宗師題大滌洞郎師房

一菴閑地足神仙能駐人間大小年赤鯶夜飛丹井月紫鸞春步朮苗田山紆我欲紬金匱晝漏時聞滴寶蓮便駕飈輪上天桂不辭身倚帝青邊

寄宛丘趙祭酒

當陽聖主重師臣妙選儒宗賛大鈞神格西雝夔典樂名高北斗愈垂紳金繩著鈕編珠貝瑶草紆花毓鳳麟老我釣輪江海上烟波空愛白鷗馴

題海運省官卷

省幙今賢佐上台參謨須仗出群材九年鵬翼乘雲上萬斛龍驤破浪開已見清風生白簡便朝紅日詣金臺美哉 王度闗元

化政藉羣公翊戴来

謝劉廷幹漕使饋肉

瑣屑魚蝦不厭腥驚聞一臠到齋扃齋腸久斷聞韶味蒿目愁看在畱星跋履尚圖兒致養解頤空對客談經西風峭急江湖晚何處充飢有楚萍

王本齋參政輓辭

甘棠港口咽寒潮帝促明公黼衮朝已有旂常昭日月却騎箕尾上雲霄北風吹欵年華盡南國凄凉士氣銷便欲一為天下慟英魂不用楚詞招

題鍾紹京書靈飛經

匣裹鍾郎六甲經虹光夜夜射天星使来海上持龍節駕下雲端拾鳳翎金母度辭黃帝籙玉真授筆紫皇聽玉真睿宗第四女為女冠監書

此經勤修苦煉資輕舉濯足明河上九青

簡金伯祥高士

瞻雲西邁思悠然過雨群峰紫翠連兒子劬書能繼業羽人接袂且談玄可無海上安期棗更有山頭太華蓮便駕飈輪脫塵網刼厭不到鬱藍天

贈張月庭道士

為愛中庭月一方坐看河漢轉蒼〻山河影在無圓缺漏刻聲中有短長靈藥杵風金兎伏桂花霏雪綵鸞翔廣寒原是棲真地歌引霓裳入醉鄉

次倪元鎮韻寄剛中

縹緲陳王湖裏寺琮琤鄭老竹間棋每因海月參心鏡却咲茶烟裊鬢絲黑漬尚嗔龍尾滑酒酣方憶虎頭癡論文未極終宵

且讓韓山一片碑

和潘子素宿倪元鎮宅送張貞居還茆山

扣舷溪子發陽阿落葉霜林見鳥窠清閟閣前春意早蕭梁臺上月明多傾瞻鳴鴈嵇中散仰視飛鳶馬伏波對酒息思千古事潘郎刺促為誰歌

游仙和陳敬初

綠髮飄蕭禮上玄明星遥隔絳河邉香銷楚澤春風珮愁入湘娥夜雨絃素手不將條脫贈綺疏惟把步虚編西神峯頂栖霞觀小駐鸞笙五百年

杭州即事

瓦礫堆堆塞路坳勝遊巷陌盡蓬蒿祠宮地卧駝鳴圖祕殿春烏馬矢臊山色無如今度慘潮頭可似昔時高王師貴在能安

集豈必兵行血濆刀

徃来都是石尤風身境俱忘逆順同鏡裏轉增双鬓白花前仍是小梔紅莫驚天地軍塵满尚喜江湖客棹通楊柳吹綿春又暮賦詩愁殺杜陵翁

元宵懷錢唐

武帝親迎太乙神流光絢煜動星辰行宫典禮猶存漢輭道山河已易秦香逕至今啼木客露盤無淚泣金人紅燈幾點東風裏猶是元宵一度春

送蕭萬户西歸

将軍旗鼓鎮西州六詔猖狂一戰収餘壘朝猶磨楯鼻重環夜已附刀頭歸朝却獻王褒頌去國惟存季子裘醉裏相逢歌撫劍滄江斜日水悠悠

和成居竹寄張天民

白骨自應無瘞地，青山可復有遺民。何時得返屠羊肆，古廟無慚刺虎人。製錦邑中推令子，聽經池上躍脩鱗。緑雲洞裡遺編在，脩省加工莫厭頻。

次韻吞玉山

扁舟不亂白鷗群，又復移家入水雲。載酒可無人問字，揮毫故有客書裙。荒凉漢室銅盤淚，剥落周宣石鼓文。猶藉頤循能慰籍，江湖冷落見畨君。

贈岑醫士

經絡多岐脈貫身，顛崖性命屬誰伸。如生獨得岐黃秘，起死能兼郭華神。龍獻古方長繫肘，虎廻熟杏不傷人。懸知此道無疵吝，花發鶯啼到處春。

寄吳江知州于壽道

熙熙愛日仰高亭亭外天寒渚栢青曉駕朱輜理公事夜燒銀燭校餘經炊煙白際魚龍國野稻黄鋪鴈鶩汀三載政成儁術驗玉堂親擢暫須停

送唐學錄歸新安

吟落齋宮薺繞墻歸橈不待渚芹香新炊旋出灘邊碓擗筍仍懸硼下梁雲氣欲晴山繞屋書聲向曉月窺牀斯文三世研磨力破硯于今政寶藏

送任學錄歸松江

海邊委却釣鼇竿鼓篋来吴佐學官糾錄盡推經術邃藏脩不厭客氊寒蓬窗夜聽蕭颾雨薺饌朝飡苜蓿盤三載賦歸春欲暮柳花如雪晴江干

送毛充昭歸三衢

戴雪曾過太末溪天寒沙石淨無泥碓舂白粲連灘響橋墜紅金壓樹低水驛燈明驚見雁蓬窗酒醒忽聞雞竈峰記在君歸讀異日春風聽馬蹄

送沈仲説遊杭

錢唐湖上水西頭歷歷山人舊釣遊相府猶餘秋水觀酒旗多掛夕陽樓春喧車馬松間寺夜載笙歌月下舟見説于今摠消歇休文到日重淒愁

石抹萬户輓詞

提師海上戮奔鯨玉帳宵寒隕大星鐵馬嘶風秋雨暗天狼殷斧夜潮腥常時仗鉞今傳劍前度平蠻未勒銘想見城陰練卒處三軍泪洒燒痕青

潘子素翠雨亭

竹梧亭子翠珊珊入在空濛烟雨間春暮但聞鶯百轉秋陰每見鶴孤還且看對頂遥峰碧莫踏苔花滴露斑如此林居不歸去高情誰與共蕭閒

楊鉄厓新居書畫船亭

草玄心苦思如何艤岸舟輕不動波聽雨夜篷燒燭短截雲湘竹噴愁多賦成猶夢横江鶴書罷應籠汎渚鵝想見後堂涼月白彭宣腸斷雪兒歌

張伯雨精舍吟

翩翩風流江海姿青山消眼空遐思圯橋授書帝者佐襄城問道天為師題扇書裙莫相惱傳符繼籙容何辭願遂西飛白雲去滄江斜日吹叅差

復見心豫章山房

豫章拔地即參天突兀山房撑樹邊僧占綠陰開户牖境因黄落見山川神機觸破栽培力佛慧看空大小年一自龍駒踏人後交柯密葉已駢駢

趙子斯尚書小瀛洲

粉署煌煌閟多霞道山宮闕宰衡家碧梧每集朝陽鳳瑞露長滋夜合花風裏槐音聞奏樂秋來星彩驗乘槎十洲多是神仙宅誰識溪真尚浣紗

題曹松逕家譜

三徑雖荒松尚存東川遺老識清門秋香歲發庭前桂霞氣朝升屋角暾春雨丘園花結子夜潮溝洫浪留痕留停户屨知多少但説師嚴道並尊

雲槎

崑崙河源不易窮，靈槎萬里待秋風。載雲欲問成都卜，持節知
成博望功。既犯星辰上天漢，盍為霖雨佐年豐。如何旅泊嚴陵
里，只掛詩囊與釣筒。

次韻沈存齋見寄

八詠樓前藻思新，白鷗波上寂情親。詩盟有喜諸君在，情話無
如野老真。歷代寶歸金匱鑰，重山光吐器車銀。丁寧笠澤烟波
上，留取珊瑚拂釣綸。

送于壽道知州婺源

百灘春水不容舠，灘上春紅叢小桃。龍尾磨雲濡判筆，魚須抽
雪映宮袍。神杉樹密鵶啼晚，仙舍山深月出高。使節梅花香裏
過，幼霞初日即岩嶅。

送楊季民采詩還江西

悲涼南國采詩歸大雅寥寥入譜稀白馬尚誰歌有客繡裳猶自賦無衣離鸞顧影秋彈瑟舞鳳銜梭夜織機輯錄已成垂世教珊瑚枝上看朝暉

送李秀才鄉舉

秋風又復度宮槐文采何人似爾佳月擁素娥迎學子桂搖金粟散天街劍光出匣驚咋咋筆陣翻雲寓壯懷從此圖南展鵬翼橫飛溟涬渺津涯

輓慎獨陳叔方

詩書世緒傳家久金石交情舉世稀道在人弘不遠復子依父葬衰全歸恐將完璧埋黃壤賴有賢賢琨立翠微自恨居貧乏一祭猶憑絮酒哭斜暉

贈張景亮仕回

投老何曾畏簡書青山元不負吾廬魚[illegible]火疊林頭笏馬軏新
懸屋角車翠被春寒聽雨曬白頭日午趁風梳好官付與諸郎
做千古封留意有餘

春遊石湖

越来溪上水瀜〻閒舊鴟夷棹底風暖霧黃消治平寺燒痕青
入館娃宮笙歌作樂年〻少魚鳥關情處〻同吊古從来易興
感尚循華鬢繫孤篷

遊支硎南峯

詞客幽尋勝洞庭神僧名跡在支硎馬騎仄徑猶存石鶴放顛
厓尚有亭岩底泉飛輕練白峰頭龕蝕古苔青到来顛醒紅塵
夢萬樹松濤沸紫冥

送方養心遊茅山寄貞居外史

天上仙真騎虎還，山中宰相著書閒。神明秘典抽金匱，早晚恩言下玉關。風磴入雲芒屩冷，松花滿地朮畦慳。頗隨君去携新水，猶得棲遲澗壑間。

至正三年癸未冬辜月廿六日，貞居由荆溪過林下，留旬有三日，為寫雲林蕭散圖，併賦長句書其上，留別

人間契闊六年餘，清夜迎船過隱居。寒日當堦散霜雪，踈篁繞壁韻笙竽。燒香遂入維摩室，振屧閑研老氏書。久識先生有仙骨，莫年服食轉清虚。

六月六日初度有感

三十六陂空似昔，荷花荷葉待誰看。星□合躔龍尾，性命何嫌似鼠肝。盤石處安心不轉，蓼莪纔□□難乾。晚来惟有墻頭

月依舊清輝照鶡冠

嘉潘總戎征南回

萬里乘軺出帝城，涉波南海斬奔鯨。回轅不困壺中隱，乘棹來尋谷口畊。尚可班荆談智畧，何嫌拾芥取功名。更吹簫管楊州去，莫遣春愁白髮生。

送蕭萬户還蜀

總戎西蜀幾經年，從事誰令尒獨賢。躍馬莫矜横槊賦，聞雞不道枕戈眠。韜藏寶劍塵生匣，愛惜琱弓夜弛弦。歸到閬州三月盡，江花如錦照行韉。

百丈牽江詣閬州，旌旗擁接舊君侯。按行貔虎千巖戍，蹴踏魚龍萬里流。奪錦亭園花陣雨，離堆記積蘚痕秋。平生謾有相如檄，拏手何時作勝遊。

次倪元鎮見寄

六墻薜荔根株懸倒架莆萄藤蔓牵非無洛下先生屋須得卬州錄事錢鴻鴈天高青不雨鸛鵠沙晚白生煙松雲隱屋結構未何日書来觧榻眠

元鎮画

倪郎作畫如斵氷濁以淨之而獨清溪寒沙瘦既無滓石剥樹皴能有情珊瑚忽從鐵網出瑶草乃向齋房生譬則飲酒不求醉政自與物無虧成

贈篆刻朱生盛

予刻印如刻秋濤轉摺變化手縱操螭扁神疑李斯篆肎蔡妙悟庖丁刀漢章舊制蟠竈鈕魏武斤[illegible]卯鎦太史周南縱留

排律

送達兼善秘書

木天高拱夜何其翠被初寒更漏遲上帝錄書藏紫禁貴神然
火出青藜縣知榮府稽諏處預想虞廷獻納時厚報函盈荅齊
頌湛恩心寫蓼蕭詩豈徒述作矜雄藍政以都人啓蔽虧國典
每漘双賜筆寵光長發萬年枝從容寶鼎開金鏡縹緲祥烟度
玉墀儒術致君還有道皇明鑒物本無私廟謨已發群生秘岩
穴寧令一士遺歌詠太平還有日腐儒頭白在茅茨

送吳平章

聖君圖治思黃髮國老除書下紫宸身喜圍腰紅玉重眼明補
袞色絲勻乞言應咲桓榮陋濟美誰如鄭武頻阿閣近天鳴釆
鳳恩波澤物到枯鱗錫書每啓金華秘賜饌時分玉食珍出處

豈惟關世運旬宣何以布皇仁門人莫惜狂論事駁吏何妨醉吐茵豈但勳名夸衆口太常旂上是三辰

送林照磨之越

朱甍翼翼小蓬萊秋水芙蓉次第開真宰不遺生物意衆謀須藉出群材風生幕府文書靜月轉城樓畫角催喝道莫驚劉寵廟賦詩還上越王臺鑑湖水漲陂間稻禹穴雲荒石上苔土有茶芽方入貢陵無麥飯孰興哀齊民懇惻知何已此日登臨亦快哉日脚簫韶天姥下潮頭旗鼓孝娥來神人驩喜檣風順溪上千帆徃復迴

盛氏野秀堂

野秀堂前湖水繞繞湖千嶂列巘[illegible]花隅浦飛紅雨林木含風擁翠波酒醒忽持如意舞詩成[illegible]曲歌絕憐吹絮翻金

鯽更愛將雛睡白鷺隣艇卸帆繩[illegible]卧奈邀飲町畦過栽蘭九畹秋紉佩織錦金機夜度梭去國娉婷誰共載逃虛放曠自同科橋中儘有商巖樂奈爾春愁鬢影何

顧氏綠陰亭

顧家亭子綠陰、楊柳菰蒲岸、深鷺下積陂明霽雪鸎啼蔢薄度鎔金凉雲覆地苔粘屐踈雨沾衣露滿襟境曠始知清晝穼舟行忽見白漚沉錦香承宇花如霧星采當階月在林荷鑁課童栽藥物開窓傍水候蛩音湛凝元自能談易稽鍛何妨善鼓琴况是松醪釀初熟公餘莫厭客同斟

周左丞玉雪坡

玉雪坡前一色雲更無純白鬭氤氳春回土脉孤亭在山掩人家半路分鐵石崢嶸推宋相江湖吟落念番君調羹佳實花時

見歎笛濤風海內聞墨積硯坳留鳳味香飄池上點鵝群啇盤久向坑灰冷秦篆何曾野火焚已冀廟謨聯丙魏兼聞户履有河汾腐儒獨愧身如腊已老何殊蠹蝕芸

俞石澗讀易處

先生註易隱南城激石松風吝澗聲式玉式金王度在一寒一暑歲功成要參未畫須心悟洞徹羣疑貴理明蔀屋見星元是畫寰瀛撲枕可無程羲精詎忍辭捫舌樂大何妨枕曲肱雨露每滋庭草綠雲霞不礙晚山横成林詎舍千章木求友難忘百囀鶯歲月推遷陳跡在啓蒙長憶酒同傾

渡江

突起金鰲玉作圍天於設險出神機衆流不息朝宗意元氣長浮落日輝雲葉暗吹神女佩浪花應濕定僧衣魚龍不礙中流

舞鴻鴈能忘北首歸桃葉翠嬋楊子渡麥苗青茁蒜山磯不因慷慨投鞭衆自是艱危擊節稀捴會華夷民阜襍分征玉帛使舟飛射蛟人去空英傑化鶴仙來嘆是非西日柁樓仍浩浩南冠鬢髮故依依書生閉戶堪終老跋涉何勞與命違

書畫舫小集分韻得春字

雪舫夜寒虹貫日溪亭朧盡柳含春將軍結髮開全武隱者逃名愧子真醉裡都忘詩格峻燈前但愛酒杯頻芼羹青點沿墻薺斫鱠冰飛出網鱗稽古尚能窺草聖送窮端欲致錢神周南老去文章在同谷歌終手腳跛擲鼈歸來還自咲聞雞起舞意誰嗔盍簪豈料有今夕明日桃源又問津

橘隱爲秦文仲賦

橘熟曾登隱者堂傲霜林薄爛青黃花時吐蕊珠成斛叢晚抽

絛綠閼房千樹君封培植大慈闈毋老孝思長瘵痾欲得蘇家井受命難遷屈子鄉自以辟人甘濩落誰令登俎薦芬芳苞緘萬里深隨貢御宴群臣手擘嘗霜落洞庭天窅々根盤林屋野蒼々齋廬並海詩吟處霧雨氤氲著紙香

寄楊彥遠隱君

子雲家在讓王村昆弟三人行最尊勝槩不煩多屋宇醉鄉元自有乾坤蒙天錫福身長健與物爲春道自存瑚玉墜枝掩結子翠幢羅蓋竹生孫按歌親製縈雲曲教舞長開待月軒藝足稻田青雨潑睡濃薇帳錦香溫不於野隱慚雌伏政以朝趨怯駿奔比跡梁鴻脫塵網追踪巢父洗心源佛香梵筴還投老取次毗邪不二門

輓年縣尹

誰繼清忠家老成韋菴頭白氣崢嶸平生學術尊劉向少日聲
名蓋賈生製錦老爲溪上邑横金晚致幙中評高懐直欲吞餘
子爽氣何堪發九京絮酒盍興霜露感書題重積死生情羊曇
慟哭青山路宿草萋萋夕照明

送銛仲剛遊金陵

銛衲來從日本東説法親曾授老龍珠樹摘花細藻思金膏渚
水淬神鋒玄機不墜空中鏑信器應傳雨裏春暫玩一輪吳渚
月便依千尺定林松江光宛似玻瓈合山色依然翠黛重塞水
但餘鷗泛泛荒臺無復鳳雝雝霜凋錦樹存孤柏海湧青瑶見
獨峰未識吳翁空比擬城樓月上忽聞鍾

僑吳集卷之五

僑吴集卷之六

遂昌鄭元祐明德著

五言絶

石湖十二詠

石湖

滄波渺千頃何處覓鴟夷同姓千年後流芳著斷碑

新郭

闔廬創城郭俄徙傍湖山酒旆千家室今猶作市寰

拜郊臺

吴子築圜丘祀帝存壝址魯亦取聖譏大禘同失禮

行春橋

醉攤捧心過韶華艷綺羅至今湖嘴上彩霓卧滄波

越來溪

始由嘗膽鑿戰艦逐波通今日憑誰占漁家一笛風

觀音巖

碧潭通海眼崖設大士座宛如訪天台石梁飛度過

治平寺

雲塢藴招提開窗面湖渚時發鐘磬音驚散沙鷗侶

茶磨嶼

孤嶼突蒼翠波環欝盤盤誰嗜先春味當來製鳳團

楞伽塔

危峰聳浮屠七級雕闌曲影落湖波心魚龍駭常伏

越公井

隋將移城時鑿供萬夫飲清泠尋丈餘倒浸青天影

御書亭

勑賜宋名臣亭碑載奎畫至今孤亭中虹光照山白

紫薇村

公退紫薇省宅種紫薇花千樹臨山麓秋來繫曉霞

懷王敏德長者

清風起喬木虞麓浣花莊老我成長望平安字數行

懷已友岳漢陽

白壁埋黃壤清風憶錦袍何當絜酒酹斜日下林皋

寄張景昭

舊宅桃花塢流波映草堂睽離將二月聽雨在方床

梧竹蔭蕭齋苔花綠上堦可堪春欲去援筆遣吟懷

朱澤民山水

吹簫江浦秋舟蕩碧雲幽擬遡巖松下詩盟訂白鷗

永定室衲者送茶

塵慮困春華蒙分穀雨芽醍醐滋舌本清氣溢詩家

岳生畫竹

脩篁含雨餘枝拂清風起掃破碧玲瓏高堂淨如洗

陳正孚画

馮嶺少微星群峯列帝青太丘親貌得巖壑想嘗經

高彥敬画

千疊硯坳雲巖崖杳莫分圖餘清興在又為客書裙

過九里寺

湖邊法喜樓千頃冷涵秋吟遶維摩室風生杜若洲

李導道新竹

逗土細行鞭苔茵暖透穿生生無限意都屬薊丘仙

陳摶像

十年嘗一睡醒起欲安民忽睹金烏彩還山遂老臣

雲林小景

雲起野橋西層峰翠隔溪欲尋清隱閣古木桱簷低

王元章梅

明月西湖上清光凝舊時東風露消息香雪滿南枝

子昂蘭

孤臣萬古愁湘渚水東流江芷汀蘺滿空令泣楚囚

子固水仙

仙姿豔玉肌輕拂五銖衣羅襪凌波去香塵蹙步飛

柯敬仲竹

羇栖江海姿飛墨鬢如絲天遠鸞留影篔簹雨後枝

子庭古木

巨材千稔資特立僵挺〻東風吹不回雪壓氷欺冷

明雪窓蘭

結跏向双叢濡毫成九畹襲佩芳馨多懷人江浦遠

六言絶

憶杭

湖山今古妍麗寢園此際荒凉春晚花開花落故交誰在誰〻

淵明像

棄官亟返柴桑家貧日付壺觴莫道先生長醉義熈年號不忘

画二首

六椽儗居避世一瓢淡飲怡情短褐少陵已往小冠子夏復生

雪噴滿谿泉溜雲屯匝地松陰隔岸芙蓉千疊助我吟詩撫琴

七言絶

懷徐士弘

錢唐湖上篠驂遊一榻長為孺子留頭白無成兩漂泊輸君大地一沙鷗

懷張天民

金壇郭裏掃塵齋移向宜興傍古槐孫子讀書兒致養更無塵雜到苔階

張貞居神光樓看雨

東風吹雨弄新晴仙子樓居吹玉笙不是春陰在簾幙已應顛倒落紅英

濛々靈雨向東来曙色軒窓面々開為愛條風吹潤緑莫教人迹印蒼苔

碧雲千仞紫陽山都在東風化雨間細與陽春同霡霂岸花汀柳亦斑〻

贈製筆温生

今春予入杭貞居張尊師方建神光樓葛井西師与予知舊曰留宿樓上對酒聯句予尚左不善書而師之書知名天下予句出捷甚師提筆便書欲屢索輒叱其弟子謂筆不佳家後出一枝上標温國寶姓名師乃喜曰是固揭學士所賞識予雖不善書見師用筆書不已因取傍赫蹏小紙試之誠善筆也既還吳國寶之子持行卷來首列揭公所品題而尊師獨缺然夫揭公寓師樓居四月餘予得公品藻而遺尊師可謂獲連城而失照乘矣行且入杭求師言以為重因詩送之

神光樓上春聯句醉裏從横筆屢揮歸到吳中見蒙子斯文微

藝有神機

溫生有子能傳業鄭老無書可寄君他日製成壺領記尚憑毛穎話慇懃

病中寄王叔明

跌宕王郎天馬駒胷蟠百篋外家書雨窗臥病三十日裹飯何曾見子輿

陶靖節像

袖裏慚無博浪椎酒醒空賦稚桑詩悲涼一曲山陽笛滿眼山河是義熙

謝太傅像

秦兵百萬壓東南宗社安危已獨擔却寘捷書棋局底諸君猶認罪清譚

病中寄光孝禪翁

我病在床身欲飛棋鋒何日賭神機想應近日繙經後只有青山到竹扉

寄金山普衲

金鼇背上欝藍天長有神龍衛法筵午夜江聲推月上浪花如雪寺門前

画

舒歗風林雲滿谿白駒空谷草萋萋相逢不作蘇門聽應有長松鶴未棲

濯足清溪水已寒青山猶有此衣冠黃塵三尺烏靴底誰與歸來把釣竿

水繞山迴深復深白雲茆屋住溪陰溪南十畝堪耕穫何必囊

中季子金
桂樹連蜷山石幽蕭然冠屣白雲秋只愁畏壘無尸祝不愧長年為爾留

桃花源上蝶飛々誤却漁郎苦欲歸雲白山青一回首落紅如雨點春衣

仙人樓觀隔層霞隐者烟蘿便作家萬壑千岩何處是停橈試問碧桃花

肥瘦二馬

獅子花驕蹴暖風淵臙如黝氣如虹年來恣飽天閑粟朔漠當収血戰功

百戰纔餘骨與毛枯株倚着費抓搔何人終惠還芻秣拂拭風鬉氣尚豪

棐竹圖

賦詩何處極幽探多在青山海岳菴一片綠雲塵跡斷萬竿烟雨大江南

遊魚圖

潑剌春波藻荇深方池容得五湖心硯坳更有神龍在難邀商岩旱歲霖

題文山佩刀帖

逐露刀金柄屬誰空聞斷指血淋漓杜鵑啼暗江南月臣甫年年淚雨垂

子昂臨東坡竹

戲墨王孫似子瞻雞棲石上着毿毿汴京回首西風急流落江南共海南

東坡笠屐圖

得嗔如屋謗如山且看蠻烟瘴雨間白月遭蟇蝕不盡清光依舊滿人寰

伏生授經圖

老無牙齒語音訛斷簡殘編缺字多不賴閨中賢弱息帝王典則竟消磨

蘇武牧羊圖

飛鴻歷〻度天山何處孤雲是漢關不滴望思臺下血君王猶及見生還

岳王廟

復得中原後殺身將軍未必恨奸秦甘將三百年宗社君相偷安塟虜塵

武侯像

魚水君臣百世師風雲魚鳥識旌旗三分天下何經意恨未中原復本支

讀碑圖

摩挲漢碣彖饞順臣道爲忠孝可移枉使南来五千里越江漫讀孝娥碑

月夜懷十五友

庚寅中秋夜月色如畫而貧居溪渚因念晉人云感念存没心焉如割遂用東坡明月明年何處看詩平韻賦詩懷友云

剡剡台躔映五雲通明殿上玉宸君今宵賞月延秋桂滿袖天香不見分　趙宛丘

月華浮海綠烟收曾照神光湖上樓惆悵塵生白玉塵詩盟從

此夏閑鷗

屋角氷盤擁爛銀清光千里不踈親棄官歸去輕如葉應念滄江有釣綸　李雲中

覽古樓高桂影寒飛觴不厭接清懽天香落盡黄金粟軟語何由接夜闌　倪雲林

每念道人張一無京塵填眼髑髏枯師資賊害無人理負子清光白玉壺　張文德

泝水秋風吹鴈聲一時分省有更生登高吊古中秋近蓋有危言荅聖明　劉張掖

天章閣下月孤明仍是中秋此夜情便到蓬萊宮裏住謝安應便念蒼生　秦白野

芝雲如蓋擁氷盤携得王珣午夜看山色湖光秋千里詩成應

更刻琅玕　草堂賔主

闔閭城裏寄閒身四壁秋蛩語近人何異京華舊時月清光且照白頭親　陳敬初兄弟

月上溪頭樹影長婆娑老子據胡床九天風露歸來後桑落園林酒正香　黄金華

飛雲樓上月華明幾度中秋在帝京却有錢郎揮翰手倚闌横笛最含情　王季野錢伯行

南來看月異常年身在仙岩溪水邊名藺帝心歸想近清歌莫惜杖頭錢　張京圻

送張貢士

睢陽世緒邈如雲君獨胷蟠錦綉文莫為書裙散香墨好攄三策表奇勳

送處州杜同知

見說吾家光祿墳長松萬箇入青雲子孫為廉杭頭佳廳立車塵候使君

含輝天上少微星曾照蒼蒼古括城山水高深民俗儉不忘辛苦事岩畊

誰知別駕杜侯賢純吏心腸鉄石堅山坂高低時雨足郡齋篝火看畬田

贈麗水治農少府

一寸山坳一寸田高低巖溜接山泉論升起稅斤稱穀此是山城大有年

牛羊日夕下山時出穴眈眈虎正飢不有仁侯護羸畜麒麟折角獍象肥

寄顏元卿院判

户外梅花落峭寒窗前銀燭剪更闌賈生只為憂明主華髮蕭蕭鏡裡看

年華汨汨可相饒魚躍春氷逆上潮畎畝懷君不忘處汲生難遠武皇朝

寄王可矩宗伯

江上羊裘把釣翁一竿烟雨致時雍客星祠下山千尺不在雲臺彩畫中

昔年簪筆上瀛洲萬里青雲映黑頭相業要知霜後栢丞徒有楫濟川舟

寄沈存齋

終惠長歌瘦馬行杜陵頭白淚縱橫風雲滿地無春草頃刻難

亦向予鳴

寄倪雲林

經鉏齋外月娟娟甞照梅花紙帳眠回首三年幾圓缺塵埃堆垛白雲篇

劉功父漢川亭

玉峯深隱漢川君安穩書巢卧白雲天祿校書兒輩在青山留為客書裙

虞學士小像為其姪孫堪題

光岳英靈盖世雄九天象緯貫心胸六經文字關時運韓柳孫丁又及公

紫芝眉宇鳳麟姿自是文章百世師何必凌烟畫冠劍雲仍翼翼奉烝祠

郭天錫雲山

飛墨來從海岳菴，春風吹雨滿江南。青山肯被雲遮盡，時償尖奇一兩簪。

朱澤民山水

樓觀參差山磵坳，漁舟遠嘯出林梢。白雲度盡千峯碧，巒石幽人始定交。

次泰監司提兵東廣留別吳中諸友韻

萬里南征瘴嶺過，夜聞何處竹枝歌。貔貅原自兜鍪出，盡斬鯨鯢靖海波。

白髮蕭蕭尚草玄，故人江海慰衰年。功成佇俟歸來日，只在城南尺五天。

寄宇文國相

精思亭朱學文饒且東經綸鎮海潮相業從容龍尾道唐家復數中興朝

寄貢泰甫授經

姑蘇臺下雨聲寒舍館青燈語夜闌父子日為師友處遺經不厭静中看

風〻雨〻百花洲何日春晴一醉遊滿目青山吟藉草鴟夷未許獨扁舟

送㴱玄禮之杭

錢唐湖上鴈声秋涼入明公紫綺裘庾信清貧何遜老登臨難寫古人愁

青山遶郭俟潮過今古興懷意緒多到夜令人尚無寐彎〻月子竹枝歌

送何舉人北上

練川文學舊從游户屨儒生學最優北上神京當六月凉風桂子已含秋

聞説京師喜氣多萬家齊唱董逃歌鳩金何日寛民賦海宇頻頻望泰和

送僧還開先

廬山面目翠千層飛舄孤禅不厭登絶頂倚雲無脚力潭珠三伏洒寒氷

贈曹相士

魏武子孫誰尚賢相人唐舉得真傳王侯螻蟻知同盡畄取双瞳鑑碧天

陸仲明居笠澤以下養親裕如也詩以贈之

韓墅橋邊陸抗家灼龜靈應足生涯行人握粟遥相顧處奉慈親度歲華

事親能孝衹天知母子團欒不皺眉賣卜得錢勤孝養萊美香裏及時炊

顧定之竹

虎頭孫子顧參軍八法從衡寫墨君龍伯由來寶湖石鳳毛何事刷春雲

王元章梅

孤山無復有梅花寂莫咸平處士家留得王冕醉時筆歲寒仍舊發枯槎

虞勝伯畫雨竹

渭川烟雨綠漪〻公子飛雲出硯池萬箇青琅玕一抹高梢特

犇鳳皇枝

館娃宫圖

複殿廻廊遶翠岑鴛鴦嬌擁畫屏金謾誇歌舞留君醉千古人猶怨捧心

揩癢馬圖

蹄瘡烏去未斜陽雨足春堤草正長摩擦樹根休技癢明朝要爾戰沙場

僑吴集卷之六

僑吳集卷之七

銘

遂昌鄭元祐明德著

吳縣儒學門銘有序

天下郡縣學莫盛於宋然其始則亦繇於中吳盖范文正公以宅建學延安定胡先生爲之師文教之事自此興焉若吳縣學按李宗諤圖經云文宣王廟在縣廨東南今三皇廟故縣治也紹定初永嘉趙善瀚始建學於郡城西南之賔興坊去姑蘇驛不百步其廢置遷易槩可攷矣宋以杭爲行都中吳乃三輔近地縣學宜大於鄰邑然負城西隅於地勢盖甚迫窄更宋迄今累加完緝記刻具在至正十九年郡守海陵周仁縣尹丹陽張經皆以興學爲己任覩學之外門日就廢壞乃始琢石爲莛與楹上象日月堅緻簷陗翼以垣墻瑰麗

弘敞稱其爲子男學宮之門攝學事崑山盧熊及學之人士咸謂縣之有學久矣未有以石爲門者非二侯致力興學不及是也遂爲之銘曰

吳邑有學由宋始完宋社既墟學宮則存維學有門聿嚴啓閉因陋就簡蓋已歷世郡守周侯近古遺愛張令佐侯民所共戴瑑石莲楹新作學門石質如玉孚尹潤温来易蠹朽石堅斯久何莫繇是以啓其蔀勒銘于茲豈特詆言来游来歌永矢弗諼

世壽堂銘有序

古之君天下者歛福於其已以敷錫於天下之人故人有樂生之心無歎息愁恨之苦有壽考之徵無夭閼折傷之萌武王訪道箕子大經大法畢陳之矣而終之以五福蓋以爲人君貌言視聽舉合乎天至於思而睿作聖則又無所不胞含

焉人君與天一致而無二則斂福於己者豈私其躬而已哉刑賞威柄惟天是循子養萬民惟天是法舉斯然遊於太和元氣之中甘露之所霢霂祥風之所披拂則其享遐齡躋壽域斷非厚誣斯世也氣錯而薄世澆而漓夫以孔子之聖而不獲斂福以錫民顏子之賢而不獲享有壽考此其扶輿而磅礴者或清或濁或孅或惡有不可得而窺度也世雖愈甚而王澤猶未竭民猶有享壽祺者然益罕矣故覩曩時耆舊有傳耆英有會九老有圖蓋如鳳凰麒麟不可復見也已況自兵興以來鋒鏑之下刼燒之餘荆榛骨骸渺莽蕭瑟亘數千里無復人烟兵燹之慘未有甚於今日其幸存而竊活者溝壑是憂又何知壽考康寧之謂乎而金壇張德常遁於吳中所寓之室扁曰世壽以奉其父天民先生居之先生今年

八十歲耳聰目明氣神滋王其大父雯山先生年七十五歲而終其曾大父定軒先生於書無不讀於學無不講宋季趙信公最知人將起先生以共事先生知事不可為力謝絕之日與漫塘劉先生實齋王先生優游以終老其卒也年九十有三伯父珂剛先生年七十有八至其兩姥姑今皆年望九十起居無恙世言壽有種豈信然歟夫承平之日世享壽齡固足以夸艷今天下洶洶而德常以才幹在吳縣由丞陞尹人稱其賢既能養其父以孝聞又能推其上世耆年夙學以表章暴白之抑亦何脩何為而能若是耶豈昔之人當錫福之盛深培厚植不少槩見於世故其世壽若此其未已耶德常今則施之於用而其厚德之積則又在德常也遂昌鄭元祐辱交於父子四十年矣乃為銘其堂銘曰

金壇之山，實系地肺。山明川媚，聿鍾人瑞。卓哉定軒，道隆康濟。欽英弗施，當宋之季。身躋上壽，名高一世。有子有孫，俱享遐齡。天何所聞，惟其德馨。德馨苾芬，三壽作朋。永言世壽，以堂以搆。壽若有種，善培滋茂。良耜澤斯，種斯穫。我銘於櫟，雖有秋無斁。

石子硯銘

石有子，孰孕形？卵斯石，有靈硯之。千其齡，亂將文鋒世發硎。

周尹堂硯銘

予無以潤一邑，或蒙潤在茲硯。坳是硯，是于金石交。其或是之穀民不被其澤，予視硯愧且外。膠又何以解人之嘲？

箴

進道齋箴

吳人趙子奇名其齋居曰進道，蓋取諸老氏之言曰：雖有拱

壁以先駟馬不如坐進此道夫老之謂道不能無憤悱矯激之偏亦烏知吾儒中庸大道之全哉故是齋用言以箴

天命之性率性之道兩間人物悉具奧妙綱常倫理是道可求不違戒懼謹獨用修斯道甚大尤至精密屋漏有愧於道則斁苟欲進之其步懈斯勿流異端毋惑他岐進進不已始終敬慎坦然由之實可賢聖

近思齋箴為高昌偰公遠作

繄人有心孰能無思思而惟一睿聖可期聖徒示訓在思之近譬則升階歛步而進級盡一級學博理窮篤志切問仁在其中始於親親遂及仁民方至愛物由漸以循格言用疏畀爾箴哉敢告齋府敬而聽之

贊

韋皋銅像贊有序

案韋皋自為隴州留後當朱泚之亂德宗出幸奉天盜賊滿天下而皋能於此時竭忠徇節斬泚賊奴并賊叛將事聞于朝廷建奉義軍節度以旌寵皋賊平德宗還宫闕召為金吾衛大將軍已而出為西川節度使時吐蕃與南詔不時入寇而皋能用間出奇南詔復臣吐蕃失援西南之民遂獲蘇息德宗累其功加檢校司徒兼中書令封南康郡王蜀人德之至範銅為皋像故老相傳大家鑄皋像至與皋身等中人之家又次之雖貧下小家亦鑄銅為小像長僅二三寸許歲時祭拜如神明焉唐亡皋大像莫之見其小像散落民間者至用為鎮紙不忍致毀夫皋一介書生其功煥烈耀竹帛而其小像流傳海宇者何止千百人一是称之唐韋皋像也夫唐

有天下三百有餘年其臣如皐者固不少然皐像獨傳於世以見皐恩德在蜀〻之人思皐不忘新舊唐書乃以劉闢嘗事皐竟列闢与皐同傳闢反於皐歿後史臣宜寘闢於叛臣傳昔老聃與韓非同傳人猶謂靜躁不同刑德斯濫況闢反叛与皐同傳豈理也哉於是作皐範銅小像贊〻曰

猗皐之生本自寒素及其樹立為唐哲輔南詔復臣吐蕃却顧威振殊挨天聲誕布徽皐功名坤維幾捨蜀人思皐祖也父也無小無大像皐於治以尸以祝錫之壽嘏唐社已灰皐像獨存世無董狐孰昭蒙昏於千萬年我舌弗捫

張吳令像贊有序

曩予客荊溪主岳仲遠仲遠中表多姻戚若王君仲德其一也仲德以宋閥閱居州市時延金壇張天民先生訓飭其子

弟父之先生德乎其身行乎其人凡溪大家無不敬慕之者於是買田築室請先生挈家荆溪之上令吳縣尹德常則先生冢子也德常日侍其親内而家庭外而朋舊人人得其驩心暇輙讀書講學德業滋進於是德常充然為荆溪之逸民夫何淮甸兵興而荆溪遂為戎首向所謂田園室廬盡為瓦礫德常遂奉先生辟地來吳以才著聞起家吳縣丞由丞陞尹縣遭亢旱焚劫而德常能涵煦以仁恩自非才美兼具能若是乎僕與有世契見其松石小像而喜之為題其上云

俞仲温像賛二首

鍾英金壇蜚聲荆溪以孝以友身脩家齊辟地來吳起家佐邑陞之製錦譪乎仁術峩冠野服松石之間逍遥天游良常之山猗欤老先生有此令子尔公尔侯必復其始

能讀父書而不迂能盡子職而家腴人知石澗翁易學之粹而不知其令子之非拘儒也幅巾深衣有粹其容敬以持身所謂以道始終者乎

予之先君子學易究源委從衡變化閒悉其終與始子克紹其家以敞其生涯甘毳之養溫清之室冬之夜夏之日是謂能孝而有關乎世教者也晚更事變歸休田廬有孫牽裾有子讀書優游乎石澗之書隱庶幾乎俯仰無愧者歟

孫高士像贊 有引

國家以清靜玄默扶翊政教故道家流有所謂正一也全真也雲間孫高士明叔者隱於其里九峯三泖之間讀書績學築草堂三間日偃息其中故雖甚貧用前人苦志篤學名其齋曰映雪手鈔書數百卷皆小楷齊截然有以為無所用於

世視田野閒寂若將終其身於是全真教主開真人號之曰清隱處士夫隱古之人初不擇於清與濁故居沽負販可謂之濁矣然隱焉曾不異於考槃之士龠舞之人善乎介子推之言曰身將隱焉用文之是求顯也故隱者不以文自章其來久矣今高士曰清隱豈外乎濁哉安知九峯三泖之間田翁野老朴茂純質於清濁奚擇焉遂昌山尚左老爲題像曰

自吳大帝王江東雲仍如霧莫悉其初終猗歟明叔父升隱乎葭菼之浦鮫龍之宮而其志則猶在乎映雪夜讀將萬卷羅絡乎心胷是誠其像耶有相斯長矣非其像耶何其逼真而飄飄乎烟水之上矣譬之郢鼻之斲槩難乎召匠矣

蘭渚生像贊有引

生而負偉異之才傑特之軀必不肎齷齪爲轅下駒老死而

也人間世固有所不屑為於是欲乘雲御風視蠅蛆溷億萬起滅何足道哉迺遂棄俗欲與古仙神人積精鍊氣以至於長生然既曰仙矣惟恐人知之也鍊之冥冥之中修之擾擾之内顧吾身才軀雖未能與天地久長然天君期復一念萬年湛寂真明百神聽命凡所謂龍虎鉛汞以成金鼎而不壞者豈區區服金石之謂哉蘭渚生妙悟此理而進此道者也有為之畫其像遂昌山尚左老人鄭某贊之曰

蘭生於渚人孰蘭予予惟生如湘纍匪蘭不取既紉之以為佩復緝之以為宇纍以忠自沈生方以不死自神逮將系萬古而一成純是之謂蘭渚生庶幾乎其真者耶

題

題瑞竹堂記

祕書郎白野達公兼善父守越有治政其喪母夫人於越越之人乞留葬於越至正七年春服闋其秋　天子以禮部尚召公北上道吳遂昌鄭元祐送公西出閶門外即驛亭坐語匆遽然猶握手論文首言在越時嘗爲越僧永師者作瑞竹記公自喜是篇誦琅琅可識也然恨未得見其繕寫本已而師驛亭別公去意戀戀不忍舍乃知其不憚遠由越送公入吳至者也豈有所外慕乃依依於公哉于以驗越人愛公之深非苟也明日師携卷過予得所謂瑞竹堂記讀之信乎屬詞工而思密也夫竹之爲瑞豈足以發公之藻思頋猶若此其精密朝廷之上麟鳳龜龍諸福之物待公紀詠論賛黼黻皇家盛德三代之隆此固迂儒所屬望也而非溢美於公云

題諸體帖

六書垂世於三才萬物之理無乎不具然而取義至精多趣後之王者世守之又懼其傳之久而亂之也於是命有司告出考察其文之異者而同之周衰而列國異政鍾鼎銘款有出於六書者紛紛藉藉然猶不至大失其真也今觀此諸體篆於戲矣是皆古制不存人自為學其失可勝言哉可勝言哉

題雪擁藍關圖

按唐書呂黎韓公從裴丞相平蔡還朝擢刑部侍郎元和十年正月憲宗以鳳翔法門寺塔藏釋迦佛指一節勑中使杜英奇香花迎之入光順門留大內三日仍送還寺時王公貴人及士庶無不傾動布施供養填塞道路公於是上疏極諫憲宗大怒遂貶公潮州刺史行至嶢關遇雪而其姪湘解后途次用賦七言律一詩世所傳誦謂其詩義而有禮夫士生於世出處

兩塗而已吾非匏瓜無繫而不食故必出而事君然而出也亦必審其時之如何使時不可出固當儉德辟難時而可出而猶低佪隱約以獨善其身則又君子之所不予也唐更天寶以繼積衰亂以至憲宗乃始屈己從諫群賢在朝逆賊就翦勃然興公於斯時倡文武周孔之道以事其君遇事不諫則上負子下負所學故雖暫斥一時千載之下學者仰之如泰山北何則由其出處惟道是從無可貶議者也世之君子觀此圖慕公斥逐於憲宗之朝是君有可引於道之資公之諫非肆而言也又當觀公平日所以持身守官者皆盡其道而後可諫其君也不然則是朝不坐燕不與始可全身遠害而已耳一知出處而曰安榮而無猒則又皆公之罪人也

題楚州尼真如十三寶記

先儒謂天以形體言乾以性情言帝以主宰言蓋皆以理言之也然所謂帝有非視聽所及見聞豈以紫金為闕玉清為宫紅雲一朵之中冕旒袞裳百億侍真森羅擁衛以掌冥權禍淫福善以主宰於億萬千劫之溟涬寥廓其可也哉唐寶應元年建巳月楚州尼真如恍惚升天得見上帝賜以寶玉十三枚云中國有災以此鎮之群臣表賀至今楚州寶應縣勒之金石昔所謂元黄天符并穀璧有所謂如意珠有所謂琅玕二珠有所謂玉印有所謂雷公石斧有所謂玉雞有所謂王母二環有所謂紅靺鞨有所謂玉玦有所謂皇后采桑鉤凡十有三寶應西漢平安縣寶從天降於兹也故朝廷為之改元時上元三年夏四月也真如見五色雲中有人接尼登天見神人名天帝以以上所言十三寶使携以下人間厭鎮兵戈腥穢之氣使其

寶誠足以鎮衛世難則玄宗宜享高壽不應遽崩而肅宗亦繼之以物故於時祿山首叛搆兵史思明連禍尤慘使其無有則不應改元改縣以紀瑞也然唐自玄宗尊崇老君為其始祖每詔下郡國輒言老君降又言得老君真符其事抑亦可恠矣宗范蜀公作唐鑑不直斥其妄而但歸罪於肅宗儒者據經義以為言扶植世教意於子不語恠司馬公作通鑑欲世之人取鑑於理亂興壞故真如得寶亦皆備書其旨微矣今平江路總管周侯信夫寶應人嘗得寶圖石刻恐後泯滅奉藏縣之崇真觀開山道士曹君執善為侯鐫之石侯由淮入吳徧歷清要莅官臨民謹愿恪實吏畏民懷遠所謂無言不讎之君子也其於是記殆亦維桑與梓必恭敬止之謂歟

題袁通甫詩

令集慶昕公向年客南屏覃思文字視明教窮音不啻方駕過也故論議詩與文嶄步許可獨盛稱吳人袁靜春先生所為詩清麗秀潤數十年所無有某已驚掉而昕出先生詩讀之恨不多見而昕言已足信及來吳先生之子泰仲長與僕相友且已集先生詩若干卷刊行因盡得先生而昕之言益信此卷先生手澤仲長寶藏者鮮于君首題直以杜拾遺黃太史並言黃從杜出其間不可分寸亂鮮于太手筆而其言如此蓋有所見爾昕公今為　天子祠官言論重當世某閭巷賤士不足知先生故托昕推重先生之意於後而歸之仲長云　至順辛未四月書

題石澗書隱記後

鄉予入吳時吳中老儒先生尚多存者潛心於經傳無意於利祿仰館授以自給托筆硯以自怡峩冠褒衣非書史不譚非理

義不由若俞石澗先生蓋一人也先生於書無不讀而尤潛心於易其爲註成書而先生物故今幾三十年而先生之子玉將以易說刋行於世且建石澗書隱於采蓮里有花卉竹石園池室廬真稱隱者之居焉嘗謂易有消長之道始予入吳民夏貫相雄無幾何時而消息盈虚若夢中事顧欲如先生有子有孫又能世其家而不墜要非先生勳躬厚積不能若是也里人陳君子平爲作記文字齊截可喜故某書其卷末如此

題兩伍阡表後

自兩淮兵興中吳雖粗完而飛芻轉粟軍須百役無晷刻停平時文物視他郡粗勝今則索然矣况淮東戰區積骸釁血其人士奔逃流落之餘喘息且未定而兩伍張氏家其孫天永挺身而來避地常熟扣門請見以禮部員外郎余君廷心甫撰其兩

伍阡表視所書則予故人宛丘趙子期也讀之乃知其家一門五世詩禮克紹由文儒顯並仕于朝雖更亂猶乞言于人以表章其先德夫以中吳尚完文物已不逮昔而天永顧拳拳其世緒自匪身更百罹不忘其先者弗能爾也當趙宛丘後書阡表迨今十年矣爲至正十五年乙未秋八月丙辰識

題良常草堂卷

荆溪王仲德以故宋將家子孫博古嗜學延致金壇張天民先生於其家德常蓋先生子其父子績學能以其道行於荆溪荆溪之人爲其父子買田築室居甚克設無朋從枉訪仲德必過德常飲酒賦詩蓋極一時之盛卷中所謂良常草堂者德常扁其室示不忘金壇故居日接良常之山也俯仰廿年不惟當時朋從太半淪落而荆溪更世變鞠爲丘墟仲德亦避地去鄉土

故獨德常父子僅存全其家於中吳而德常以文學起家今爲吳縣尹予與德常最友善觀畫誦詩感念存殁爲之慨然

題薛真人誄文後

玄卿向留吳萬斯文契誼數相從已而還山中詩文日已精行業日已高且謂余曰今奉璽書領教事往杭之佑聖觀予幸一來豈料玄卿遽殁於山中也耶鄭無用出杭仙儒張伯雨爲之誄三讀其文而悲之若玄卿者方且於古之博大真人游於太微之上夫豈言語文字所能贊美哉

題復見心清江行卷

見心携江西友契詩文一卷入吳中讀之所謂幽然而光蒼然而古者皆具有焉近日人情薄至以詩卷送人不異土産風物然可讀者蓋甚寡務由索之者非具眼故雖塗寫滿卷令人嘔惡

見心雖桑門其於內外學高出人表宜其所貯皆連城夜光云

跋

大戴禮卷後跋

漢儒傳經雖未必盡純而其間多可采者若大戴禮是已按漢書儒林傳戴聖字次君嘗為信都太傅今大戴禮乃題九江太守戴德撰宋宣和間山陰傅崧卿蓋已病其訛謬以為世亡漢史而大戴德獨傳後人詎知德為信都太傅歟其為書凡十二卷揔四十篇隋志亦以為十三卷而夏小正別為卷唐志但云十三卷而無夏小正之別至傅氏釐析經傳始可讀然今不敢鈔入傅氏說懼紊舊章也若崇文總目則十卷而云三十五篇者無諸本可定也或謂漢儒得記禮之書凡二百四篇戴德刪之為八十五篇謂之大戴禮聖又刪德之書為四十九篇謂之

小戴禮小戴為人見何武傳此所不論然大戴禮首題三十九終八十一凡四十三篇中間鈌者四篇重出一篇其不可復見者則三十八篇故不能合於八十五篇之數其鈌者既不可復見抑聖耶以為小戴之書歟其間禮察篇與小戴經解同曾子大孝篇与祭義同勸學則荀卿首篇也哀公問投壺二篇盡在小戴書然其諸篇亦多可采潁川韓元吉在淳熙間得范太史家本校定蓋謂小戴取之以記禮其文無所刪者也若夫取舍保傅等篇雖見於賈誼政事書然其增益三公三少之貴任與夫胎教古必有其說否則不應有是也至於文王官人篇則与汲冢周書官人解相出入夫汲冢書出於晉太康中未審何由相似也若公符成王祝辭而稱陛下於考古何居餘諸篇先儒取以為訓論者謂其探索陰陽窮析物理推本性命嚴禮樂之

辨究數度之詳要皆有從來第不可致詰然其書度越諸子也明矣海鹽劉公庭幹以中朝貴官出為嘉興路總管政平訟理發其先府君御史節齋先生所藏書刊諸梓寘之學大戴禮其一也遂昌鄭某向嘗學於金華胡汲仲先生之門每以諸生拜御史公得聞緒論上下數千載亹亹忘倦而公不究德故始發於嘉興公公以其嘗承教於御史公也故授其識之卷末云

跋聚星樓卷後

記中五君子者皆布衣時其俱得內交而友之者其交情疏密雖殊顯晦亦異然不諂不瀆其始終則一也吳蘭陵手寫詩文一卷以遺其其以貧而屢遷竟失之論其所學方當大用豈意其最先卒柳東陽以七十之老赴召北上居無幾客死于京子長與其同庚聞其赴召至錢唐而疾作甫及家而逝今巋然如魯

靈光高卧武夷山中則杜徵君也雖時有書問知動履然不面已十餘年惟黄侍講前年名赴都去歲辭疾與告南還中書遥遣使趣起關今春劉張掖降香南鎮而道吳也聞其老而强健今敬德之樓居溪山宛然題識仍舊然復欲得五君子者登臨笑樂以合并於斯樓之上蓋斷然不復有矣今年至正庚寅也

蘇文忠公恕察帖跋

觀文忠公恕察帖辭簡意真猶有晉宋間風流餘意豈若宋末年繁文陋書爲可厭哉

跋雲笈七籤卷後

莊周氏生衰周所著書於道有獨見豈諸子所能彷彿哉蓋其時六經非有所表章也而其言曰詩以道志書以道事禮以道行樂以道和易以道陰陽春秋以道名分後世鴻儒輩出不能

易其言也至其論列墨狄禽滑釐鄒衍田駢慎到惠施鄧析公孫龍之徒皆掇取其言以折中其是非舉無所逃於周之獨見至論古之博大真人則推尊老聃關尹然其謂道則不過懦弱謙下爲表空虛不毀萬物爲質若所自序則曰死與生與天地並與神明往與芒乎何之忽乎何適萬物畢羅莫足以歸周之言若此非超然有卓見於腥腐之末世惡能若是哉太史公當漢興欲上繼六籍成一家言然是時學士大夫更坑焚之後搢紳罕少無從講明所爲迁惜者雖不足也將欲上繼軒轅下逮漢武固乃局於春秋內外傳世本戰國策楚漢春秋所爲迁惜博不足也然而迁能有見于百家異同之說析而爲九流獨尊道家氏之學以爲無爲無不爲又曰神大勞則竭形大勞則神形離則死迁之言如此是若有見乎修鍊蒂抱以固其

形神者故西漢二百餘年間英雄卓特之士皆有取於黄老之宇要皆廷有以啓之也今其書所謂道家者流之學雖不能盡見其純全然祠竈方藥所由始醮祭祈禳所由終蓋班班可得而元矣由漢迄晋魏以至于唐昧其本而惟末是求忘其大而惟細是適於是改年以為太平真君任道而為山中宰相却兵而禱於大道搆亂而結於諸方其極盛至于唐推其祖為混元上德受其階為三光高明其英偉人君傑特輔相服食丹劑佩授錄致之史冊綿綿不絶書更五季離亂至於宋之初興与高道絶特之士僅有希夷先生未幾而張守真之徒出逮乎真宗崇奉天書以王文正之賢猶不免況王欽若者乎時之人以時君所崇尚也悉其聰明竭其聞見綱羅六合之大搜剔群物之細幽之為鬼神明之為禮纖之為珠璣華實变之為雷霆風雨研

極乎三才萬物以著道家之為書所以中人君之欲首世尚之大蓋莫偷乎雲笈七籤之為書道家者流崇信之不異乎天真皇人按筆以書之盛典也於是尊之庋之列於飛天法輪祕為琅函寶軸更今四百餘年矣能讀其書者蓋甚寡而况於校讐手寫者乎而李虚白高士素有志於學仙也手寫是編凡若干卷字結體遒密終始端慎曾無錯漏其用心抑亦至矣繕錄既完南走武夷山中求杜徵君為之序徵君所以稱道之者亹亹不絕而予與徵君交契非一日徵君既許与若此則予也安得以蕪陋而不為書以繼徵君之卷末也哉　樂

書

與張德常 二首

僕贊郡無補深有媿於左右方圖念欲以竢屏黜又蒙移攜李

力薄志劣何足堪之第以稍遠教音爲千萬恨伏惟坐治之餘
動履康適深慰深慰今因顧仲雅到州之便謹用附狀問起居
僕亦自是行矣仲雅道合氣冲才勝於昔者欲爲把茅盖新之
計令人忻羡會間必自見之也
比旆將之嘉定連日阻雨不得追送然朋友間以詩以序其所
以頌遺愛揚令名播德馨可謂充盡无華也已早晚鐫諸石如
馬令皆有嚴尊皆有學問何其酷相似也且閣下專之後一州
之民蒙被膏澤驩聲洋溢想見儒者治効非俗吏所可企及秋
高氣清亦欲挐扁舟至海隅以觀新政未審雅意如何州西隱
寺一老僧可中庭令示寂久矣其生時待僕甚厚至今塔未有
銘望閣下揆揮其徒不可泯没其聲光也舊友翟文中〻外仕官
火笑廉謹有學今避地在界牌之綽墩將飢死閣下能屈致於

治就學月給廩以活之亦盛德事之一也秋向凉百穀時熟惟厚愛以膺大寵不一

與杭州路廉宣差起咨褒封岳王書

某老矣每自念先大學士忘其齒爵德以下交閭巷之小生不惟温顧之而已其所以勸奬成就之者銘感心膂更百世其能忘之哉閤下以名門世冑敭歷中外遂分秉麾出鎮錢唐某自恨孤負動身如拔山徒極傾企而已故宋忠臣岳武穆王其墳墓在杭西湖北山更今二百餘年矣岳王勳烈在旂常忠義在海寓姓名在竹帛閤下以文儒世家能言之能白之今岳墳主僧可觀者念王為忠臣烈士而求朝廷褒封祭祀之典缺焉自非閤下勇往作成則王平生何以著顯於天下江浙省掾史宋懷王於是事嘗殫竭其力閤下試扣之當知某言為不妄時暑

向炎望石千愛為國自重不具

與烏程千壽道明府

某罪逆餘生本不可詳姓字上于几格然性賦塞直見有義激于中者輒欲布憤懣為當世大賢告某舊居杭西湖西与岳鄂王墳寺百步而近故知其事為詳寺久廢於庸僧今宣政院劄差一僧可觀為住持寺有田七十畝典賣在烏程兩鄉豪處幾十餘年亦嘗數遍經官俾歸此田而至今捽為已有愚竊謂胡安定先生之墳得先生而後歸正今忠武功德正是忠臣烈士載在祀典者而何物鄉豪乃敢據其先朝所賜田自非儒者道義憤激幾何不以為迂且誕者况典寺田自有通例深惟先生公明所照不孤此意耳干瀆清嚴殞越待罪伏乞尊照不宣

與歸安牟景陽

某頓首蔭山先生閣下前日聞長令郎入吳以不獲一見爲慊人從吳興来者輙能誦閣下治政之美清剛堅決百里遺民蒙被潤澤者和風甘雨溉及凡物可勝既哉某亢、中吳閭巷間無足爲道者茲恃雅度輙有白事杭州褒忠寺忠武岳鄂王香火院也有田在湖州久爲人所據今主僧可觀爲住持欲經理之寺久廢而觀甚貧閣下念鄂王忠烈出力爲理之亦盛德一事也冬間欲望履復慎未審可動身否伏乞尊照不次

前以岳忠武褒忠寺主僧可觀訟田事曾具記上陳典籤氏繼而此僧来備言閣下見義勇爲已爲復得廿餘畝仰見盛德之至實爲地下枯骨復其烝嘗功德何量耶因自念某生岳墳之西方其幼也目擊其廢稍長鼓篋从旁一故宋老儒讀書又見江州岳氏及宜興仲遠之家圖興復之已而先人之廬不自保

比入吳罔知墳與寺之盜墜而廟貌香火一朝委地也舊鄉有來吳者往往能言之言之未嘗不淚下也夫淚下者豈有所為而然哉秉彝之心忠義之激不能自已耳僧可觀雖愚戇而能殫力為忠武晨香燈夕之謀夫豈偶然哉夫於忠義之報必陰有以相其衷者以故忘其祀分輒書閣下閣下平昔忠義激烈德望乎人據此而可忍孰不可忍茲舉也上當告于分司下必告于路官使其田盡復則觀且將紀公盛德刻之堅珉置之忠武祠下使萬世永久不朽夫豈一時拘拘者所能與哉情辭迫切伏乞照恕不次

與烏程張元明判簿　二通

去年嘗一再辱書有自吳興來者輒能言閣下持官持身氷清玉剛文穆公有孫矣英聲茂實夫豈久淹簿領者當拭目以俟

茲恃雅度輒有白事杭州褒忠寺宗以祀忠武岳王有田坐落
貴治久為土豪所據令主僧觀者將經理之寺久廢而觀甚貧
閣下能念王香火載在祀典肎出力為理之誠盛德一事也柯
博士近於九月初還吳觀遣人求書述以故柯公不及作書匆
訝匆訝未由會晤尚幾厚愛侍奉吉慶不次
前日來吳不遑欵一餐皇恐逺令岳墳寺僧可觀者備言閣下
德政之醇美可慰且言忠武王贍墳薄田雖已復得而無所執
證慮及久長必得湖州路一宗文據則其田畝將來始不為強
有力者所轉移也於是觀復至霅川有卅丘書與何節推可以
為其緩頰處完而畀之忠武有靈未必不鑒照在上也貴邑王
大尹三月間在吳亟於賈治安縣令坐間相會不敢易作書倘
會仲穆節史仲光博士德茂教授皆為致敬幸甚

上達監司啓

恭審輟講金華，出司水監，屬使節於漢室之老，豈惟明農驗田畯於豳詩之章。莫先徂畛宣恩，言則魚鱉咸若；論入望則草木知名，歡騰隴畝之間，喜溢江湖之上。而迺扁舟適越，意欲卧夫東山一札，來吳恩益隆於北闕。蓋進退一循乎義命，則身心倍切於聖賢。况憂國丹誠，水萬折而必歸於海；律身清節，月孤朗而不翳於雲。故能屹砥柱於中流，振高風於末俗。况詞源決三峽之漲，理窟搜萬殊之同。任道若韓而無其貴富之欲，立朝似范而有其憂樂之悰。既悉其忠以事君，不遺其暇以游藝。交柯玉樹，補石鼓之殘；垂露金莖，發鴻都之秘。人有其一，已足尚。公兼其全，若無能，方且知無不為，益加卑以自牧。用是入參鈞軸，夫豈久淹水衡？某栖遲中吳，困頓下土，老牛舐犢，顧豈望其代耕鳴鶴在陰亦非圖其繼和第惟衣食之計難忘父子之情使坐視其飢寒實所不忍兼自戹於困窶何由克全既濁質不可以業儒茲苟圖乃從其為吏便蒙龠合之禄能無撈筲之憂事急目前慮拋身外旁無蟻子之援難似登天使有鼠壤之餘亦堪為地其如貧病凋落不可裁蒔生成平時友朋公然以貸而繳其科鈌上界官府明秉以心而昧其從違譬逐兔而疾足高才似鬭鴨而神槌毒手天乎此若命矣何言自非恭遇監司內相白野先生閣下吾道丕基斯文元氣視顛連之無告不殊痛苦之切身識理亂之未形洞灼幾微而敷政其素聆緒論茲睹末光敢云蘇章之二天實希伯樂之一顧編摩雖淺依庇則深謹再拜具啓以聞伏惟鈞慈俯賜鑒念謹啓

再奉監司達白野先生書

竊觀洪範皇極之所建上有躬行之實下有觀感之化使天下父子夫婦兄弟朋友舉莫不於此取則蕩蕩平平而由會極歸極之道夫豈外於其時君相之一身蓋君相者裁成輔相乎天地以左右乎民是之謂造命而不由乎命所造也職是之故老者以安病者以養顛連困悴者有托顓昧無識者有教愚而可進於明弱而可至於強久之蓋亦莫匪可官之人可封之俗也其不幸生而家甚貧右臂在襁褓爲乳母悞出其骨骱然以父兄之教在髫髻時即知向學雖隻臂不免薪水之勞猶未嘗頃刻廢讀誦稍長從先生長者講學禮薄如束脩不得行乘壺牽犬不得舉多竊從弟子都養之末以聽遺言緒論年將冠於六藝百家之言粗嘗涉獵今河南省衆知政事寬丘趙公念其力學蒙招於其家日夕講論月得脯金以資養親行無完屨卧無完

僉則於文詞努力師法先秦兩漢名家者流乏作而亦不敢出
恠奇僻澁之言而必要於和平雅淡之歸未覺名稍動人自浙
以西室僅有餘者延訓其弟子盖年及壯而尚未娶藉知愛刲
衣巾之贏為娶吳下倉醫之女遂連得三兒獨長兒身存餘皆
病閼食指加而家益貧去冬趙公為國子祭酒雲中李公仲賢
由湖南憲除漕府萬戶經歷之日趙公躬至其寓道其子盡補
小吏以糊口而贍親李公以斯文之故比下車即過其之僦居
而以趙公之言告於是兒信荷李公及今漕長章公成就之也
於四月十三日遂押指揮下鎮撫所令於十月俟所吏顧油滿
缺收補豈料李廉使一旦棄官北上有平江富人子程丙者厚
賄託該吏別押指揮攙小兒名缺甚深自惟念貧病若此苟非
趙李二公垂念斯文則信兒歷一所吏夢想所不到今以二公之

故印押公文昭章明白以發行矣不識何故而程丙者迴斡轉移乃備攬奪竊念病廢老生於六範六極所謂病憂貧弱者也趙參政李廉使皆以太平盛世 聖君之賢相斂時五福以錫厥民為心也於是造就小兒令得倫合之祿以養其病廢殘骸今缺期在邇而乃見奪於富家小兒然此不敢自默有孤趙李二公之厚德也於是上告脘能宣布 聖君賢相斂福錫民莫先於窮者獲吐屈者獲伸貧乏無飯者獲有所養是則閣下之任也不揆微賤上干鈞嚴進退之間皇汗悚仄

疏

虞雍公誅蚊賦刻石疏

宋丞相雍國虞忠肅公嘗作誅蚊賦內傳後公之六世孫翰林侍講學士以文儒顯既告老還江右而白雲閑上人與之有舊

自吳訪之於臨川蓋雍公之集舊嘗刻於蜀而版遂燬學士後雖貴而雍公集求之不得竟不復刊學士之父參政公大德庚子歲嘗至浙物色雍公集竟不可得而僅於道士侯順軒處得誅蚊賦槀然竟藏於家上人以賦槀爲請學士爲撥篋取讀上人曰丞相真蹟不敢望得學士手書一通東還吳則幸矣學士遂爲草草謄錄而仍記顛末於賦後上人念學士詩文好事者已悉爲刊版若雍公之功業雖不繫於文字有無而誅蚊賦僅存耳無聞江右近經寇亂百不一存於是上人欲以學士所書賦勒之金石庶經久弗墜而上人老矣力弗逮迺以此賦歸於公之八世孫戩字勝伯者俾刻之勝伯既績學克世其家以世故棘囏益貧困固宜寶而藏諸而猶慮夫泯而不傳抑亦負上人之意敢以是干諸好事君子見助焉則賦刻諸石無難者

矣敢請至正十七年秋八月朏書

重建岳鄂王祠寺疏

杭州路西湖北山褒忠衍福寺伏念故宋太師忠武岳鄂王忠孝絶人功名蓋世方畧如霍嫖姚不逢漢武徒結志於亡家意氣似祖豫州乃遇晉元空誓言於擊楫賜墓田於栖霞嶺下建寺祠于秋水觀西落日鼓鐘每為聲冤於草木空山香火猶將薦奠於淵泉豈期破蕩之愚頑盡壞久長之規制典祊田隳佛宇春秋無所烝嘗塞墓道揭神棲風雨遂頹廟貌鵂鶹夜啼拱木蠁蠋春吐斷垣淚落路人事關世道蓋忠臣烈士每詔條有致祭之文豈狂子野僧挽國典出募緣之疏望明有司告之臺省覲　聖天子錫之珪璋褒忠義在天之靈激死生為臣之勸周武封比干墓事著遺經唐宗建白起祠恩覃異代下均士庶

咸共見聞謹號

追薦故元帥達公亡號

斮賊拚死人臣之大節凛然請佛證明朋友之交情痛甚竊念物故中奉大夫浙東道都元帥白野達兼善先生以科名甲天下以行義著朝端潔白之操寒於冰霜清明之躬炳乎日月切磋斯至殊有得乎聖心敭歷雖多不少罹於官謗使久居廊廟必有益寰區柰京觀未築之鯨鯢鎩魏闕孤騫之鸞鳳身後纔一息能續蔡中郎之傳眼前方百罹誰念顏杲卿之死某托交最舊慕德如新慟哭西門羊曇之淚如洗蹈死東海魯連之恨奚窮匪依憑覺皇曷薦揚烈士伏願英靈如在豈但毅而爲鬼雄幽爽不違要且張而作人極以助神當代以增光斯文

僑吳集卷之七

僑吴集卷之八

遂昌鄭元祐明德著

序

思賢録序

宋自祖宗以來容受直言鼓勇士氣故鄒忠公以其師友淵源之學脩身慎行正色立朝以為天子之職莫重於擇相哲宗不惟其賢而使章惇柄國故抗疏極諫又以為君有過舉莫重於夫婦后妃之間當哲宗朝孟后廢非其罪又上書極諫於是連遭貶斥炎烟瘴海萬死一生而公處之裕如非公天資學力不移於禍福利害不懾於刀鋸鼎鑊其能力追前修垂範百世乎徽宗嗣立首用蔡京其誤國又有甚於惇者當即位肆赦故公復得生還當是時君心既迷於奸邪國政日淪於荒謬公賫志垂殁猶以國家為念是與司馬文正屬纊之際何以異哉公既

返葬毗陵其墟墓易世後松楸殘剗幾至蕪廢郡士謝子蘭深惟毘陵公父母之邦也流風餘韵所以漸被鄉邑者當宗之已毗陵獨城守不下雖其民殲焉要皆公忠義使然也時既平矣典禮修且明矣而忠臣烈士烝嘗不續丘壟不完祭田不復何以教勸臣節於是再三懇於官一如子蘭所請子蘭又裒録公存歿始終片言隻字無所不載凡若干卷謂之思賢録夫宋以仁義立國其家範端凝非漢唐可及方孟后禮成見宣仁后宣仁固已知其賢且識其將為國家當禍難使后不廢且亦從二帝北狩后得脫身渡南左右高宗享國江表禍福倚伏有難明者若公忠諫大節則不繫於此云

荆南倡和集序

向予客荆溪岳氏家而梁溪徐元度延於溪上梁溪非有高山

深林若荆溪之宏邃也然其人士之美不減荆溪故兩地數相往来吳人周履道讀書績學久矣其館授亦嘗與予相近大篇短章所以示予者頗已駭人令人畏服別去六七載復相會于吳自罹變故來心目昏耗坐語久猶未識為履道也以小帙示予讀之始猶未以為奇絕玩味朗誦愈讀愈奇其優柔含蓄非自其性情與道脗契蓋弗能若是也視昔所見迥絕不相似諗知履道更亂離与其友爲孝常游荆溪間邃之為谷厓泉石深之為泂蜜聳之為岩巒幽之為林壑敞之為人烟聚落二子者窮幽極深一草一木蓋無不入於其所賦詠者柳子厚久居夷陵不辱世用於是極山水之勝發為文章其名遂與山水相久逮今二子身遭百罹顧能登眺遊覽氣志不少挫抑長歌短吟鏗金擊石二子者謂非奇絕之士可乎顧予老矣不得與盤礴

徒誦其詩使人傾企瞻望云耳

送丁希元序

淮西公告老於朝　天子不允召拜翰林學士於是公乘傳入覲而以其甥丁希元從公與希元皆斡端國人斡端與國朝地若犬牙錯列去江浙二萬餘里希元初侍其親讀書江浙間稽經質疑問學大脩使對策大廷其取必右選若探囊發所素有曾何難哉會舉選暫罷人惜其學成而時違而不知其蘊用以俟時也今淮西公於玉堂清署從容獻納者紬之於心孰矣科第其能久輟乎然則希元富貴其所固有若夫期待希元者則豈區區富貴之謂乎吾老矣異時擁幢蓋而南也下士忘勢能如淮西公則必款予於畎畝之間矣問焉而以言其功名所成就要豈無以語我者希元其知所勉夫

送倪中愷序

向在杭識上饒祝君蕃遠父時方設科取士而元祐獨取周秦兩漢間文朝夕諷讀之法其言爲文章以示他人漫不省獨祝君與宛丘趙君子期恒嘖嘖稱善然不能自審其如何夫以某之孤窮而二君之卓識偉行其不阿其必矣二十餘年之間趙君繇高科顯于朝祝君嘗鄉升今爲番易郡博士獨某子子江海上僻學不可售於人人至指目相笑訕甚矣其習之迂而命之窮也去年秋中愷自昇來吳鄉嘗從祝君户屨間識中愷夫以君學行之純明其從游之懿美斷可識矣然於中愷竊有感焉自道術爲天下裂學者膠於訓詁章句於是聖賢心術之精微愈近而愈違愈合而愈離中愷獨能得於師之說身從心乎言從行乎故能慥慥一致以自達于坦坦之途今中愷挾其有將

上京邑以其師之相予也須一言以贈其行元祐窮甚矣亦何取於其言哉入朝見趙君爲其言曰使老視君於大山豐林僅私淑其徒耳孰若使之淑天下之士哉昔宋胡安定先生其門人高弟用之略盡而先生之道益尊故曰達視其所舉於中愷之行也能無望乎

送顧定之序

顧於吴爲著姓自丞相肅侯而下代有聞人至虎頭將軍用文藝擅詩名而世獨稱其繪畫至今吴之士風流文采既非他郡所能彷彿若夫江山人物竹木花鳥點染之而英華發披拂之而精緻具其繪事精妙又不下於古人是則流風餘韻漸濡涵煦夫豈一朝一夕哉今顧君定之讀書績學既已熟之於父兄師友矣至於游心繪事則雖老於丹青粉墨之間者莫不推讓

之夫以定之才俊如此使不由門地其肯落拓不為斯世之所用乎而定之用其先府君松江府判蔭省檄一再徵為巡檢今取徑蘭溪之其處夫蘭溪之為州也山清而水深定之警邏之餘於登臨之樂得溪山之助發其才藝聲而為詩形而為畫孰能衡之定之尚益培其素植以入仕于朝行且為名卿於當世區區巡捕夫豈久淹定之者哉吾其俟子於東門之外矣

送王季楚序

至元三年春正月越人王季楚侍其父節推君上京師節推君嘗為海漕府經歷漕府治吳下君從政一切本儒術所至人愛戴不忘其道吳也父子恂恂偕嘗與往來者雖畸人逭士亦具杯酒肴蔬相勞苦意則願其須臾毋行而暫留也則又相與為歌詩以攀戀之而屬元祐為之序元祐廿載前曾以諸生拜其

大父水南先生於杭矣今爲序以餞季楚元祐惡得不衰且老
哉水南先生長身寛衣冠巾紓〻德容于〻望之如貞松峭栢棟梁
器也而匠氏淺拙莫之識焉吾固知其後之人才美之無虔也
於是節推君用醇德大其家而季楚諸昆季詵〻林〻警敏好學則
是王氏詩書之澤善慶之報方來而未已者水東注而日朝出
也其可量哉京師人物所萃聚季楚觀邦家之光覽都邑之會
發其家學以成功名余老矣時從尊公講道會稽山水間季楚
其亦有以語我

送蕭天祥序

永嘉蕭天祥將赴蕭山縣學教諭蕭山越屬邑聞其地僻左而
民醇今之妄庸人爲學官者相屬也夫以天祥之學業文采乃
始教諭一邑其邑之人士固幸矣然元祐亦以爲天祥幸焉其

幸何也盖古人道無常師而況誠其可師者哉鄉年韓有道先生入吳元祐嘗以諸生拜先生矣私自念自從子弟都養從先生而學焉其聵無聞亦何至於是也竒窮百憂莫之能遂其不幸孰有甚於元祐者今天祥教諭於是也而先生以文獻故家家於越之郡城數世矣元祐不識蕭山到郡城路幾何道夷險如何縣學事繁簡如何竊為天祥計縣去郡必不遠縣學事必不至於太繁劇也誠能謁告邑宰時徃從先生以講討六藝百家之言譬之遡江河之支流其委糸非不廣且遠也然終不若一窮其源也三年之久天祥其復相見於吳也學官年勞不足言其有聞於先生者山增高而川增深也萃乎其太山喬嶽淵乎其溟海之無窮也學官云乎哉請以為贈

送吕惟清序

宗丞相吕文穆公以厚德再入相及大小申公相次柄用致宗德業偉耀如兩漢盛時逮宋將亡而文穆子孫生武勇將帥如武忠兄弟起田間秉旄鉞赫然以功名顯著于天下武忠薨而權姦誤宋滋甚於是武忠之子平章公以襄漢歸國方是時藩屏之臣陷身重圍百戰死守五六寒暑天心變於上人心變於下故如節之上六以為苦節貞凶則其道之窮身之不幸豈獲已哉余生晚不及見内附之初年然自髫鬌時待先生杖屨往往能言武忠之善戰平章之善守權姦之骨不勝誅季世之遺才與王之良佐有未易一二言者予齒日以長於杭吳昇諸郡喬木故家猶有存者時見吕氏子孫珠玉錦繡之習輿馬僕使之奉留予目而在予耳者今猶一日也無何歷稔既久草木之枯榮不同浮雲之變閃迭異迄余已老始識惟清於中吳惟清

之大父宣慰公平章之子也方宋有國時吕氏之貲業何可以筭計今皆淪落傾謝而惟清自幼好學六藝經傳百家之書葢無所不觀而能絶意於進取勵志於窮隱寓吴城而居幾十年日從薦紳先生游一朝詣予别其言曰家有薄田在蕪湖而老父以隱約居湖上兹將歸耕以養父讀書以明理庶幾乎古人耕且養子將何以語我余謂惟清生宋季使享世禄顧何暇於學宋亡而家之貲産能令賢者損其志愚者益其過亦何暇於學兹惟清潔身若寒士養親如愚人而能歸而耕且養磨礪其志不少退則問學之成斷可卜矣更十年而余暮齒獲尚存且將訪子於湖上其有於聖賢學術之精微幸勿靳以告我

送趙克上序

自仁廟設科取士更今三十一年初憲科舉久廢士習不同於是

河南省三歲貢士裁七人視湖廣則少矣視江西則尤少視江浙裁三之一今更一世累聖繼明河南士類曾不少增而士論亦恬不以為惟夫河南為國家内地其帰版圖甲子兩周于玆矣自昔士之成文武之才就道德之實者三代以降槩多出於大河之南顧至于今而士氣踈落乃若此涵煦而生植之者可不深思其故歟洛陽趙克上久遊吳楚間今秋將歸試于河南夫以克上積學之淵懿其登巍科縻好爵蓋有所不足道然不知克上斤斤取爵禄而已耶抑將建明於朝以父祖鄉黨之國衣冠禮樂之地深深思其故而達其道將何以而俾之富庶有方教養有道尚庶幾於先王詳内略外之意哉克上冀時勉之今其歸朋舊賦詩送之者凡若干人而其為之序　至正四年三月

送徐元度序

周以后稷興故其子孫有天下於郊廟薦饗其功烈而被之聲詩者一是以農事為言我朝起朔漠百有餘年間未始不以農桑為急務欽惟　世皇東征西伐豈知東南之稻米然既定鼎于燕有海民朱張氏設策通海運用海艘趁順風不浹旬而達於畿甸其初不過若干萬興利之臣歲增年益今乃至若干萬於是畿甸之民開口待哺以迄於中州提封萬井要必力耕以供軍國之需如之何海運既開而昔之力耕者皆安在此柄國者因循至於今而悉仰東南之海運其為計亦左已至正壬辰廟堂大臣言於上即畿内開屯田深惟甸民不長於水耕而昧於種稻也於是毘陵徐元度由泉賦提舉出使江南名募江南有貲力者授之官而俾之率耕者相與北上未幾而畢集夫田作蓋民之所天故成周有天下豳雅之陳不惟其他而惟切切

於衣食宜乎登歌雅頌之不敢以忘故能歷祀八百與夏商比
隆也秦起號富强蓋其民不昕則戰漢以孝悌力甲選士故其
得士爲多趙充國平西戎建置屯田邊費爲省降是莫不以屯
田致富强也然水有順逆土有柔堅或者謂北方蚤寒土不宜
稻然昔蘇珎芝嘗開幽州督元舊陂矣嘗收長城左右稻粟矣
隋開皇間長城以北大興屯田矣唐開元間河北河東河西隴
右屯田歲收尤爲富贍由此言之顧農力勤惰如何不可以北
南限也然吳下力田之氓一旦應召募捐父母棄妻子去鄉里
羈棲旅泊欲其畢志於耕穫雖歲月不甚久然亦必使之有室
廬井竈有什器醫藥略如鼂錯屯邊之策庶乎人有樂生之心
無逆旅之嘆此則又在乎元度轉其情而聞之廟堂　聖君賢
相方愛民如子之時元度之言行且將用之爲田畯用之爲農

大夫其進頌於朝者亦將與思文后稷克配彼天之詩相表裏余老矣尚庶乎其或見之

送牟伯愚序

故宋金紫光祿大夫端明殿學士蜀人牟清忠公以直道正言凝立理度兩朝是時閹宦方竊寵而公言之不置遂貶姑熟至今脫靴返棹圖清風勁節照映千古繼而提刑先生風範學術又與清忠相丙煥江南入版圖　世祖皇帝擢宋名臣躋顯要而先生與邑人耻堂高參政矢不屈先生兩子長爲主簿君誠甫先生是也季爲治中君景陽先生是也若主簿君之博學雄文治中君之言行政事皆海内所推重今伯愚在治中君爲長子以門蔭初授震澤巡檢遞辟掾浙東元帥府用年勞陞授福建鹽運司知事讀書績學稱爲簪纓家子孫治中君向以文獻

世系年甫冠遊京師諸宗工鉅學若閻承旨以下莫不推奬愛重時李丞相対固欲屈公出門下公毅然不從由是堙欝逺晩雖廻翔下僚而剛特鯁槩不少挫抑伯愚能世其業上繼其前人且將躐柄用矧治中君知舊尚多存者伯愚行矣武夷山中杜徵君先生年已七十餘矣其道德方爲 聖君賢相所歆慕治中君無恙時平生友契先生其一也伯愚道武夷幸徒步入山望先生下風以致拜焉則夫所以治官治身者先生且有以語子矣豈但施之塩筴而已哉雖舉之天下可也

送岳季堅序

物不能浸盛而不衰故君子之於物以其外至而不可容心以去留也於是等之如變滅之浮雲如散聚之埃壒槩不以動於心至己之得於天而見於言語行事之間者則必兢慎畏惕罔

敢斯須或悖之是以君子顧己恒重而顧物輕良以此也昔者義興岳氏由其前人銖寸積之至於漢陽君而始大方宗内附初漢陽君以其所學游公卿間尊彝罍鼎書策琴瑟其辯博賞識既足以駭動一時然必本之以忠孝之懿美濟之以封植之久大故浙、以西人字君曰仲遠而稱之不容口數十年來漢陽君物故岳氏竟爾銷謝而不復、能有其家矣名榆字季堅者君之、子也季堅於諸子最警敏嗜學君喜其有夙成之資不怍延師教之至使褁粮負笈以肆其、討論之益茲欲北游京師人訝其衣褐無寸贏亦何所挾而其然有事於數千里之外哉季堅曰先人由布韋登仕版其言行歷、有可傳世而垂後者懼將泯、無聞也吾將掃文儒先生之門庶幾委雄文勒貞石所謂發幽光於朽壤慰孝思於無窮吾豈辭不肖而憚夫負戴於其行所交各賦詩送之而其復讀之以衰盛之端莫匪外物若夫脩身以俟命雖已嘗熟聞然迂拙所聞僅若是故不愧強聒而告焉異時季堅能以所學致光顯亦豈能外斯言耶

贈張從善序

予嘗至毗陵過所謂小東門者寒水如帶繚城北流窄逕蹊籬民居雜出町畽閒其傳城已近而物景甚於墟落蓋更六七十年矣而民氣未復兵禍之慘如此哉張君從善甫其先府君嘗錄事其郡內為常之民掩骸骼葺居室常入德之故挽君居之君仕既廉慎華門草屋稻畦蔬圃僅比下農夫之家而君居之不厭上以奉親下以教子其親與君皆終於是從善以其樂之也乃復葬於是而從善亦已老矣閒從善壯盛時喜讀書善騎射錦衣繡襍眉目如畫游燕趙間觴酒徼醉箕踞吹洞簫間持

如意起舞闘者眼膌觀者屬目中朝貴官多父祖交勢用是辟樞密院譯吏日從親賢出入禁近其睫密清光耳聆玉音顧一時榮幸自謂剖符列爵無難者安知疢疢中作其堅志強力竟尒銷謝於是南歸以奉其親而今則遂老也士遇不遇命也要觀其所持循者如何耳從善時時策羸馬入城府顯者無不舉鞭揖從善徐按轡去常民之老間有指從善而言者曰是吾故録事君之賢嗣也事其親孝治其家嚴而交其朋從以信者顧今貧且老而其所守益端若而人者豈獨吾常民之望哉蓋幾於孔子所謂善人也已余聞於常之人已若是及審於朋從又若是朋從或者其徇也若常民之老巷言而野議夫豈有過情哉於是摭其言為之贈

贈卞宜之序

魏武得國雖不仁然奪神器於群盜之手則亦庶乎其可也司馬氏用其狙詐以覆魏僅一傳而天下遂亂崩披播蕩奄南服非惟外寇迫辱無已至於其國亂臣賊子日相尋於干戈當是時主勢降乎上國體頹乎下不有忠義孝弟之君子惡能有其國乎若卞忠貞是已世知忠貞父子皆死於賊名章汗青廟食百世然不知忠貞孜孜奉國動以身教故其時自放於禮法者畏公而不敢肆推波而助瀾者憚公而不敢為典午之民能復有其國者繄公之力是賴豈特溫太真諸人哉史言公墓遭發肌不變指爪復生忠義之報顧若此又豈惟廟食百世哉千有[illegible]年之間世態起滅空花浮雲槩不足道若公之子孫則尤有[illegible]禋當世者余得宜之馬宜之以建德路錄事司判官未任而改辟吏都水庸田使司其清慎而好學號通而能文非忠貞子

孫不能爾也吏秩滿考吳人士以宜之吏水曹有能稱圖欲章其德美也莫若形之言余於是復得其家世焉淮安路山陽縣則其世以儒而占籍者至宜之大父嘗為嘉興路安撫使後陞廣州等處總管逮其先君子皆以游宦寓浙西今宜之以年勞且將躐〻向陞進天將孚忠義之報則宜之赫然為世用若然則忠貞公之德業豈但顯著於晉室而已哉吳人士既相率賦詩以贈之而援為序首簡

送楊季民序

古者民恬安而志分定故雖一車也而輪人之志在合於規圜有不暇志夫輈人之如屋梁也一車之製不遠而猶若此矧農夫商旅各有所志之事乎由此觀之民生其時異言有誅異服有禁所以養其恬安而定其素志者豈一朝一夕之故先王之

造士也雖皆教以六藝然學易則於太卜學春秋則於太史學禮則於宗伯學樂則於瞽宗惟詩與書得通授更秦而先王之道廢漢興六藝殘缺士各以其所便者為學然猶謹守師說而號稱專門夫六藝尚矣姑即詩言之風雅正變雖不同而舊章民風形之詩者方巡守也命太師陳之以觀民風然後采而錄之夫采之者有官而侵官有誡自詩定為三百篇采詩之官廢久矣而况漢更魏晉以迄于唐其為詩情聲節範亦皆屢變而不同大槩世降俗瀉其聲容未必得其情而情聲之實亦時可以槩見其人矣昔孔子不以論篤與人然言本心聲自不容偽江西楊季民氏自其上世皆工於為詩然閟其聲光不少用於世乃自以樂於大山窮谷間至季民其詩益工其窮益甚而其志益堅季民學富而詩工非不可他塗以求顯也盖其志分定

而心恬安也於是其父兄師友相與言曰楊氏工於詩數世矣其工於為詩也期合於古人非求知於今人也雖不求人知而不可以不知也乃屬季民沿江入浙而遂留於吳者幾一年見人所賦詩一篇一什輒皆采而録之某告之曰官不采詩久矣而父兄師友屬之季民者豈特詩之美惡高下哉舊章民風與古雖殊然皆先王之澤也先王之澤未泯尚於此見之則豈徒傷今而思古哉季民之歸也發所采之詩而讀之其感發而懲創者端可以知人乎因言以知人因人而論學昔者商賜可与言詩而遂有補於世教非夫季民父兄師友尚誰望哉

贈李憲僉序

昔殷太師以洪範授武王已而太師受封朝鮮朝鮮之民被其化遂成禮義之大國周之衰聖人道不行於天下之廣限聖轍

而不可往者則曰吾欲居九夷得非聖人睹中州之澆僞而有慕夫東方之俗歟隋煬帝逞侈心以爲高麗冠帶之國也舉兵征之遂致大禍唐太宗指麾則中原清顧眄則四夷服其征高麗也所料與其國對盧之言僅脗合由此觀之則高麗之爲國其人才未易量也　聖朝承平日久海宇晏然夫何三四年來守令失撫字民爲寇攘至正壬辰春海寇燒刼嘉定崑山而滸朝鮮李公分憲吳下深惟吳乃財賦所由出實國家東南大藩屏苟城隳壍湮無以禦盜於是謀於守臣而經費方不給公乃集衆議廣衆思斟酌民貲厚薄多寡量城丈尺而分築之蓋城周四十餘里高四十餘尺費以萬計爲役可謂大矣況民不可與慮始故築甃之初謗詛毀恨莫究由來而公恬然一弗聽焉埃赤日揮汗如雨晷弗少憚巡察城上下以稽工役勤賞怠罰

感行惠斅杵楨齊集矩度整截雉堞森然儼如金湯百工甫畢而紅巾賊起矣始犯錢唐次及吳興毘陵京口相繼殘破而眈眈吳城獨克完峙於是吳之民乃始驩忻悅懌變嗟怨為言笑易嘆恨為謳歌以為中吳非公繕完城池亦且摧陷鋒鏑肝腦塗地莫知其所以也感公恩如父母戴公德猶更生而公亦釋然自喜自慰當傳聞警急時晝夜身巡市里累旬弗懈雖有穴墻鼠狗亦皆革化故吳民獲奠枕安寢者伊誰之力哉若公推憲平允揚清激濁不茹柔吐剛而使姦邪黠猾之攝伏此吳民於公當尸而祝之於社雖有世不易者也公名朶只字仲善朝廷錄是功特進重位登廟堂而銘勳業於旂常者應自茲始云

送漕府李侯北歸序

燕自召公啓國其世系與周始終世言燕趙多悲歌慷慨之士

夫更聖賢之所過化其習俗之懿美人士之傑特豈但悲歌慷慨而已哉國家肇興朔漠定鼎燕都百餘年来燕人士以其才用內而廟朝外而郡國蓋多魁奇偉特之士第余不辰生長錢塘湖上南遊止于婺北遊止于揚重以猜峭與人不能苟合故於當世顯人罕有識者然以先隴在吳也僑吳逾三十年矣孤貧人所厭賤益與世無聞向年劉公德之来貳水司已而吳公仲常来守郡治二公皆燕人皆忠厚惻怛有長民之道不以予無似辱相過從後皆北旋徒企仰望今春李公仲賢父亦燕人以湖南憲使来尹漕府一日欵余室謂予言曰得子姓名於文字間久矣發京師之日國子祭酒宛丘趙子期念子之貧也以子託之我庶乎涵煦之然自料無以振子也奈何自是獲與公時往還公為人忠厚惻怛與前二公曾弗少異每見談經紬史

無雜論荷所以慰藉者至矣公嘗謂予向持節河南有吳彥輝者尚無恙予所為詩文常見於其家子與彥輝雖顯晦不同要皆不辱予交者予謝不敏何公自春徂夏以疢作遂不樂居吳乃以秋七月望買舟北旋余辱公知契也問何行之亟公曰漕府職任重範銀為印章冶金為符節各道憲雖尊嚴貴重曾莫之及每春夏運畢優閑無餘擾使予悠然養疾于此豈非幸歟然官轍未嘗一日而南今南來失調若是不自辭去一朝誤饟餫則先人忠惠侯之澤尚何託乎於是公於梁溪之上而為言曰今 聖君賢相用賢如不及況公中朝老成德望重海內 天子是毗公卿是師固無疑矣然獨於予竊有感焉蓋燕人士臨蒞吳下者忠厚惻怛藹然也祥風慶雲三十年來前後僅三見聞劉公已告老於朝吳公今為西臺中執法生景仰舊悰因公

而竊得以問焉亦庶乎曩時門下賤士之意也

送張同知之官嘉定序

吳為澤國獨吳縣為有山，峯起以環具區巘烟浪多至七十二峯初子胥未入城吳猶宮於靈巖更今二千年故宮陳跡尚多存者登臨探討感念今昔未嘗不令人惻愴興懷也縣令張君德常係金壇文獻故家蚤以才器知名江表奉其嚴尊避地來吳未幾徒步起家為縣丞縣遭隣境失守民心恟恟不安君雖丞猶斤斤不易況軍旅殘破之後乎德常之尊已老白首移孝以為其所以撫恤之者逾於尹聲蜚實章遂陞縣尹使為尹承平時政於一邑其惠及民者真所謂息黥而補劓生死而肉骨無媿於古之人於是民氣稍稍復完今茲五閱寒暑政譽洋溢用年勞陞授嘉定州同知夫既尹大縣民戴恩德自宜守一州然猶任州佐於海隅者千尋之木棟梁之具昭然匠石養之而未之顧者期望著大也早晚施之用且將柱明堂支清廟凝然荷萬鈞而無少臲卼矣吳人士分題賦詩以送之而屬某為之序

送岳山長序

宋禮部侍郎河南尹肅公紹興五年以崇政殿說書召其辭至二十然後出蜀見 天子久之辭行在所居於吳之虎丘已而入越卒捐館越上於是吳越皆建書院祠公歲時丞嘗立學官置弟子員至元仍紀元之四年 義興岳君德操繇縣學教諭陟授紹興路和靖書院山長行有日矣某嘗館于其長兄漢陽君之家見其家丘園室廬篁樹封植莫非數百年故物也今言其完盛時延致名德鉅儒讎校羣經鋟諸梓且訂定音訓傳各經以傳海內海內號為岳氏九經於時德操父兄子弟褒衣大帶

譚詩書説禮樂自淅以西推雅尚好脩之君子必曰岳氏云十餘年間德操諸兄相繼淪謝重以有司誅求朘剥而一家無復曩時之彷彿矣德操後諸兄出登仕版人世消長榮瘁不足言嘗觀其所存者何如耳古之君子論天下士直論其人而不論其區區成敗得喪良有以也今德操聞於父兄師友者不以舊所齋而存則夫今之所存者動心忍性日增其所不能則其為學視昔有加已矧茲往長肅公書院昔者肅公處患難之極更貴顯之驟然不少動其心而直以道任於己今其遺書具在德操善讀其書而學焉吾知德操益有以驗乎其中之所存者不系乎其外之盛衰而學肅公也不難矣於其行書以識别

送方學録序

元統三年番陽方信可来為平江路學録朔望與教授參講人

見其榘度之習於禮也見其講討之根極於經旨也骯髒而不群委蛇而能文固以異於衆人也未幾教授坐貶除名學正又缺負於是信可攝學事吳學田歲入恒數千使善弥縫當与穴鼠窟狐争肥腯信可則不然日坐齋稽經考史糾録學之弟子員昏明勤惰而策勵之稍暇則從老儒先生質疑就正它則泊然不以豪髮汩其心人皆曰是處脂膏而不自潤其爲計亦疎矣信可聞而笑之至元丙子陞官於信爲之言曰番舊多名德大儒信可所學與守固宜有以異乎衆矣上饒祝君亦道士也信可爲博士誠能降心以問學祝君則其所學與守又不止於今日而已也信可行吳之士相與賦詩餞之而屬其爲之序

鴻山楊氏族譜序

江南歸職方浙西爲故宗内地豪宗鉅黨以自附麗于昔者不

可謂不多也六七十年之久太平之澤涵煦而生植者豈異於昔哉然其間衰榮代謝何有於今日人事之虧成天運之更迭非惟文獻故家牢落殆盡下逮民舊嘗脫編户齒士籍稍覺衣食優裕者亦併消歇而靡有孑遺若夫繼興而突起之家爭雄長於壟畝之間彼衰而此盛不為少矣苟以詩書之澤德義之舊栽培涵煦於數十百之久則有間此所以不能無竊嘆也欤無錫東墟有山曰鴻山相傳漢梁伯鸞隱之而得名其西來与所謂奚山崇山相起伏委蛇淺狹非有邃谷層嶂也其東有楊氏者世居之盖自其始祖處士伯璠君占籍焉由處士迄今弘敞適三人茲三人有子尚幼然由其子以上遡于處士八世于茲矣今其子孫可以推知者八世耳若以上堆阜林薄但知其為祖宗墟壟然莫究其幾世幾年也士服勤農畝且耕且養暇而

琴書詠歌自樂顧雖長才秀民多自老於田里夫既置通顯而安嚮晦則所謂譜系符籍言行簿錄傳示來世者或有或無宜不以之而繫心也況更亂離兵戈遂蔑尚何有於言行簿錄譜系符籍哉天下鄉平人知門地為可重至有遠冐仕族以貽譏於誼屬者古猶不免而況於今乎夫它宗冐光華者固可醜矣若深自退晦而昧前人之緒業使泯泯與草木同腐非不孝之大者乎此楊氏族譜所由作也夫服五世則親盡今推而至于八世而尤念其初蓋其初一人之身也由一人之身蔓延既久而至于不可考懼後之子孫復失其傳如今日則其宗與祖不幾於昧之乎此楊氏族譜所由作也楊氏自處士君四傳而至餘干州教授其家始益大故譜之詳自教授君始嗚呼易代改卜物之圜乎其間者寧弗隨之變迁哉故六七十年來代謝更

迭何異於霏烟浮雲起滅萬狀要無足怪者顧獨楊氏室廬丘園書冊一一皆具其前人之所封植而其子若孫寶持而有之者雖更數十百年之久而手澤宛然若新謂非積善之家其可乎予嘗客其家事得於目擊者非妄弘既為族譜而予為論列焉庶幾為善者有所勸也夫

沈祖母王碩人壽九秩序

子於父母其屬近其情昵其恩致故彼此之分顯易以敷施而人情之所以感發而嘆詠者亦曰父兮生我母兮鞠我又曰陟彼岵屺瞻望父母與夫堂構菑穫又皆屬於父子至謂生之膝下以養父母日嚴凡此聖人皆係乎父母之於子而祖孫不與焉若孫之於祖情非不昵也恩非不至也聖人設教忠厚之至豈不欲引而近之然其等威隆殺自有不得而同者原大尊親

不以遠而可疎也不以近而可褻也故曰尊祖曰敬宗曰穆族職是之故孫之於祖其養當益厚禮當益嚴情當益致然自書傳之所紀載孫及養其祖者蓋甚寡由是李令伯遂著名於不朽也吳人沈君仲説自其先府君不禄于今若干稔矣獨其祖母王碩人綜理家事鞠育仲説以迄于成人今仲説年四十餘不惟讀書績學度越流輩至於履踐之素言行之實無一不求合古人欲所以奉其祖母者食飲温凊起居定省畧弗異乎孝子之事慈母也今年至正庚寅碩人壽登九袠九月廿九實其生辰仲説具酒張筵為碩人壽凡親舊里隣畢集于清樾堂先於是　天子賜高年帛碩人以九十領雙縑仲説用製衣衣碩人碩人雖届期頤而神觀澄澈睹其孫與婦復領曾孫拜于前而親舊里隣無不拜相次進酒為壽以為世所罕得同郡錢伯行

天台陳敬初輩咸奉詩以慶而予後至乘靡以老謬俾序於端夫人之所以事其親者豈不欲致其養然未必有能享上壽而康強也使誠有之又未必如仲說能養其志而不衰也然則天將報仲說者有子有孫皆將如仲說碩人雖老矣行且見之沈氏其不昌大矣乎詩曰孝孫有慶此之謂也

祈晴有應序

平江於三吳地勢最卑窪遇雨暘時若歲乃有秋一或霖潦兼旬則瀦為巨浸故宋法慮民之睹利戕民不得圍裹成田慮積雨為民害縣令至以係銜內附後務田租歲入之多而其所以憂水為民害者寢不復講　國初嘗立都水監近又立庸田司歲須勸守令必具狀秋収有成數而水旱不卹也於是農始告病焉至正甲辰春連綿雨雪占歲者云春雪多霖潦之兆也已

而積雨至夏五月弥日兼旬屋漏床床如建瓴曾不少止上下原原隰漫湧白波而農告悴秋将失望矣吴人周君玄初玄妙觀道士也人素稱其精於道家法時郡守吴陵馬侯國瑞暨闔府僚屬皆屬意於周君請用其法禱于天且每旦即東門以拜日暘雖雨勢遂止猶氛翳四塞乃復致懇於周君周君能噓呵雷風策役将吏若有神物從之者於是馬侯躬致香幣伏俯壇下周君若将宣其誠以達諸請都而籲諸上帝者由是頑雲倏消長空一碧曜靈赫然而官吏士民咸以手加額讙忻頌曰使積雨不解民其為魚又何望諸苗稼耶勢甚可畏微吾侯輸誠微吾周君引以格上下神祇則是淫霖何自頓收羲馭何自朗霽陰霾澄廓灝昊清暟薰風南來物有生意四郊萬姓驩聲如雷侯思所以彰君之道法非文學不能也乃俾作祈晴有應序以贈之

送周鍊師序

宋季蜀人鄧尊師號山房先生者以其教法顯於理度兩朝宋既内附尊師樂吾吳之風土以其槖中資建會道觀于吳之東城下時尊師蓋已老矣而神觀恬謐能言宋季遺事　國朝名公卿如胡紫山雷若齋閻子靜徐子方諸公相後先以人望秉憲節戾止吳下往往從尊師聽琴賦詩日必載殽核具酒茗讌談尊俎間以共適方是時吳之文獻故家尚多存者巍冠大帶稽今考史而尊師以方外老宿從容其間至今倡和之卷軸往來之篇翰雖更遺落而觀之道流尚能藏之多不下十數百首向年某嘗陪中丞曹文貞及曹尚書克明郭運使子昭避暑觀之廡下皆相予伏讀而乃復掛卷嘆息至於文貞又親炙諸公言曰是諸公者先後奄逝迨今四五十矣風流文采未或逮泯至

至於余亦復老白首人世遷謝乃若此哉俯仰數十年文貞并館毗陵曹郭二公相繼謝去然則人之生也將何而不老哉鄧尊師之孫周存中鍊士者乃以至正四年春捧敎劄將往崇明州住持仙道觀鍊士既爲山房先生之玄冑則其玄學之妙槩可想見矣故述其祖之高風亦稱人之賢本之父兄師友之意也序成吳之人士賦詩而送之者凡若干云

送徐尊師序

中吳城而處有道館曰玄明始予過之聞琴書聲未始異之也後屢過之皆然予始洒然知吳人徐養吾鍊師授業於是時予方盛年而養吾亦甫冠每揖余坐語方瞳廣顙端毅厚重已如老成人問其所讀書則曰内聖外王之道也夫豈易言哉今幾二十年養吾以葆鍊爲事神完而体紓氣凜凜自頂出如蒸炊若

予則憔悴頓剉須髮盡白而老甚矣去年養吾由道秩陞任常熟州之致道觀今春歸省其親於吳得一再見既已異其神觀乃即而扣之焉鍊師曰古之博大真人既立内爲精而物爲粗矣其樂於内者千聖一致也萬年一瞬也由乎中出者外而應帝王亦其粗者耳而況於世累乎予曰形上之道形下之器本末一致則聞之矣曾何精粗之謂耶鍊師笑曰是豈區區世儒所能識也吾居致道觀仲雍故墓在焉朝登山巔觀日出夜聽松風撼山作海濤每援琴寫之泠然八表也子能從我乎予不能詰乃作招鶴辭送之今春則至元仍紀元之六年也詞曰

仙之人兮跨鶴以遊六翮一舉兮瞬息乎九州蓬島之是往兮聖真之與儔招之不來兮使我心憂海虞之山兮瑶草稠徘徊飲啄兮雲澗之幽吾將聽誦蕋珠兮渴相羊於暮秋

送初上人遊方序

吳人奉佛自蕭梁有國時塔寺像設遍江左而吳尤夥焉吳以水爲國滙其腹者具區具區別派而湖者曰陳湖陳湖當淞江之南大浸幾四十里濤波溢天而其北烟林蒼翠出洲渚之上者磧砂也砂有積藍曰福嚴創始於國朝至大間飛樓傑閣視城甲剎畧不少讓其徒居之既研精於其教法又復購吾儒書數萬卷自六藝經傳子史百家之言每延儒之老於文學者日講肄之俾其徒知仁義道德元與其學不相悖戾所以開明其心爲至有翹楚傑出者則本元初上人初尤工於詩以其所學出爲大方之游非惟其教之尊宿愛其爲法器至當世宗工鉅卿若承旨長沙歐陽公侍講金華黃公脩撰晉陽張公博士浚儀段公皆與其進而不之拒也故學士豫章揭公應奉清泉陳公尤所

獎與若予則疵賤老朽浮沉里巷間初何所取門至再不厭且出詩文一編讀之皆前數君子與之篇什雄辭奧旨溫然而玉質金相者在他人一二固以多茲何其富耶初不以予無似若將從容講學如前數君子從游以質疑予為言曰古之君子出處不同言行亦異至其不悖乎聖人者曾不必異也儒釋爭久矣儒辟佛者睹儒從佛輒揮呵詈斥然不思均之為儒言行出處尤自不得而同也而況於好學惡異尚哉前數君子皆於佛無間然若予尤非敢徼福於佛者言行雖不敢同數公至其出處則甚異矣出者方貴顯其言足為初輕重若予何所取初求之不已哉大江深林江湖寰宇碩豈無其人哉初行矣復求其人而學焉學成而歸之日其有以語我

僑吳集卷之八

僑吴集卷之九

記　　遂昌鄭元祐明德著

平江路新築郡城記

吴自泰伯十九世至壽夢而吴始大及王闔閭用伍子胥而吴之城郭宫室遂為東南雄藩世言泰伯城僅周三里二百歩在今梅里平墟夫泰伯以天下讓宜其不肎自大其城也及闔閭徙都於今郡城於是子胥相土嘗水象天法地築大城周廻四十五里其陸門八以象天八風水門八以法地八卦城邑既完府庫既充遂觀兵上國一傳至夫差而子胥以忠諫賜死未幾吴為越併漢亡孫吴嘗建都於此矣更江左六朝以迄於唐末五季歷前後宋要皆以吴為大藩屏　世皇之一天下以四海為家六合為宫不設險於區〻之城郭也至正十一年紅巾賊起

汝陽明年淛東海寇焼刼崑山是年廉訪憲司僉朝鮮李公廵
案吳下深惟平江賦役供國家經費什之七郡無城郭何以禦
寇乃謀於監郡西夏六十公郡太守真定高公時百須之出於
吳者日不暇給然築城之役則不可已於是會司屬僚佐驗民
之家貲產厚薄計量城之長短高下分築之罷弱户則悉汰去
之常時役不及而豪強者則糾率之寧夏高公為南臺御史大
夫及太尉首捐貲以助役水司亦捐官帑一千錠漕府皆捐貲
俸然太平日久一旦興大工役民夫十餘萬當盛暑揮鉏如雲
下鍤如雨城之大綿延數百雉漫不知何從列楨幹於是公曉
之以程度示之以榘範勉之以誠愨必若是而後無善崩之憂
民志既齊無敢或惰遂經始於是年夏四月畢工於秋八月城
門向一仍子胥之舊若水門則仍宋之舊獨啓胥門上建忠孝

王廟餘五門之上亦皆祠神蓋役興時虐暑雨欝為民害乃禱於神以祈佑城既完故列祠以荅神貺城之高以尺計凡三十有三城之趾則三十有五疊石三層以為固城之面則廣丈六尺皆甃以甓仍甃大瓦作水溝每門建戍樓以謹斥候嚴烽燧當人馬陟降處皆列置蛾眉甬道門内外搆屋設官居之以察非常城於是備矣其先慮民力不給爰給中統鈔二百五十貫白米一千斛至是合官民用財凡若干萬定米若干萬斛論者謂是役非廉訪使公勇於敢為則無以贖子胥之功於二千載之後也城既完吳民始大喜有係衛則又相与嘆息言曰明公非有一壥之田一區之宅在吳也然苦心焦思以完斯城者蓋上以為國下以為民也况吳東北瀕大海西南枕震澤於澤國四通五達之衢也郛郭之内官粮貯於廩庾者歲數百萬設城

郭不完寇攘逼近将何以為國計乎今旣完城以為民衛繼今所以守衛之者則在乎明有司承流宣化蘇民之力以固結其心使吳之民愛戴其上如子弟之親父兄手足之捍心腹夫然後則其民以仁義為干櫓以禮樂為甲冑人心旣固則與此金城湯池併為天險於無窮也已李公名朶只字仲善

重修平江路儒學記

維吳有學肇自范文正公父子曳宋渡南而吳之文廟與學宫始大備至國家大一統興學勸士累詔郡國六七十年之間所在學校誦聲相聞顧吳為東南雄藩學興於范公宜特盛於東諸侯然更頻年郡非不大也而土力實耗於徃時民非不多也而貲力實罷于昔日則夫學校之教禮樂之文亦有所不逮也已事稍上聞於是廟堂慎選守臣而燕人吳侯由彰德路總管

仍授大中大夫即拜平江中書遣使以堂帖賫起奉璽書得乘馹南下用示特恩公既至首謁大成殿仰見殿脊勢將傾圮甍桷攲墊欲壓尊像自聖師以下絲繪黕剥窗户闌楯髹漆皆惛暗侯乃惕焉疚心即裒稽羸斮冗濫悉徵每歲廩之入畸度積可敵費乃鳩工庀材一新禮殿并兩廡戟門自聖師以至從祀諸賢冕衮圭佩五采煥發如日麗天且重建外門揭示文廟承芹官臣之所戾至也至是亦一新之禮殿前舊設樂軒久撤去迫近香案殊失廟貌深嚴之意侯命復之雄渾沉厚而廟益以邃密僉謂吳學自數年來支柱庳傾苟遮目前率多具文無教養之實豈若侯誠慤一忱以興學養士為已任也哉乃礱石紀辭以章侯修學廢墜之實謹按中吳自泰伯端委以臨其民其後子游生于海虞乃北學於魯聖人之門風氣既開賢者輩出

由其山川之秀不可闕若夫庠序之教則尚未大備也至我吳公雖長于北方及歸典鄉郡深惟桑梓之故莫先於學校之教由是大興吳學今宗社已墟而學官成於公父子者迄今不墜雖其間張弛有時不同然更久而愈益嚴重則以公父子里閈之故也今侯敭歷中外而以才望為吳守臣其潔白之操愷悌之政要其心不以文正自期待者固不能若是也因紀侯修學之實而侯之德美因庠連得書謹記

海鹽州學興建記

海鹽於故宋畿甸壯縣地雖斥鹵而其學宮養士之廩入造士之槼度粗皆有緒而可紀江南歸職方壯縣例陞之州於是海鹽學與州同陞州有學謂薄尤宜加之意况不為過薄者乎第長吏因循而教官又忽畧則其荒墜槩可想見至正七年夏六月

松陽葉侯以奉政大夫來爲知州侯始筮仕即以才名爲江南諸道行御史臺架閣管勾其於興學勸士得於風紀之地者源委遠矣况素勵己以講學潛心於理義則其視學校興替爲何如侯未上之先天台黄君國才典教是州睹學宫之弛念事爲之難積怏于中而未克展布甫十視朔而侯至至三日廟謁禮竟侯謂黄君以爲　國家列聖相承明詔誕頒致重學校今茲黌舍蕪圯不加修士氣萎薾不加振豈守令承宣德化之謂乎君聞侯言即以其目請於侯曰大成殿春秋合樂以致祭朔望釋菜以瞻拜使蕪仄而無以揭虔表誠何以謂之清廟燕居閣上肖聖師申申夭夭之德容下俾學者來游來歌今而欹墊勢將壓翼殿水西廡列祀諸儒賢使衮冕圭組黕昧弗章籩豆罍爵薦祼無所豈非褻慢之大者乎明倫有堂堂有四齋所以待士接

業葳修也苟非涼燠適宜明敞深潔則欲講肄而討論者何以成其麗澤之益也前之繕葺者踵相接然率具虛文令非仁侯加之意則亦苟焉而已耳侯覽君所條列遂惕然于懷謂之曰學宫廢墜乃若此將葺而新之必不可承昔之苟也苟焉以掠美顧莫若已也於是侯與黃君稽研商確計餘士之田畝且踰萬第以民曠而土瘠歲入纔什二重以失收冒支蠹弊坌積於是考昔逋租驗令庾貯徵宿負發見廩且併各捐衣布之贏得中統鈔若干緡鳩工庀材當炎暍侯與君皆身董其役而不肯少憚其勞於是一瓦一椽一甓一礎要必堅緻壯朴可以能風日可以支永久經始於是年季夏裁四閱月而學宫一新殿前殊淺偪為所設樂之軒凡黃君所條列以請于侯者靡不一一就緒庾湢帑庖亦無滲漏於是海鹽之學雖僻處鯨魚潮汐之壖

一朝而觚甍翬飛丹艧煥耀不獨州人士觀感鼓舞以戴侯與
君之德若海島浦溆之上漁鹽商販之民帆飛艘纜出没於望
洋向若之際聿觀學官之興亦皆歆羨以鄉道是則學校之助
與爲多焉夫昔魯人頌泮宮其在泮者不獨文事而已至於獻
俘受馘亦在焉由此言之士成文武之才就道德之實者未始
岐而二之也于後學校論政取士以造于絃誦又其後則惟誦
与絃又其絃而罷獨誦而已夫士誠專志于誦則誦者考聖賢
之成法識事理之當然本乎身心言行之微達之家國天下之
著然則誦可少乎海邦之士其於誦習要必慎嚴乎義利之分
理欲之判庶乎仁侯與賢博士道同心一新學官之所致也歟

長洲縣儒學記

至元三年龍集丁丑平江路長洲縣官元同等言於大府曰

國家疆理際天地糧饟之富吳獨擅天下什之五而長洲一縣又獨擅吳賦四之一生聚之繁財用之博天下縣未有雄於長洲者而縣學不建職教不修故自廿餘年來父兄之教子弟大率富者侈靡而不知禁貧者媮惰而不知所向之方自非興學校明義理則將何以定民志善民俗哉今天下縣皆有學獨長洲於舊理所在廢址之上未支衡門漫名之儒學然誦聲不聞講席不設民至有縱畜收佃蔬圃其間昔孔子適衛稱既富庶則必有以教之矧今興學勸士之詔數下而同等坐視其曠墜若此則豈有司宣承之謂哉柰縣無夙儲官無羨貲竊見徽州路學教授郡人陸德原向嘗捐貲建甫里書院規度嚴密列之學官而德原一廛一瓦無在縣境者誠得大府勸飭而獎勵之德原宜於此無不盡其心者矣狀上路總管高昌道童公召德

原示所以德原作而起曰公牧我民孚完我民者無不至今又將溥善教以漸涵之公之德意厚矣然則德原將何以荅公意哉惟罄竭心力期於壯厚高弘與公德化同垂永久而已耳於是捜才簡工始於是年三月甲子更八月丙辰學告落成門廡深敞殿寢尊嚴齋宮講廬庖湢庾帑一是大備先是贍士廩餼未給德原復買田以足之於是吳人士與大夫公卿睹學之成嘆息言曰長洲為天下壯縣使其學耶且粗畧何以稱子男邦伯與建之意哉今學成實雄壯與縣敵則其人士藏修游息庶為稱情也已況明守令為政知本末德原以儒者為學官事皆可書乃相率請記於予辭不獲為之言曰三代盛時吳蓋陋邦自泰伯端委而君吳久之而子游北學於中國自是聲明文物焕耀四方蓋子游生於海虞而長洲則切其地也今學之成豈

徒美觀容飾文具哉善教者本諸其身而已矣故子游之宰武城必曰君子學道則愛人小人學道則易使也郡邑令長誠能推是以脩其身以及於邑之民將見民化政成風移俗美其秀民良士顧豈無子游之徒出而為邦家之光也哉詩曰無競維人四方其訓之有覺德行四國順之此之謂也請以為記

文正書院記

至正五年龍集乙酉夏六月吉廉訪僉事趙公承僖分巡中吳至則首謁范文正公祠下拜瞻廟貌起敬起慕作而言曰文正公以德以功既無忝伊傅之為輔相以學以識則有功於洙泗道統之傳故其具文武全才出將則安邊却敵入相則尊主庇民其先憂後樂與先知覺之後知覺者何以異豈非聖之任者乎其平生論諫直道正言剴切人主至上百官[illegible]慍詆宰執為張

禹觸犯盛怒雖坐摧抑曽弗少阻詘不猶木從繩則正而欲后之克聖者乎當時天下郡縣未嘗皆置學公至吳首以己地建學故學校徧天下者自公始識泰山孫明復於貧賤中授以春秋遂大鳴聖道於時延安定胡公入太學為學者師而河南程叔子實遇獎拔其後横渠張子以盛氣自負公折之而授以中庸卒之闗陝之教與伊洛相表裏盖自六經堙晦聖人之道不傳為治者貿貿罔知適從以至于公而後開學校隆師儒造就士類作成忠義之風以致道統之傳則公之學識於名教豈小補哉公之薨也所在廟食一以忠烈錫名顧茲中吳公父母之邦所宜大建祠廟萬世血食如之何而僅享之於私第况今
國朝崇德報功在在有書院以祠先賢豈有豐功偉德正學卓識如文正公而書院莫之建則是缺典豈有大於此者乎公入世

孫文英具辭於趙公以為先公之功德學識誠如公所言顧惟范宗仰食於義廪廪食指幾千餘使建書院則官除山長有山長則有廪稍之奉矣今藐焉義廪不自給使但建書院以祀公慎選族人之賢者充主奉斯足矣官除山長則乞免焉於是公從其言時總管古燕吳侯秉彝聞公之所建明即叙公所言請于行省上之中書議有関世道且不設教官而以居嫡者世主祠而行教於事便由是二公商出公帑羨餘命工益址而崇制既宏且固甫完矗元祐記之祐以蕞爾庸謭烏敢廁一喙於大賢之門雖然公之功德學識憲僉公知而言之則凡天下之士皆知道之也知其人而不思放之可乎子朱子謂人之立志必當以公自期待況遊於公之門乎況郡人乎若然庶於公可無負所謂尚友者此也元祐言不瞶謹用復諸憲僉公俾書之石焉

重建和靖書院記

宋禮部侍郎和靖先生河南尹公紹興七年用崇政殿説書召遄奉外祠居吴之虎丘先生殁七十有五年吴守陳君芾乃始繪像建祠而勉齋先生黄公榦為之記端平間提舉常平曹君綦請于朝易祠為書院乃始買田為經久計江南内附奪於僧有司以尊前賢勵後學不可泯泯遂已也於是以府治東南隙故宋檢法廳事基合若干畝建書院祠先生大德丁未山長王達為剏大成殿前無門徑旁無兩廡居民又加侵牟益見簡陋而士病焉元統丙子新安吴希顔来為山長克復故址又請常平提榦廳基以益之剔蠧弊擣浮濫積力稍久有志重建然猶懼或中沮於是白于大府時中書左丞耿公介督餉吴下聞而善之俄被召復請叅政張侯傑侯又入為天官今郡守道童公庶

明剛正治稱第一希顏請新書院公曰治不本於學豈稽古崇德之謂哉即選其從事分董程役而籍書院粒米之在廪者糶之得中統鈔八千六百貫葺大成殿即新址而前爲儀門戶西爲先生祠又西爲土祠又西臨廣衢爲外門翼殿爲兩廡殿後建習堂堂東齋廬曰六有總爲屋若干楹其即工始丁亥六月甫冬孟十月而書院落成矣初先生卒于越越亦有先生書院先是希顏嘗爲越之書院長亦既盡瘁完葺及今再調而入吳故希顏每加太息曰先生學繼濂洛道被海寓其大者斷斷不繫于一祠宇之興墜然已何幸而一再獲長先生祠下哉既不佞無以紹隆斯道之統緒若區區祠宇而復不能殫盡心力則豈成承學小子之謂哉斯其志有可尚者已若夫先生師友淵源出處大致皆具勉齋記茲不敢瀆惟槩言其修建始末云

頴昌書院記

國家右文崇儒路府州縣莫不有學猶以為未也故所在有書院即其地之賢者而祀之江南歸職方書院之建幾十倍於昔若中州先哲之所過化禮樂刑政夫豈東南所可企及然由仁廟設科取士考於各省士額多寡河南許洛為天下中然河南士額視江浙裁什之六則夫兩地學校盛衰槩可見已夫學既已布於路府州縣博士弟子員稽經考古已自足於為治若書院之有無多寡曾何損益於治道而論者則猶懇懇以為言蓋先王之敷治也每詳內而略外先近而後遠故自其禮樂之文詩書之澤漸之以仁恩摩之以德義未有不本乎一人心術之精微而能見乎廟朝家國之近遠故曰始于家邦終于四海今聲明文物乃獨盛於東南內外異勢詳略乖方此中州有識之

士所以動心於茲而執事者未必不以為迂也許昌馮君夢周所以建書院於穎昌有不暇顧夫或者之議也以為穎昌秦漢以來以武以文以功以德知名海内布在方册者槩以多矣然皆莫若蘇右丞萬里出蜀用其所學以相其君及其老也歸休乎穎上自號曰穎濱遺老人於是夢周請於其長兄尚書公及許下鄉曲之老咸以為宜乃捐衣布之贏卜地於許下之某鄉某原營搆結築為屋若干楹中嚴寢以安燕居之聖師後蠲祠以安蘇公像門廡齋廬庫庾庖湢凡書院所宜有者無不備官設山長固不問若訓導之師則慎嚴其選必經明行修可以成就人才者歲以地三頃之入給之弟子不踰廿員多則耗其師之力旬月季嚴課試法必第其高下激賞以示勸懲事已畢具夢周言之官官言之憲省憲省言之中書中書禮部皆允其所請

由是潁昌書院遂表著於北方夢周昔為温州路經歷嘗梓鋟六經圖諸書及為平江路推官得庸學語孟善本并小學書蒙周更為高經下註其為書版凡若干卷悉以歸之書院而不以私於其家其平日捐金以購買之書籍自六經傳註子史別集以至稗官雜説其為書凡若干萬卷亦悉歸之書院師生有欲借之者則具姓名列書目而以時謹其出納且慮書版所在民間得印者什無二三强有力脅之使印者什則六七是書板為學校累又買其鄉桑棗地若干畝計一歲之所入畢一歲紙墨裝褙工食之費則止矣其規制若是不惟勤之石又且聞之官其間防閑之纖悉意度之委曲記有所不能竟者皆鐫之碑陰夫書院之設宋初裁三四長書院者皆郡太守職也國朝始立山長與學正既立山長學正必積年勞著成績乃始陞郡博士

於是學官徃徃多庸常衆人夫以常人苟歲月則其所以教之者豈能成天下之才以待用乎後之來主院席誠賢者也固所不論其或不也當念夢周之創始是豈官高禄厚与夫祖父貲産哉是皆其兄弟躬履儉素銖寸積累不忍令其子孫獨有之也於是建書院與鄉里共職是院者當察夢周兄弟之心焉志以職教養至公以司出納庶彬彬許洛之士不讓乎大江以南所謂本諸身施諸家國天下出處進退彷彿乎潁昌老人是則馮君之意也可不知所尚哉

吳江甘泉祠禱雨記

吳縣以水為國東出而為吳江其為州郭低窪人烟聚落於浦漵之間洲渚之上耳州既左江右湖雲濤烟水其為神龍之宮靈怪之宅尚何異哉自非神龍以著靈而人托龍之庥以為命

則其四封之内呼吸而沼之者頋何難哉州之東行涉江湖而為橋者相望獨弟四橋之下水最深味冣甘色湛寒碧唐陸羽嘗品茀入茶經則其異於衆水也必矣世傳有龍居之州人即其橋之北水之中沚建祠以享龍謂之甘泉龍王祠其来盖甚久矣至正三年夏大旱田禾焦然就槁民心皇皇無頼時高昌雅實理公為州達魯花赤憂心惻然乃捐已俸市香燭宿齋戒躬致情詞於昭靈觀道士富恕乞為將誠籲天而公率僚幕胥吏之屬悉徒跣謁龍于祠下再拜稽首為民請命富君乃用其教法役神召龍煉鐵符投橋水符纔入而雷殷殷自水起玄雲四垂雨即隨至公忽驚且喜以手加額曰神明不遠如此哉船迎龍漫至州署有赤鯉躍入公舟中公命僮捧縱之波雨霶沛皆足即昭靈設醮謝比竣事復迎牲祠下合樂大饗以荅龍神之靈

覡是州遂成有年於是州之人雖然曰吾州依龍以爲命故水旱必禱然未有若我公誠心懇至一念之頃神人孚合其嚮應蓋若執左券交相付者其故何哉遂昌某曉於衆曰若知公嘗爲泗州長吏乎天久雨泗之民將爲魚公牋詞請于上帝詞有曰甘減一年之壽祿願起百姓於泥塗詞焚而雨霽然則公之臨政愛民至不惜身命有如此爾民亦知之乎於是州之民悉公之心戴公之惠恃公以爲命有在矣作禱雨感應以記之

伏蛟臺記

山精木恠地妖水孽蓋亦莫非陰陽合散之所爲故雖太平盛世不能必其無有然當盛時君明臣良朝廷清明海宇寧晏人之奸雄鬼之妖孽一皆屏迹消釋各安其類於禮樂刑政修明明旂常廟社之尊顯天氣和於上地氣暢於下人之類安舒泰

阜於兩間蓋由此也然神仙奇異之士雖不屑於世用而心則淵乎天地之鑒也靜乎萬物之準也故能見人之所不見聞人之所不聞過計私憂遠在數千百年之後又何止冬起雷夏造氷役靈召神變幻目前而已耶世傳九州都仙輕舉時嘗有縣記謂後千年江心生砂磧下掩井口則其所斬之蛟當復出時則有地仙八百人而師則在豫章於是番陽胡君道玄之生適與懸記合君生有異禀幼斷葷血紙衣草屩而其道術每於水旱蝗疫有時而取日雲天借水淵泉起瘥癘殄螟螣其應皆章章可稽也乃至正四年秋君艤舟東湖夜睹光怪赫然出隄南即其地得鉄券一玦上有盟告之詞則都仙斬蛟之埋銘也要與鐵柱相表裏可信不誣南臺真御史為胡君築臺以券瘞其下而名之伏蛟臺奎章學士青城虞公為之記夫仙真神人豈有

戀於世而私憂過計出於人所不見不聞而又遠在千有餘年之外茲胡君克紹都仙之烈應縣記之言睹神幾於未動之垠伏精忱於欲作之先自非仙真神人斷弗能若是蒙莊氏曰至人之用心若鏡其胡君之謂歟臺成之五年續為之後記云

周玄初主醮來鶴記

古者聖人出而麟鳳龜龍亦出以彰其瑞事明載書傳必非厚誣斯世然豈聖人有意為之固不然也蓋厚德之積蹟之為祥風潤之為甘雨著之為景星慶雲夫若然者使聖人有意而為之則不足以為聖人矣後世道家者流其高者輕舉次者長生又次者方藥煉餌又其次者醮祭科教若夫醮祭則有交於神明之道焉神明者玄虛冲漠非視聽所能覩接然禍淫福善每若司其柄以答響是豈神明為不可依憑也哉古今文士稱鶴

為仙禽道家以鶴為仙驥世之人皆言仙鶴仙鶴云方今設醮祭之時壇陛嚴整儀容肅齊鐘磬華香冠服劍珮之類罔不端備儼然天神之是臨也人之情哀生於丘墓敬生於廟社人方傾誠神斯來格所謂仙真神人跨鶴而來者詎可忽於視聽之間也我吳人周元真字玄初自童時即好老氏之學稍長為道士詣嘉禾城東紫虛觀禮其師李太無既本之以輕舉長生之道又參之以修煉醮祭之術於是呼風召雷致晴雨若有神人從役之無不響答焉以吳城報恩道院虛其席即來歸主之至正丁酉夏吳守衛萬戶沈侯實薦每設醮禮延玄初提點法事其精誠孚格遂感白鶴盤空而來或引吭長鳴或低翔獻頂其多至四十餘隻與人相親若狎若馴良久斯逝一時之人罔不仰瞻嘆異士友徐正甫預同觀者數輩咸賦詩頌美之惟侯以

虎羆之職亦加超敬起悚乃索予爲記夫鶴一羽族耳其徃来靡常其性莫可馴狎其視麟鳳龜龍固不類其應祈而来非有神人司之與異人所致之吾未之信也吾之氣順則天地之氣亦順彼景星慶雲祥風甘雨要皆聖人以和召和之所致不然沖虛玄漠之表非人視聽之所及烏能加一髮之力於其間耶然則玄初不得不謂之異人而兹事不得不謂之異事春秋紀異則書故予不靳樂書之用冠群玉云

白鶴觀祠堂記

國家混一之初　世祖蒐羅海内才俊用之惟恐其或遺於是魁奇磊落之士往往顯功名于當世若嘉議大夫平江路總管致仕郡人張公正卿是也公初未冠即北上膴仕儤直殿廷出入禁衛久之　成宗愛其小心謹飭賜名伯顔大德間出官江

南累陞漳州路總管原公自膺柄用四貳郡政一畱塩運同知將老而再牧名州至以清白謹愿見稱恂恂有古循吏風　朝廷推恩累世於是公大父海贈中順大夫清河郡伯大母何夫人贈清河郡夫人父愿江淮財賦副總管累贈廣德路總管母鄭氏封清河郡夫人室人沈氏封同於姑公父子自念臣子所以報其君親雖瀝肝膽未足以罄萬分之一矧人之生起滅在呼吸間哉審以別業之在郡城鶴舞橋之東者舊為宋信安郡王之戚春園也基頗宏敞近為建構雄麗而敞歸之太上教法大道上以祝釐以報君下則立祀以報親初名之曰報恩道院舊植古松一株於井傍大已合抱高踰數尋二百年物也道士張應玄始廬其下遂有群鶴自東南來盤旋于空久之一鶴下峙於松弗去經歲作巢其顛大如百斗盎每晨長鳴屢獲奇驗

張既羽化復倩括蒼趙真士知徵番陽蕭鍊師玄中皆克脩虚净玄妙之學而行之為人所推重而公益厚禮之俾相繼主席仍割腴田若干畝飭其徒趙與蕭狀其事于朝乞更道院為白鶴觀　當宁可之請降璽書護焉由是白鶴觀之名著於吳中矣未幾公捐館舍趙與蕭亦以次委蜕張弟子席應真博通玄典兼讀儒書踵搆觀宇輪奐一新仍即觀東為祠堂以祀公及清河伯以下凡幾主每遇諱日節序用玄教薦享之夫公歷數中外為時名臣其卒也史有傳家有廟祭有主然而公之神靈無不之所以屬厭其施心者自非揭虔祠宇晨香夕燈則何以妥公之靈也哉觀之始末故學士揭公已為之記故於基宇所談道流所聚則蓋畧焉席羽士懼更久而張氏之厚施祠禮之報事併所以自列於道家者非勒之金石則何以章示永久此

祠堂記所由請作也張氏世居吳長洲之相城公之嗣子都中以蔭任黃巖州同知克世家業云

福山東嶽廟興造記

國家思所以惠安元元莫若慎選守令於是浚儀王侯其以至正戊戌授平江路常熟州知州蒞政之二年化綏德懷民用大協百廢具舉故福山東嶽廟著興造之績焉按福山距州四十里而近北枕大江即唐之金鳳山也後以山形如覆釜覆與福聲相近因名之福山云山萃起於海虞之邦聳秀深特宋仁宗至和初邑人建東嶽廟於山上已為吳下禁祠之冠哲宗元符間復拓其規制而侈大之及高宗渡南金兵追逐不少置東南郡縣悉被焚蕩而福山廟與常熟縣巋然獨存吳人益神之紹興二年邑人請于知縣施侯乞崇大廟制以答神貺蓋欲宗遠在

魯而福山則宋京畿近地東南士民奔走祠下乞靈祈福於是福山嶽廟遂爲泰岱行祠之甲宋入職方七十有五年矣而王侯來爲是州廟制非不宏大也然歷年滋深棟宇腐撓丹雘黯昧侯即首捐衣布之羨以獎率州人士撤去弊陋一新廟制而繚以垣墉先是殿無前軒侯建屋若干楹廡朝謁拜跽有餘地仍爲若干楹以祠福濟李侯王以國家漕海運萬里鯨波惟天妃是賴爰即廟之左作天妃宮復別建方丈之室以居司廟之人又作官廳若干楹以待守土吏歲祀之日焉竊惟福山嶽廟由始建至于今茲三百餘年矣頋未若今日之極盛而甚完也於以見王侯爲州有餘力爲政有餘暇神人於是誠有攸託則侯之賢其可泯泯無聞也禮五嶽視三公至唐開元中尊封王爵加王爵及宋祥符五年遂加帝號國家一天下禮秩百神復加

徽號以著尊崇之盛典夫岱宗既在魯由魯並海岱東諸侯凡户冥權以福東土者要皆泰岱宗而主之也則岱宗於東吳有祠廟惡得以封内山川限其遠近也哉况福山鎮峙海虞粮儲之冨當東吳什之三自非明神依憑山川以出雲雨歲何以能稔民何以能治　國家何以能有所藉於無窮其為之記以章明神之休以著王侯之美匪諛詡也覽者固宜敬慎而無忽

無錫泗州寺記

昔泰伯東入吳建都梅里聚至今號泰伯鄉宋嘉定十六年鄉之建安菴比丘了忠之母劉素奉佛以坊莊之田建僧菴于鄉之壽里時菴名崇報俾了忠居之宗法非敕額不敢造寺端平二年請于官乃以常熟縣泗州廢寺額易崇報菴為是寺定寺制為甲乙住持而了忠則泗州寺之始祖也忠買泰伯無慶之

田九百餘畝以飯其徒已而忠示寂塔其骨于建安忠十傳而為宗永值宗亡寺燬有所謂招民官張宣差者據寺田寺之徒咨散去則寺僧元吉睹寺廢墜乃別禮乖慶鄉祈福皎公為之師，資吳於派故泗州寺僧却歸建安寺及至元十年平江北禪寺乃冒認寺田於張泗州香火且絕至大德八年寺僧懷信智明痛基業之殞墜也於是訟于官莫之直明之邑人朱君某者捐貲以相信與明乃走京師，訟之于宣政時仁皇在青宮有以其事上聞遂降令旨俾宣政斷寺田歸泗州論者許信明之於泗州也侵彊克復功莫大焉先是大德十年寺僧契理建佛殿於廢址明年仁廟仍降旨加庇護且明言契理領衆使之住持更七年為皇慶癸丑　天子復煥德音賜璽書加外護契理於是建法堂構方丈理一傳至德言則建覺皇寶殿若捐衣盂以繪塑佛像山門兩廡以次畢工者則又智明也夫泰伯之名鄉也自宋迄今聚族而居者渾渾湛湛蓋亦多矣然而廢興變滅不啻如浮雲求如泗州已墜而復振至今其匽匽基搆迺朝為璽書所護非其徒才幹卓犖有足以動人者惡能若是哉況自國家卹民艱難勤役及釋老宮樓湧毀一墜不復興者所在皆是茲泗州僧徒上當圖報天天恩下當思先人克復之艱精修謹守以保乎勿替不惟禪釋之教有輝而於世道重有勸焉因釋智明請為疏顛末勒之貞珉以昭示於永久云

簡村順心禪菴記

普應國師道振東南時所至為寶坊一切棄弗居顧尋山崖水阻草樓浪宿以自遁逃其聲光吳江簡村在震澤東南陬土肥而勢阻由垂虹橋望之其烟林聚落可指顧見也比丘理悟再

世有其地可三頃餘草菑田廬僅庇風雨悟未祝髮時嘗一再
延國師居之俾之安禪而却掃蓋悟雖生長大家而實心慕宗
宗未幾徒步登天目從國師剃落爰即是為順心禪菴而實徼
師悲願道力開創厥始廢永其傳已而國師示寂悟於初心尤
益勤勵寒暑一衲晝夜一簞草衣蔬餐破弊觕惡同門禪者喜
悟頹然委順有若此也於是智者奮謀朴者効力撤去舊小遂
成精藍一是素堅不事雕繪屋瓦鱗比出町畦中居者晝而農
夜而禪甽澮溝塍近在簷檻粥魚磬鐘荅響風水其三時之勤
為終歲之須要皆食其力而非苟取於人見者以其役力而休
心知其為勤行道者之居食其力不足則買田以給之十方禪
入拏舟来者飽其飢而憩其勞俾之安居究道而期其必契必
證焉主菴席者必志願敦確僉議先請其隸事徒衆則率循菴

規分掌庶務其餘具碑陰夫悟堅廣施心不惟不有其貲觀其放寘枯寂且將不有其身誠以佛之道溥博周徧公天下而非已得私觀於此而知易之爲卦矣夫同人于宗而有吝之道反同人于野而亨宗狹而野廣也然則儒與佛其大致雖不同然其道之行俾人不獨親其親而子其子則亦未嘗不同也今是菴當震澤風水之會其來者非有一目之挈也然以其規程一出於公而無私觀者固已思過半矣況國師之道厚大深宏可以蔭永久而庇無窮則是菴之期於弗替可保也矣

立雪堂記

榮祿大夫江西等處行中書省平章政事高昌簡齋公懸車吳下休心空寂一日語其門客鄭某曰昔普應國師倡道天目時予先君秦國公方平章江浙以其素學參扣於國師國師之弟

予東殫三韓南極六詔西窮身毒北弥龍沙則其近地槩可知已令中吳師子林主者天如和尚在國師之門尤為得法上首穎異秀出者也余今亦寓與師林相密邇時、扣門瞻禮請益其為室不滿十楹而挺然修竹則數萬箇與其徒休止其中蒲團禪板如大叢林勘辨根研以發明國師之道名公貴人向師道屈、叅拜跪跽獲、聞一言如飲甘露然師機用險峻傾企莫及至乎杜門却掃經歲不出予雖不敏竊嘗觀師方以大虛空涵納沙界王公士庶貴賤雖殊生死泡沫起滅無異自非師隨方誘掖倡明心宗則國師之道幾乎熄矣予胄出高昌依佛為命睹茲僧寶敢同寒蟬華以學匪房裴顛於纘頌輒為師手書二扁名說法之堂曰立雪禪燕之室曰臥雲仍命工刻諸梓而揭之以寓參承之意予為我記之某曰嗚呼世習下趨豈但人情而已要雖出世間亦罕不為名聞利養之所動若天如師者殆所謂香象渡河金翅擘海為砥柱於波頹瀾倒之日振清風於炎埃腥霧之中也欽夫自少林立雪傳心八百年後至普應國師而其化益隆今師上繼普應直截衆流弘倡大法使真參實悟之士永懷依歸是則簡齋公立雪名堂之意良有以哉是為記

掛蓑亭記

宋丞相冨文忠公其子孫渡南而散處者往往有之及江南入職方故家遺轍往往寄迹於釋老異教而公之諸孫曰紫微者遂為道士於吳江之昭靈觀為屋不百楹而神明偶像居什六七州境既狹而紫微又不樂與凡構接恒飄飄有凌雲之思謝去而未能乃於州東雪灘之上結一亭甚隘覆以綠莎僅庇風雨婆娑然儼如一蓑之懸也遂扁曰掛蓑盖將與三高神游意猶未足

則又繪仙山訪隱圖寘於中若將尋真蓬萊訪其師安期羨門於雲海之上以究竟黃老之說而成遐舉之願也其與紫微方外友也乞記於圖之左為之說曰神仙有無不可知然自秦以降世主每甘心焉使誠有之其神靈長年變化於兆朕之表矣必山林岩壑之間哉豈山林巖壑幽閒深閟人跡罕到仙者乃始樂居之世固有高世遁迹之士膠其光而不耀郤其名而弗居俯仰以自樂優游以終老則山棲樹巢不厭深窈者古蓋多其人未必一一皆然也繄亦隱者之流已夫隱者如沮溺荷蕢之徒雖聖人不能語之化其卓識遠見世蓋有不得而聞者今豈無其人乎紫微訪而得之其雖老尚將從而究問焉

計籌山巢雲樓記

向年當塗杜真人以養身安民之道遭遇　世祖皇帝論辨陳

説息光稜然已而歸休計籌山其大弟子有曰姚桂菴高士者獨得真人所傳之道脩練葆嗇淵輝而神瑩玉立而長身皆繼真人主席昇元觀觀在計籌山之東真人嘗建蓬山閣以爲晝得山之神秀若海上之蓬萊然姚君既羽化其弟子天台柯君德嗣號巢雲巢雲之弟子洪善淵者乃於閣之前用其師之號建巢雲樓樓突起于蓬山閣前群峯起伏映帶綿亘延接所謂山之神秀又畢獻於樓之四阿樓甫成而柯君亦仙去夫山名計籌者按吳越書以爲有辛鈃者蓋有所養抱而隱遯於此當吳越吞噬時范蠡嘗從鈃問所以取吳之策鈃與偕登之觀覽指畫若規見其勝負然者故得名夫杭之諸山雖皆原於天目其龍拏鳳騫傍枝次脉氣勢飛舞而沓至則皆莫若計籌之一山故宋楊和王沂中即中山以爲墳昇元觀乃其香火院也方真

人在京師時　世皇恩遇殊厚然每日乞南歸江南名山川非不多而真人獨孳孳愛戀乎一計籌則山之奇秀槩可想見矣昔真人延予蓬山閣上較讐群書巢雲樓未之建也迨今四十寒暑矣顧予方飢驅糊口於吳中雖欲復遊山中莫可得茲冬舟過婁江會善淵於婁江之玄真道館念予嘗承真人知遇之厚端來吳介道侶步宗浩甫請予為樓記也夫計籌之為山固予所熟游善淵又指畫言巢雲樓得地之勝雖未能登斯嶺覽而巖巒之態度松杉之欝茂泉石清出而棟宇深靚則固已了然心目之間因為善淵言昔邃古之初固巢居矣禮運所謂橧巢是也及聖人者出創為宮室上棟下宇民安攸居故莊周氏以為樹處則惴慄危懼將以矯齊物情夫何唐時又有年老隱者以樹為巢寢息其上而謂之巢父耶若雲可巢則李太白詩

有謂吾將此地巢雲松故山翁巖叟徃徃自號巢雲夫雲為陽氣山川所由出晴雨變態甚為不一至峯巒林壑高深幽邃之境則雲在堦除在軒窻在几席近有在床榻者是雲可接可攬可眄而或可卧者烏不可巢耶況爾仙真往來乎太虛恒以雲為乗矣則樓號巢雲要不為過且善淵名樓不忘其師尤可嘉明春當来拜真人蛻冢其樓四向景致予雖老尚為賦之

純素齋記

楚漆園吏以内聖外王之道歛之於精神純一之中迺曰其人純素可為真人夫真人者大浸稽天而不溺大旱金石流土山焦而不熱世惡有若人哉蓋指此心而言也人之為心湛然純白一念萬年則雖為賢聖為佛祖要豈能外於此哉東晋遠法師在廬山修念佛三昧謂之修白業夫白與黑對暗還黑日明

還白雪〻山大沙門教學佛者至矣盡矣又豈待予言也哉吳僧如瑛者號白石潔素而好修依止積沙寺穀公文室爲侍者乃取漆園吏之言扁其齋居之室曰純素漆園之言不惟是而已又曰虛室生白吉祥止〻漆園著書時佛之爲教東震且未之聞也良以佛教寂滅而莊助老氏者其教清淨清淨而虛無虛無而寂滅要不可歧而爲二雖周之書肆行而與其言自相脗合也瑛也浣濯其心身服膺乎佛祖之所垂訓則雖拾薪鬻石山顛水涯精進不惑則將見純白真人無二無雜我即真人真人即我雖佛与祖亦何異哉瑛年未三十能精進不退定以予爲知言至正己亥玄月朔記

虛白室記

西隱菴在吳城葑門東一舍而近郡高僧賢哲翁之所建也菴

非有廣殿脩廊之宏麗然當江湖之會文漪驚瀾天光雲影朝夕晃漾皺蕩在几席間蓋亦精藍云其徒在别峯於菴東南闢一淨室扁曰虛白索予記之予嘗讀莊周氏之書曰瞻彼闋者虛室生白謂人能遺聲色之雜去嗜慾之擾而一任夫性則道集太虛之宅而純白生焉其義若此周蓋老氏之流别峯佛者也老佛果同道乎不然老之道清淨亦在乎養性佛之道寂滅亦在乎見性性無不同與生俱生而不可不養者也苟能養而有所見則本性虛明舉天地萬物莫逃乎明鑒之下何虛之不生白也哉别峯殆然燕坐是室以息群動則必心靜性靈四維上下皆成虛空雖晝之日夜之月其光明亦同普照十方矣何有執着乎何有垢涅乎佛乎老乎莫之同乎莫之異乎此少林指以單傳而神光遂入於雞足山者其能外此虛白否耶姑反

訊之用以爲記

趙州守平反寃獄記

儒者存心不累於物故能超然遠覽於情僞之表流俗之人則不然遇事屑屑較彼我計利害心非不知其事之枉直也顧乃怵於浮言惑於妄議局局保自己而彼之黑白有不暇計焉於戲使人盡如此則所謂司平於我者我何賴焉夫司平者非一端然莫重於獄獄者狴犴之中捶楚之下酷吏所煅煉至有反是實者夫反逆天下之大惡也平人不勝其楚而曰反是實焉由此言之它可知已惟其心不累於物者鑑空衡平爲之体妍醜輕重舉莫逃焉一爲煅煉文致之所惑而不推其情狀所由起未有不錯謬者矣然人心日僞世道日降荃蕙不能化茅蕕矣況其他乎則其呼吸之間变詐機巧旁午蠭出竊謂皐陶復生於今

亦豈能悉其情與狀夫儒者其用心萬無過於臯陶也然於滋僞愈詐之日其心不爲流俗之所移也乃能洞見其情而不惑斯其所以爲可紀録也歟王既字季境其先閩人大父中書平章公其父則江浙行中書省參知政事本齋公也至元五年任淮東宣慰司奏差未幾侍父病歸吳下終喪仍往淮東陞都府宣差至正八年八月十六日府同知上任而既職掌堂食公宴當其職所隷所謂茶酒夫翟四者以蔬飣不謹令別具鮮潔翟不從乃叱直廳軍夫弋占負翟四令獄卒張全隔衣箠其臂兩下既以張箠不力也奪張手杖自搖之亦兩下耳翟方整換蔬飣終宴逮暮方散去翌日翟復到府署少頃即歸時維揚大疫染者多暴亡蓋翟已染疫顧身隷官其出乃強勉更四日翟四者死府饔人鄧德者翟疎遠親戚也嘗以割烹遭既撻於是嗾

翟妻蕭訟其夫死不以命先是揚州路録判石淇目擊晥由元戎以下以其名臣子禮遇有加每詣事晥恒欲具酒以啗晥晥拒絶之兼以驛騎數不足晥烙琪所乘馬以足之琪恚無所洩及見翟妻訟夫遭晥捶死乃大喜教蕭以為翟不死於杖而死於晥用靴脚疊踢其夫臍右凡兩脚於是翟須命晥既就逮戈占等証佐不得同琪為畫策別立誣同証佐而加之搒掠驅拽且更卷十六百字為十八日所以誣陷晥者無不至兼帥府憲府兩不相干録事司不能無覬望而得以高下其手焉晥既不勝苦楚亦自誣服獄成上府凡囚在禁憲府當以時慮晥或當異獨漏晥不知加省録及憲長它除揚州路及憲府以晥家屬詐冤頻切乃始選委泰州知州趙公威鞠之公即追蕭所告狀反覆披閱見擦洗告日兼証佐皆非當時與見晥捶翟者撿翟死

既在八月廿一日緣何江都縣繳申屍圖却在九月十四日蕪訟晥踢翟死公論甲舉右足當踢乙身之左緣何訟晥舉右足踢翟而踢傷痕反在身之右乎使誠以臍右致傷翟當即死緣何更五日後乃始死乎凡所以誣晥者卷紙色不同墨濃淡亦異蕪晥招辭皆非晥手書公既洞見底裡即命吏以此數端立案駁問駿吏莫琢以下誣証作作等四十餘人或首或招盡發石琪所謀而琪避罪逃去於是晥之遭誣乃始平反而明著於淮甸晥寃既伸而公以文章之純道德之懿英聲茂實海内傳誦於是　聖朝召拜翰林待制予念參政公無恙時晥嘗從予游聞參政卧病久其羸至無以為斂忠愍公死王事朝廷賜田十頃于吳以贍其家舉族之入食賜田者常千餘指而賜田所入每缺於水旱故其家窶困日甚重以晥不幸遭誣既在獄其家訴

冤入淮幾二載，因粮不可以飽晥諸兄弟，更貸以救晥垂死。非公以儒者用心，不為威怵言移，灼見冤抑，即為平反，則晥死犴狴必矣。夫能平反冤獄，國有賞典，豈公所喜哉。傳所謂如得其情，則哀矜而勿喜也。顧諟者心術之純，不惑於文致煅煉，不動於是非利害，曲必為直之，枉必為伸之，蓋其心初不求人知，而人自知，在公不加喜，人不知，在公不加慍，此儒者用心之恒。使善於頌公者必曰陰德陰德云。夫德必積而後成，然其積之也，要亦行其所無事。令天之所以報公者，將由掖垣論思獻納匡益　聖明，以福海寓，則凡天下誣枉者，豈特晥哉，將使沉冤盡雪，枯朽蒙惠，人心和於下，天心悅於上，是皆公能以道參輔廟堂，儒者所能致，非公尚誰望之。

僑吳集卷之九

僑吴集卷之十

遂昌鄭元祐明德著

記

藏書樓記

與天地相久遠者聖人之道也然道非書則不傳故六經所以統天地之心若夫史子百家之言其載道雖不能無淺深措詞不能無工拙下逮芻蕘稗官亦未有背道而可以傳世行後得齒列於藏書之家者故藏書之家自經出坑焚漢武表章以後今幾二千年儒先班輩出其翼經以明道析理以傳經其於三才萬物之理洎忽幾微之驗名物度數之詳興壞理亂之故其為書充棟汗牛藏之中祕者固所不敢論若昔張氏晁氏葉氏陳氏其所藏書既竭其貲力以營購又竭其心思以表題然今書雖散亡而猶可以見其嗜古而力學視築臺榭貯歌舞變滅

於須史之頃者相去豈不萬〻哉雖然藏書者豈徒閲卷帙之富競籤軸之美哉盖將講讀討究以致其博及其至也則必斂之於約以驗其所自得者焉不若是則是夸多鬬靡也則是求知干祿也曾何足以致博極之功研諸家之說也維揚陳君季模家馬馱沙之上沙當揚子江之心而百川之水悉滙焉既久於是至其子天鳳字舜儀生有異禀由髫髻以至于冠惟理義是說惟圖籍是耽君愛其子之嗜學也於是以其家舊藏書合新購而得之者凡五萬餘卷築樓於居之東而藏書於樓之上樓之前鑿池以瀦水其後萬竹森立都水庸田使白野泰公爲篆三大字以揭之乞予為之記曩杜徵君原父每道陳君之賢今徵君已逝海内猶所稱尚則君之賢詎不信夫故為記於樓壁俾讀之者當知陳氏藏書之意不為科名發也不為利祿設也

盖以爲反身窮理非誠有志於聖賢之學者不足與語陳氏藏書之意也異時舜儀盡讀其父書攄博約之要探天人之際外功利之説悉其精不忽乎其粗明乎遠不畧乎其近聲望學業充然被大江之北南是則陳氏藏書之驗也若夫登樓而四顧山川風物予雖老矣君能欵於樓之央猶能一爲賦之

德聚堂記

海虞陳子善名其燕寢曰德聚堂索予記之嘗觀諸易萃固聚矣若涣則涣而非聚也然聖人皆曰王假廟夫能聚合涣散之人心孰有嚴於宗廟享者故曰社稷宗廟之間未施敬於民而民敬之况於王者翼翼禋祀之時乎昔晉大夫見冀缺耨其妻饁而敬也即曰敬德之聚也是知春秋雖尚戰爭而士夫之見道固已如此後更程謝諸儒乃指敬爲聖學之始終然其實不

外乎德之聚而已聞予善兄弟四人友愛篤至家居更二百餘年繚垣之喬木傳家之腴田歲長而日植者數紓而蓄蔚人知其根深柢固食其德於無窮矣予入吳未廿年其變故相尋者日接於目也而陳氏兄弟享有其家之從非孝弟之心詩書之澤凝聚而不散安能爾乎夫吳之人使盡如其兄弟亦何至於變故相尋耶為之記豈但美夫陳氏兄弟併以告夫吳之人

宜遠樓記

昔吳越錢武肅王承五季昏亂據有浙東西更三世四王挈其國歸宋迨今四百餘年宋社已墟而錢氏子孫尚有能讀書以保其門閥而不墜者若毗陵錢子常是已子常居太湖之湄於是面湖建樓曰宜遠良以湖之大三萬六千頃其島嶼起伏於渺茫之間者七十有二其最勝則洞庭莫釐與馬跡也其西則

軍帳其北為九龍諸峯莫不呈奇獻秀萃於几席凭闌縱目歷歷蒼翠可指而數迴波驚瀾煙帆風船變現出没孰為端倪葦沙蒲沚水鳥飛舞疑有仙真往来顧盼於滉莽之頃豈但漁人楫師之謳吟哉夫吳以水為國敞明爽曠固可眺覽子常之樓近者皆可悉而無遺其尤遠者目睫有盡而物景無窮將不在乎數百里之間而必極於無際也凡物自大視細者不見自近視遠者不明有明目者可以及遠矣其能了千里於決眥乎然則惡乎而可宜乎遠其宜乎遠者舉無礙于目睫可也雖然此局於形体言之也人之靈蓋有不依形而立不附体而存者是豈可以遠近限哉子常先得吳興趙文敏公遺書二大字揭于楣而乞予記之夫物宜遠者豈但物景而已太上立德其次立功立言今圖史所載錄者遠者千年近猶千餘年誦而傳之無

不宜舉而行之亦無不宜是宜遠之義也豈區區目睫之謂乎

芝秀軒記

凡鍾秀而盈乎兩間者人與物也然舉莫若乎人人宜無羨乎物而猶有取而羨乎物者非以其常而以其異也今夫草木為物至夥然未有不根而萌不土而植者獨芝之為物不類其生非由根其植非由種抑亦可謂甚異也已然見收於神農之書得取於楚人之騷至形之登歌清廟書之紀年國策告於神明須之天下其盛至於宋大中祥符之間芝之為瑞至不可勝紀若有仙者以之為服食為樓觀自非秀異超出乎尋常草木則亦惡能若是哉吳人馬君瑞家婁汀之上有取乎晉人煌煌靈芝一年三秀之章也名其燕寢之西曰芝秀謁予記之予觀馬君年垂八袠而神宇澄朗視聽明徹諸子及孫皆讀書慕義其森然

庭砌間者皆芝蘭玉樹也是皆君一身善慶之積烝爲嘉祥跡爲瑞應顧芝之秀不土而植不種而穫者所能髣髴哉故善觀物者其嘉祥之應在焉君之家正不以物之異而特在乎人之常耳君登期頤上壽行且見其子若孫其秀不于芝于其人其瑞不于家于其國由此言之芝誠足以致瑞又豈止於一年三秀哉雖布護乎君之家不異凡草木可也爲之記庸何辭

松石軒記

昔夏后氏分畫九州而青州有鉛松怪石之貢當是時風氣初開人未必有耳目玩好也儒先不能無疑於此以愚觀之玩好於時未必能然韶樂以球爲主故后夔言樂獨於石則曰於擊石拊石然後百獸率舞鳳凰來儀蓋石音難和故磬必泗濱之浮今以靈璧所産之觀石用以爲磬然非秀絶者不能有聲音

之純故商頌曰既和且平依我磬聲然則佐石之貢蓋必異於尋常也已降自唐宋始以石為玩好然後石之品益繁宋宣和間於物無不品定故以太湖石品冣高唐李贊皇牛奇章二人相業雖不同其於愛石則一也中吳在宋為繖向至今荒圃廢宅石一燬於劫灰者在在有之若夫松之為貢棟梁榱桷禪房狙杙無不可者至乃蟠紐詰屈懸根獻秀始以松為園池亭沼之觀玩令衆知政事澄江朱公以雄偉之姿遇風雲之會養母夫人以孝侍鄉曲間以誠故能出總戎機震耀乎諸軍之上入贊太尉府政雍容乎百僚之端公私第在吳城之正中深沉宏敞於其客次有松有石左轄畨陽周公扁之曰松石軒仍作大篆以表章之夫大參公擬之於松則清廟棟梁也擬之於石則韶樂天球也賓至而燕集於茲語咲於茲挹松之堅貞攬石之秀

潤其所以為國幹楨民和者夫豈尋常松石之謂哉

春暉堂記

六經所以統天地之心者豈有他哉不過明君臣之義父子之親而已若夫詩本人之性情達夫倫理所以發明父母之於子子之於其親慈愛孝友由乎心術之微顯乎事為之著其本末先後終始小大蓋莫不備焉其曰欲報之德昊天罔極可謂至矣至乎唐之詩人其於三百篇雖未必一本乎性情之正然有關乎世教則其義一也故孟貞曜之詩曰難將寸草心報得三春暉其曲盡人情發明人子之於父母恩猶天地深婉微密亦何異乎欲報之德昊天罔極者乎去之數百年諷詠歎息要與蓼莪陟岵相表裏是則詩之為教有關乎人心俗化如此高昌觀君德亨簪纓世胄並仕于朝自其先祖翰林學士其先尊客省

使皆以純孝著聞于時逮德亨甫八歲而其尊人不祿母夫人撫腹鞠育以迄于成立用客省君之澤敕授海道萬户府提控案牘兼照磨承發架閣諸職於是奉其母就養于吳德亨念親之老也滫瀡甘脆必嘗而後敢進定省凉燠必備而後即安凡所以欲得吾親之懽心者無所不用其極而歉然自以為未至也乃名其燕寢曰春暉堂夫以春陽光暉洸灩乎群物者豈一草木哉然以寸草之微得承乎陽艷郁郁青青有天地之仁焉有生物之道焉凡工於詩者非不欲咏歌其至也然卒莫之能而貞曜君能之此觀君所以取之也亦可謂知為子之道焉知奉親之孝焉為之記非溢美夫德亨也蓋人心俗化有繫焉者爾

東生堂記

吳山之峯起于震澤者幾七十二峯峯巒綿亘其又突起而嵚峻

者惟馬跡山山周百二十里附山而居者鍾秀于山毓媚于川盖多良士秀民若錢山人子標則尤卓異者也子標問學又與山水爭深長每登山徘徊顧瞻念身世起滅之遽而親友會合之難乃作東生堂于居之左每朝之日夕之月出於太湖之底而升于馬跡山之顛也委容光而經山人之室者東生堂盖得其全且山人觀於朝日而夕月也以為天行至健三辰麗天而委照下土惟日與月雖行天有遲速之殊至昕暮而皆生于東也星辰不在焉故驗夫所生四時有常道朔望有常執分至有常度一或戾其常則東生之義乖矣然是山人起處是堂觀於昕夕悟進學之不可以無恒治家之不可以無要人徒見山人有時屏迹于山林之幽有時自混于城市之隘或衣鮮策駿或鶉裘鶡冠由其外而觀可謂無恒守矣然不知山人之所以檢其

身者内而心術之精微外而言行之章著舉皆不可以無恒而駸駸然進於道矣東生之堂有功於山人者若夫豈直為歡宴娛賓之室哉堂面夫椒山故君自號夫椒山人按郡乘夫椒馬跡為山皆在具區所謂馬迹者由神禹治水道會稽得神書於此然其事異矣若夫椒越嘗敗吳其地事載傳記可考予雖老山人能致於山水之間則其景物之勝尚能為賦之

壽梅軒記

毘陵邵吉卿其母老矣其起處軒之外有舊植古梅一株枝幹所及大實盈庭梢杪上干高實覆屋既敷腴而條達復輪囷而屈伸望之如獸鳳翔舞即之而瑛瑶朗映不問可知其為百數十年物也吉卿以其奇古過甚於是名之曰壽梅夫江南之梅不異凡草木所至蓋皆有之惟是多而莫之貴也故或混於荆

棘或戕於斧斤或困束於顛厓邃谷之下或自媚於孤坰野水之傍其卒而植之苑囿列之臺榭者率皆繁稚而鮮妍顧其老而奇壽而古者未必若是軒外之所有也則名之曰壽梅斯為稱情也已夫是吉卿之母夙禀貞異自其良人遠先即屏去膏沐斂尚朴素心慕空宗勤事如來日誦毘耶經典精進弗惑矣世壽莫堅於金石然金石有形有壞故莫若神仙長年然神僊長年在佛理究觀亦為虛妄故莫若西方覺皇有無量壽今郎母壽屆耄耋皓髮脩容其學佛蓋已臻極其至宜其所居花木亦皆發於清淨願力又何止於壽梅而已哉

心遠堂記

聖人之門人難疑問荅不出乎仁之一言若夫心則一再言而已豈聖賢之學亦以外心而他求哉蓋仁實心之全德語仁則

心在其中聖人既沒孟子言仁則燕心蓋聖人之言非孟子無以明孟子之學非聖人無所據悠悠千載得之者誰靖節處士以晉勲舊世家於聖賢心學雖未必有所見然其純静高潔不污其身固一世之高士矣至其所賦詩則曰心遠地自偏夫以聖賢言心惟恐其外馳而或遠今靖節云爾者蓋以心量廣遠言也既不局局於事為之末亦不規規於形躰之累超然遠覽於萬物之表是則靖節心遠之謂也洛陽劉君大年以才選為漕府知事清慎而有守雅正而能斷其上世皆為名公卿故大年聲譽落落響人耳也今參謀漕幕駸駸方大用自非懋乎聖賢之學則亦何能致身策名若此哉然有取乎靖節心遠者以示乎志廣遠者非淺近所能識造高明者非凡陋所能知是則心遠之謂焉若夫心學之奥非吏僕不能竟姑以是為之記云

存雅齋記

詩始盛而雅作詩中衰而雅變詩隕墜而雅亡矣當宗周盛時大小雅與頌聲並洋溢雖其所以用之者不同然而鄉人邦國之間宗廟朝廷之上聞之而人心紓和奏之而神心舒悅人倫順於下天道應於上稽之於天則三辰咸若驗之於人則諸福咸集方是之時雅頌之和禮樂之作刑政之修明紀綱之畢舉是皆雅未變而文武成康之治比隆唐虞後世所以不可及也成康既沒王澤未竭雅頌正音尤足以匡維人心扶植政典更幽厲不君既始於衽席肇于閨壼已而蔓延于家國難鍾西戎毒流海宇於是雅變而王澤竭雅變而頌聲寢雅變而人心晦蝕天理或幾乎其熄矣然雅雖變而未盡亡也及乎王室既東中天之既甚憯於時平王自應枕戈待旦命將出師以雪不共

戴天之深讎然後人心復明政典復舉顧乃於文侯之誥易哀號慟哭之詞為平常撫恤之語于以見雅亡而春秋不得不作矣雅亡而春秋作天下之變故蓋有不可勝言者矣然人心終不死也天理猶不熄也則雅之所以存者顧不在於人乎是故國風變而入乎衛與鄭然桑間濮上豈盡淫泆也蓋有君子之風焉由此言之雅之存乎人心者則不以其亡而盡泯也郜君彥清父有志乎春秋之學也前乎春秋者雅亡矣彥清則謂人心不死也其所以存雅者顧豈不在於人乎於是作存雅齋記

止齋記

昔者聖人觀艮之象以為一陽上進已極不復進而止矣其下二陰為靜止止而下靜有止之義焉於是著重艮之象曰君子以思不出其位故舜之飯糗茹草若將終身文王羑里而衍易

仲尼厄於匡而弦歌是其心止於其所泰然不以外物所搖奪是心曷嘗一出乎外也哉然而衆人顛倒紛紜所思不能不出乎其位也故其身處卑下而思則在乎崇高身居淺狹而思則在乎廣大以至身在一隅而思行萬里之遠身輕一羽而思舉九鼎之重是皆不能知所止而所思汗漫放逸為無益也使其無外慕之心而能知所止則食服居處一安其分而無慕乎富貴蓋非薄富貴而弗為也謂為天所賦而分所當安也是其心能止矣豈有外慕之心乎及富貴之來衣而游纓綴乖食而膏粱芻豢居而華堂廣廈適至不增榮適去不加辱亦安於所止而已矣聖人以其義精微而道甚大也既於易發之又於所常言曰在止於至善夫惟父子君臣止於慈孝仁敬皆其位之所素定何可越位而妄思乎故曰艮其止止其所也吳士金君達可

名其寢處曰止齋達可奉其親處其弟教其子姪既有以得親之歡又有以盡諸弟之友愛至於教子姪而齊家者一切身為之率而弗事空言於是達可教行於家望孚於人安恬樂裕而無一毫外慕之心亦可謂能止於其所者矣為疏易艮義記之

陋隱記

人之於物不[illegible]日以為陋也乃能安之故蓬茨之下美醞糜秠可謂陋矣而賢[illegible]自樂居而啗之豈賢者所好特異於衆人乎誠以命懸於天於[illegible]達有不可必也苟窮而慕夫達則於命有不安則必揆之於[illegible]安於命之所值泰然若將終其身方其未遇也耕不以犂塗[illegible]陋漁不以繩擉為陋商賈不以魚塩為陋版築不以杵鍤為陋一安於命之所值而不計乎通塞也是以豐草茂林鹿豕之所庠也士有終其身而行坐嘯歌於是自以為樂

有不知老之將至抑何至是哉蓋亦安其命而已矣命為天賦之正理能安乎命由能知乎天知乎天故不逐以外慕設慕乎其外未之有得而其中之所失有不可勝言者故善安乎命不為外物所動故不自知其陋焉句曲從老氏之學者顏道宗自號曰陋隱請予記之夫是之謂豈同聖門顏氏子之姓而學夫陋巷隱居之樂乎昔顏子以王佐之才得聖人為之依歸豈樂隱遁以自高哉誠以天之生人必聖人者出而君師之然後厚其生而復其性以孔子天縱之聖而不得其位非不憫天命而悲人窮顧乃周流以終老顏子見其然故甘簞瓢陋巷安貧樂道隱約以全天命所賦烏有毫髮勉強於其間哉故曰禹稷顏回易地則皆然學顏子之所學吾儒分內事也吾儒推陋隱之說如此未知陋隱為何如既以為然當來共講以尋其所樂

懶齋記

百金之劍不善藏則鋒鍔缺燕石之弓不善閟則膠筋弛天運於上以成歲功然日必養明於夜月必養明於晦星必養明於晝地之道亦然春生夏長可謂盛矣然必揫斂之於秋堅凝之於冬天地化育其大者尚如此若夫千里之足九霄之翮使其追風逐電窮日之力不已則躓之爲德孤矣鵬飛其翼若垂天之雲海運而徙於南溟然不以六月之息亦烏能負青天而上者九萬里哉陸走而天飛者尚矣至於舟之濟川車之載塗高帆堅桅揚天風遡鯨波一駛數千里苟有不慎欺忽不可收拾衆工致巧以爲輪輻箱轅舉無不備使不擇夷險惟圖疾馳必覆償之不暇何有舟車之用耶雖然是遠取諸物以爲喻若夫近取諸身人之生稟氣乎陰陽肖形乎天地心神火也而禮配

焉肝神木也而仁配焉至肺腎之與脾莫不各有攸配而所謂土之信也水之智也金之義也皆不由聖智而加愚不肖而損人惟若是於是慕聖人而力學以求之朝夕孜孜弟恐其力之不至故古之學者所以有自強不息之功是則求諸己者然也若夫名位利祿貴富顯達是則求在外者求之外者有命於是曰求之有道得之有命既不可求而得乃安於所值而似乎退懶者況求諸己者雖曰體天行健也雖曰惟日孜孜也然有藏脩遊息之道焉故曰一弛一張文武之道也古之君子求諸己猶若是而況於外至者乎求之外者有退懶止足之意則其求之内者所以孜孜不舍也海道都漕運萬户府達魯花赤高昌章公自其上世來乘朱輪佩蒼珩出入乎鳳閣鸞臺職任乎方伯連帥以蟬聯乎圭組者素矣至公尤勤於問學凡聖賢之所垂訓百

家之所論載既委已以講求之及筮仕于朝歷清要執法中臺典司内禁可謂隆矣朝廷尤以漕府長難乎其選乃佩公以三珠金虎符乘傳南下公於漕政興利除害知無不爲於是當宁遂免東南顧慮之憂公之臨政惟恐一毫之未至若然者可謂体天行健矣然而自號則曰嬾齋焉愚故竊知公之意以爲名位顯達皆公世所素有既以求之有道得之有命矣等而上之參鈞衡秉樞軸俾之游於不知不識之天亦公之素有也雖欲退嬾而不居蓋有不可得而辭避者是則公嬾齋之謂也

瞻雲軒記

金君伯祥家笠澤之上而好施與有客持金華黄侍講誌其先人之墓謂其上世以粟贍人之乏病与藥喪與槥已再世至其先人尤刻苦節縮絲蓄粒聚而保其先業沒於至順三年葬吳

江父詠鄉之韓墅因澤國土善崩更廿有一年為至正壬辰改厝于吳縣橫山吳巷村之原山距城半舍許背臨太湖而面若箕踞又名踞湖山伯祥以拜掃歲一再至於是屋於墳傍即其軒曰瞻雲索予記之予謂伯祥先人之塋域於此雖致愛則存致慤則著然其親之聲容咲貌有不可得而復見者矣顧惟山之雲起觸石合膚寸而飛盪胸晴雨晦明悠揚變化千態萬狀此人得而見之所謂英英白雲無時無者然詩人獨取以起興至達於天步艱難而狄梁公過太行覩白雲歎曰吾親舍其下由此言之雲固無定踪而孝子所以思其親觸物感懷有不知即此而發其怵惕哀慕之心也想伯祥於拜掃之際感慕其親焄蒿悽愴精而神之所在但見瀰漫靉靆之在巖谷於是曰吾親其在是乎何深有以觸吾哀乎故名軒曰瞻雲意甚婉矣伯祥

之隣有沈仲説氏蚤孤養其大母備至既喪不忍期必三年廬墓以孝聞伯祥將薫陶之其瞻雲以思親彼此同一致予樂道人之善故以類推之詩曰孝子不匱永錫爾類此之謂也

聽雪齋記

凡人有所聽未有不由於耳者而莊周氏則曰毋聽之以耳而聽之以心夫人之爲心主宰乎萬類故其職爲天君若耳職司聽而爲之君者僭厥官周之説無乃不可歟盖無聲之哀樂有非視聽所能察甚至明目視而不見聰耳聽而不聞其故何也無聲之哀樂繫乎人之心也由此言之周之説未爲無理今夫天日月星辰風雨霜露運行乎四時莫不有恒度至於雪三時所無有而獨見乎玄冬或大或小或急或徐先臘有之謂之瑞來春而作人尤不猒逮春有雪則謂非時是雪不恒有然詩人

文士往往有聽之者且雪之可听豈如五聲八音合人之歌相間而作諧和而成章抑揚而中律可以得於耳而會於心哉固不然也且雪作時貴富之家錦屏綉幄清歌妙舞又何暇乎聽之耶惟士而窮愁頹簷敗壁之下蔀屋蓬窓之間地爐灰寒飢凍無聊於是惟雪之為聽顧非喜於聽之也而雪之騷騷蕭蕭風淒緊而夜泬寥寥雖欲絶之於耳自有所不可也此無他接之於心者然也予生六十有四年負病憂鬱蓋無斯須之樂也春夏秋人所喜樂者予無與焉逮冬則不然天陰沍寒窸雪作時其聽之悉而聞之熟者人蓋莫予若也是則隱憂之結於心不可以耳而以心聽者豈惟雪哉蓋凡接之於耳者莫不皆然西夏鄔密公仲貞父故三公子則其生長貴富豈窮愁賤士所可同日語哉其僑寓於吳也亦以聽雪名齋蓋仲貞方刮磨貴習委已於

學其聽雪有甚於寒士之淒苦者故記以貽之

芝雲堂記

崑山東瀕海在吳屬邑獨以產石知名海內地誌謂山舊嘗產玉玉出河源萬里外而謂玉產是山其信否不可知也然今產石而不及玉其孚尹秀澈之氣宜有人焉得之邑良士秀民非無有也然爲農而樂於田里者或失之朴爲士而攻於文學者或失之鑿工賈末業不齒焉若夫精於士習而不鑿以求異安於田畝而不朴且鄙惟於顧仲瑛氏見之顧於吳爲著姓自吳丞相雍以下代有其人仲瑛家界溪溪望崑山裁十里許其出雲雨蒸煟嵐近在目睫間仲瑛家於是蓋累世矣內附後倜儻非常之人往往自致青雲之上於是仲瑛之大父泉其諸從父皆紆金曳紫貴顯赫赫使仲瑛必發其所蘊出爲時用髙可爲名卿

次不失齒諸父頤方讀書績學臨帖賦詩堂序几案列三代彝鼎唐宋人書畫觴酒爲壽以養其親且築室於溪之上得異石於盛氏之澗綠園態度起伏視之其輪囷而明媚既似夫天之卿雲其巒拳而秀潤又似夫仙家之芝草迺合而名曰芝雲遂以其石樹於正寢前而名曰芝雲堂大卿雲芝草世以之爲瑞矣然雲氣之散聚芝草之榮悴豈能久而不變哉惟士君子積其所學尊其所聞孝行著乎閨壼德業章乎里閭推是美也譬之珠與玉馬玉之藴石珠之藏淵其光氣自有不可掩者吾知仲瑛蜚聲騰實夫豈久淹於吳下者其爲名卿而繼諸父有日矣幸先以予言鑱諸芝雲石上異時與彝鼎旂常併爲不朽矣夫豈卿雲芝草之謂乎至正己丑秋八月望遂昌山樵某記

讀書舍記

君子所以貴夫讀書者豈徒誇多鬬靡而已哉豈徒博聞洽論而已哉豈徒科名利祿而已哉盖三才萬物之理興壞治亂之效名物度數之詳動靜消息之故是皆非書莫能載故善讀書者其於理無不窮於効無不覩於詳無不考於故無不知夫若然者抑亦可謂繁且多矣然不返求諸身而會於約則豈善學聖人者哉故君子學欲其博守欲其要讀書者舍是吾恐其如大軍之遊騎出太遠而無所歸然竊論之唐虞夏商之時可謂至隆極盛也已士生其間豈非一一本於書也至周而文大備及其衰也聖人出焉六藝百家莫不折衷於聖人而後定由是之後觀於詩而性情得其正於書而政紀得其宜於禮而散於樂而和於易則有以驗陰陽於春秋則有以定名分是則聖人之功與天地高深迄于今而不墜者由書始傳也書之功若是善

讀者即所以善學聖人也。更秦書幾泯盡而無餘，漢更武帝表章六經，及其衰而學者讀書之効至以清言而高議扶持人極，與漢相始終。然入自爲書，家自爲説，逮乎隋唐以迄于宋明之爲日月，幽之爲鬼神，象犀珠玉之富，車旗廟朝之貴，河海山嶽之深厚，風雲雷電之變化，可謂衆且多矣，然未有不本乎經根乎理以擅專門名家者也。書至此而不勝其繁，讀之者累日窮年而莫之能竟，自非善讀以致其博，善守以歸其要，則將何以哉？吳人顧仲瑛氏家於崑山界涇之上，凡所居室藏修游覽莫不皆有題扁之名，至於其所藏書而繙閱之所則曰讀書舍，其所志以揭于兩楹者則曰學時習德日日新。予喜其有志於讀書也，然其本末兼該，内外交養，則必本於反身窮理，庶有以驗夫三才萬物無一不備乎吾心，以吾心之所固有推而達之家國

天下所謂成己之仁成物之智非善讀書者不能也雖余老矣且將扁舟過仲瑛以扣其所造詣仲瑛必有以語我至正庚寅秋七月記

昭肆齋記

昔聖人學韶學於齊至於三月不知肉味今韶載於書體製具在使止於若是則聖人何為而嘆美何為而肄學蓋必有超乎聲容綴兆之表能使齊之人雖三尺童子亦視端而趨疾不若是何以至於鳳儀獸舞祖考来格也故詩三百篇用之於宗廟朝廷其詞具在若其律呂音節清濁高下疾徐長短繫乎聲音者非授之於樂師工瞽唇齒舌喉不能敫也至於九夏之歌在周禮則鍾師掌之說者謂樂之大歌有九所謂九夏者王夏也肆夏也昭夏也納夏也時夏也章夏也族夏也祴夏也驁夏也是九歌者舉有章程而不可以毫髮僭差也是以穆叔如晉晉侯

享之金奏肆夏三不拜工歌文王之三又不拜歌鹿鳴之三三拜曰三夏天子所以享元侯也使臣不得與聞自周轍既東入於春秋樂師工瞽奔投河海然而君臣燕享之際猶不敢僭踰其嚴如此然則宗廟朝廷之間禮頌樂節何可以不學也哉松江夏順貞好古而嗜學以爲昭夏也肆夏也牲尸出入之所歌也牲尸出入在宗廟之中以有事爲榮則可以逮及賤者於是扁其齋居曰昭肆亦有志學聖人於千載之上考遺經於千載之下非徒闘美夸多以眩博彫章刻句以求工若世俗然也況感人心之切者莫如聲故樂奏之宗廟君臣同聽之則莫不和敬奏之鄉里長幼同聽之則莫不和順奏之閨門父子兄弟同聽之則莫不和親故樂者審一以定和比物以飾節今順貞得姓由神禹有天下以來年代悠邈驗之於昔九功惟叙九叙惟歌

並之鍾師九夏之奏前聖後聖其揆一也夫若是則又在乎順貞博洽貫通此昭肆名齋之意順貞其懋勉以學之

停雲軒記

松江夏順貞名其軒曰停雲士生承平時咏謌唐虞誦法周孔粃可以給伏臘及親甘膬之味温凊之室孝養之奉無缺歳時共徵繇奉公之暇則課耕種理釣牧歡忻紓愉尊酒談咲於一軒之間其才俊穎拔出以行其志亦得見於行事及謝事歸休有鄉故之樂無匱乏之嘆凡若此者停雲為軒槩不自知其為厚福也肉久而腐木久而蠹兵戈起於不測戰奪挻於俄頃常時少年變為鎚埋刼灰眯目軍聲塞耳亡親不相保奔逃竄匿此皆平時所未聞見而停雲為軒一鼂百罹何以堪處及喘息粗定覬知里閭鞠為瓦礫欲求向時承平物景無一存者民生

若此尚何言哉昔晉靖節處士當晉之衰東南兵後不異於今
宋武出定戡亂而處士義與留侯分當致死徒以康樂形之空
遣嬰大禍於是處士念八表同昏徒自痛憤優悠俯仰歸休田
園擷蔬引觴托於停雲以起興致是其命篇賦詩之意也順貞
自其上世已稱善人曾大父譙齋嘗爲杭州司獄多所平反未
五十懸車杜門人稱長者大父燮閒尤好學急義尊父士賢甫
能世濟其美朝廷旌以義門用勵薄俗丙辰兵變順貞以道義
名閥而室廬亦盡燬幸而家人獲僅完以城北之泗涇有舊田
廬也徙家居之雖兵後牢落而奉親延師朋舊過從靡間一日
至其讀書績學則收功倍於昔時於以見亂離瘼矣爰其適居
而君子不改其恒有若此宜其思親懷友感念疇昔重有慕於
處士也故仍扁其軒曰停雲夫雲變態無窮於易雲上於天需

君子以飲食宴樂親戚朋舊身更離亂得與歡洽引觴紆憂則夫停雲昔處士之心而周貞善慕之謂也至正戊戌冬記

白雲海記

至正丁酉海寇劫崑山界溪顧君仲瑛奉母陶夫人避地于商溪在吳興之東南僻絕處入以君平昔尊賢重士雖危險殆艱裹糧拏舟以相從者相望不絕有寺曰慈隱僧聞君名延款禮遇備至故夫人甘脆之味溫凊之奉一如家庭屋無何病氣決而歿君痛母客死旅次號慟頓絕事平即奉函骨歸祔葬于綽墩之先隴仍即舊居堂後結樓而名之白雲海時登焉躑躅四顧以為吾母果安在乎夫精爽其在此乎否乎終天之痛何時而已乎某與君交久相厚俾為之記昔唐狄梁公使過太行見白雲孤飛念親舍其下徘徊與歎然狄公於時母未亡豈若君

之母不存君之痛莫贖且其家封殖百年之久園池居室書册琴尊悉委棄於出奔母子𦉪寄命草野徒以德厚在人粗畢衰事近商溪人未能言君之喪其母也吊者相屬哭者相踵執紼追送幾千人噫士於此可以驗平昔之爲人今既歸葬登樓以思凝望延佇原隰演迤湖江渺然瞻彼白雲或卷或舒或明或滅雲之意態莫盡而君之哀痛何已且惟新朝聞君才名將授以秩君嶄然衰絰固辭弗獲乃祝髮家居日誦毘耶經以游心於清淨覺海深惟海之大無際雲之變無窮君之所以思親也觀其英英盤礴極海際天莫匪孝思之情至其著存不忘僾然必有見乎其位肅然必有聞乎其容聲然則夫人魂氣將乘雲下上要與君接乎雲氣縹緲之間者與雲海相無窮也是爲記

瑞竹記

艸木之於人非有情聲氣脉相感召然其應自有適相符者故孝經援神契曰元氣混沌孝在其中其言庶人孝則浮珎舒怡草秀水出神魚緯書非經固不可深信然吳人金氏兄弟其家居也析而復合庭舊栽叢竹忽一根而兩竿視他竹尤青潤而秀拔人皆以為孝友所致故名之曰瑞竹焉金自得姓始於祭天金人其盛至與西京相終始後雖顯者無聞然亦代不乏祀今伯祥仁孺之為兄弟也其六世祖蓋已讀書績學居長洲蘇臺鄉之貞豐里後遷居郡城籍名學校逮伯祥之先君子樂善君鄉里稱善人必曰君人蓋意其必有後也樂善創別業于吳江之笠澤與貞豐相去無一牛鳴地意在於追遠洎後不相遠而相近也樂善君生四子雖各異母而伯祥仁孺友于天至念其兩兄雖早世且析處異居亦久而祥孺日益好學至於大義

長枕之樂讓財代死之義未嘗不感慨而興慕也於是祥孺相謂曰我四兄弟今惟二人吾二人不幸墜先人基構而忍分門割戶異日何以見先人於地下於是兩家復合為一姻戚鄰舊無不舉酒相賀雖無情若艸木故蓺竹有一根兩榦之祥蓋非有所待而然也是其昆季暫離而復合暫異而復同其根柢綿衍秀潁之兆造物者固已示其端於此矣人遂以瑞竹名之蓋非夸詡也吳人士為賦詩者且成卷而乞記於予昔冦萊公貶非其罪而身後有瑞竹之祥虞雍公父更生佛祠下亦瑞竹挺秀彼皆宰相所格於天者大有不敢援者故予為之記僅有耿乎緯書之言而表章之耳

至正壬寅秋七月望書

王氏彝齋記

君子所以貴乎故家遺俗者豈特其名稱也哉其文獻有可稽

其支衍有可采，其傳其授有可法可考。夫若然者，要豈一日之積哉！宋渡南諸帥臣以功名顯者固不一，若王襄愍抗節以死於苗劉之難，賜塋義興山中。其五世孫覺軒先生，宋亡後以文儒起家，官至蘭溪州判官，當盛年即委政歸。蘭溪君之子子敬與其昆季仲德、子明，皆克力學以世其家，文獻之傳有可稽可法，重以三昆季博洽以考索，嗜古而識精。於是其家書傳子史百家之言，三代兩漢尊彝罍鼎之器，六朝以下圖史繪畫之屬，象犀玉石製作之粹，在他人代有一二物，猶可哆然自足，若蘭溪君之家，殆所謂如行山陰道中，千巖萬壑，使人應接不暇。向三十年前，其里人岳漢陽與君中表親戚，予嘗從漢陽登君仁後堂，所見歷歷，固已若此，今更一世，其所增益蓋必倍蓰於昔時。方泰定間，子敬嘗無恙，歲朝禱籤於大神之祠，籤語有謂當獲古鼎，是年果得商父丁彝於睢陽夾谷之家夾谷初不識爲彝弟謂灞陵橋下出於漁者之網罟彝大容一斗重十斤其欝發而爲文章雖五采爛錦不足以喻其菁華其模鑄之藻思雖妙畫重複不足以喻其巧神子敬既得之則大喜以爲大神籤語靈貺若此至合海内博識之士觀之不獨推彝爲三代銅器第一且盡讓子敬之賞識爲不可企及云未幾子敬捐館至正壬辰畢父沒餘二十年矣是歲傳聞冦將犯浙西敬父之子令顯字光大乃謀於二父載貲以隨必爲貲所累固莫若窖藏之而盡室以避去光大尤念彝其先君子所賞鑑乃沈彝於園池之深屏處夜聞池中有物怒吼殊訝之於是出彝於水寄之他處比賊退視所窖藏與其萬金之貲千柱之室皆燔燬掘鑿無一存者而彝也乃獨巋然獲存夫光大之先君子禱籤于神謂獲古鼎而是年

果得彝固已神矣晏然太平之世豈料變起不測玆急迫之際沈彝水中而乃怒吼以規免於盜賊之手由此言之彝之神不可泯沒無傳也已按經傳商諸帝有沃丁中丁祖丁武丁庚丁太丁若父丁則未之聞也或疑武聲相近而尊稱之今獲是彝尚足以裨經傳之缺故歐陽公金石錄每謂古器物銘款多可以證定譌缺是於世教豈小補哉先大念其家故物無一存者獨彝為先君子所寶愛於是遂以彝名齋夫王氏世澤之溥彝能神之為之兆是相與永久無窮也必矣作彝齋記

貞節堂後記

都功德使司都事無錫華君之室人陳氏年二十八喪都事君君歿更三十六寒暑而夫人亦已老矣至於是而都事君之貲産薄者厚遺孤幼且壯孫且授室則夫人之老可知里父老以

夫人之貞節是則可以暴著於天下矣乃悉具其貞節之實言於有司有司轉以聞于朝省朝省下其事於無錫州州為表其門曰貞節云都事君少年有大志一旦捐妻子北上以才名見知諸公間當國家崇尚佛乘徼福受釐之時都功德司所由建職當奏事上前密迩清光其貴顯無難者顧乃抱病南歸無幾何而不祿方歿時其孤幼武裁六歲夫人之為女為婦皆大家能痛自刮磨冨嬌華既大族中表内外無慮數百人夫人哀死事生雖纖悉必中矩度教其子使之循循雅飭委己於學夫人每帥婢媵蠶績紉紡時節晝夜有恒式不少置幼武既長則時勸其母且少休夫人曰民勞則善心生季孫母吾師也幼武齒日長學日進思所以奉其母者無不至於是扁其堂曰貞節嘉議大夫禮部尚書致仕干公為作貞節堂記其於夫人潔白之懿行

堅凝之苦節稱頌賛述蓋已無乎不備然而幼武猶屬後記於遂昌鄭其令夫馭車以行陸操舟以涉川其始也有兢慎之心無銜橛之患何往而非安坦之途及乎中道操者肆馭者倦而始有不虞矣故曰行百里者半九十令夫人之粹德懿行雖稟於天者使然要自都事君之歿三四十年之間終始一揆其於貞節固將照映今古幼武之於斯堂也每於歲時率其親友奉觴再拜為夫人壽其驩欣悅懌之意上有以裨民風下有以範薄俗夫豈易易於言者所能既哉昔李文公傳高愍女楊烈婦屬辭不愧史遷今公之記斯堂也何以異乎若夫後記之作則歐公之門有徐無黨在焉幼武字彥清至正九年春二月記

玉山草堂記

昔王摩詰置莊輞川有藍田玉山之勝其竹里館皆編茅覆瓦

相參以爲室於是杜少陵爲之賦詩有曰玉山草堂云者景既偏勝詩尤絶倫後六百餘年吳人顧仲瑛氏家界溪溪瀕崑山仲瑛工於爲詩而心竊慕二子也亦於其堂廡之西茅茨雜瓦爲屋若干楹用少陵詩語扁曰玉山草堂其幽閒佳勝繚簷四周盡植梅與竹珎奇之山石瓌異之花卉亦旁羅而列堂之上壺弈以爲娛觴詠以爲樂蓋無虛日焉客有過其家喜即草堂以休偃者仲瑛乞爲之記客乃爲之言曰夫物貴乎有初其來尚矣在邃古時所謂標枝而野鹿久之而始知以韋前及夫上衣下裳之日亦何取乎方尺之韋以蔽乎膝之上也然不若是不足以謂之法服示不忘其初者其意可見竊意上棟下宇之始也其草若以爲室當必在乎陶瓦之先今而覆瓦利百倍於茅也其索綯以乘屋者貧者不得已也若仲瑛覆瓦而室者亘

數百楹櫛比而鱗次若波水然然猶搆此草堂者豈但追慕少陵摩詰乎盖亦古人不忘其初之謂也仲瑛嗜詩如飢渴每寘心古初哦詩草堂之下既以成篇什又絲繪以爲之圖今復命容爲之記焉其於草堂秊秊若此勢且與浣花溪輞川庄同擅名於久遠豈特不忘其初之謂哉容者遂昌山樵鄭元祐其爲之記則至正九年秋九月一日云

清江一曲記

嗟乎士生於世考求聖賢之成法將以推之以及乎民所謂幼學而壯行也豈必於隱乎不幸不得進其身又不可外慕以倖求也乃至隱身耕鑿混跡漁釣一切鞅掌喧囂舉不能汩吾心志惟適吾身以養吾學此清江一曲所由名也吳之郡其西則自山陂陁綿亘百餘里不絕其東水匯爲湖流爲江而瀕之海

莫非魚龍之宫鮫鼉之窟水禽上下葭菼青郁可信乎王孫雒之言也然自江南歸職方經制寬廓齊民兼并藪〻不知有禮禁一旦事變如浮雲空華其於兼并也何有去吴城〻東一舍許有謂陳湖者而姚江則出其西其地江湖滋漑土脉衍沃吳人丘君進惪世耕稼於其上而進德恂〻孝弟聞於鄉里灌田築室伏臘之計裘葛之奉雖粗足以仰事俯育而其心則充然以為有餘而無慕乎其外者也人有自其鄉來者言其江與湖延綿相聯混若為一至其涵端倪浴日月動而為風濤吐吞焰浪激搏靜而為天水鏡瑩一波不興賈船漁舟唱歌響荅携魚鰕市肴酒有弗知誰賔誰主此則陳湖之大致也而進德之居是躬耕食力與其農甿釣叟尔汝以言箕踞而坐杜少陵所謂桃源人家易制度橘洲田土仍膏腴盖謂是欤然進惪讀書績學素欲見

推乎民以行之然非其時又不肯苟且以俾進顧甘栖遲伴奐於炯水之鄉故取少陵詩句以名其所處其所養所適何如哉予雖弗獲丘君識而沈仲説氏吾友也則與進德居相近亟稱進德之賢不輟口斯時也仲説與進德屏遯江湖之間濯纓洗耳煮芹烹蓴與海鷗渚鴈農釣父叟對酹酣歌相忘物我放浪形骸之外有寵辱何足以動之有不自知其爲無懷氏之民也昔管寧王烈邴原浮海東逝而其處已處人皆可師法然今二君子之所處要必有所本矣何時歘予清江之一曲呼長風酹明月賡抱村流之詩容與咲譚以連旦夕豈不同償一快耶進德以爲然爰鼓沙棠以往書之記爲左券

溪山勝槩樓記

延陵溪山散在四封獨惠山秀出於梁谿溪當南北衝要發源

於山而山之泉自唐迄今擅天下名品在第二山復突起于平壤數百里之間老佛之宮與士民室廬蜂房蟻垤以附麗其深秀者槩無一弓空地棄抑亦可謂盛矣乎然得其邃深者或迫塞而不舒得宏敞者或空曠而不茂密獨華君別墅在無錫西門惠山橫陳逶迤其深秀凡山之霏烟洩雲雨紓晴復朝暉夜光吐濩閃睒以至於山之竹樹水石春腴夏陰揫斂而勁實者不出於其別墅几席之上則在於簷廡之間夫梁溪演迤而東也至茲而始浩渺溢目鳧鷺鯈魚翔泳出沒菰蒲荷芰被接洲渚望之而彌長挹之而彌深槩無遺觀也已高桅疾颿吳歈越謳溪翁柂師網罟繩擉舟炊而野飲聚語而散處掠輕檻而過望樽俎而咲邈與之相忘形骸而莫適為之主賓矣人謂君別墅據山水要會而總攬兼得之至順四年春予之維揚載舊藏

溪山勝槩四字扁將捐之溪菴野寺耳君見大喜曰是造物者名吾亭也於是取而揭之水軒更七年為至元仍紀元之五年予復道梁溪則於水軒之南建樓而扁揭其上樓既高迴景益秀出登樓而觀山若增而益高水若浚而益深凡所謂勝槩者較之水軒不啻數倍也已夫延陵非無佳山水也顧已散在窮僻獨惠山不遠州郡而君之別墅適得其勝槩然更唐宋以迄于今果何如也華君能以德培其家教其子孫交友天下之賢者相與詠歌而登覽之則斯樓也豈徒一時之勝槩也哉君名瑛字子英云予遂昌鄭元祐為之記

僑吳集卷之十

僑吴集卷十一

碑誌　　　　遂昌鄭元祐明德著

忠孝感惠顯聖王廟碑

孝莫大於雪父讎忠莫大乎以死諫能養志者孝矣而忠未之聞能尸諫者忠矣而孝莫之顯故兼全忠孝者自有昔以爲難至於王者而忠孝全節照映千古論者謂王脱身不死所以爲父至其捐身必死所以爲君若夫求忠臣於孝子之門則王是也故迄于今幾二千年不特焜燿史牒與夫廟食不毁至於樵童牧竪亦莫不知王之爲烈也夫吴自泰伯以來隱約荆蠻謂其城邑不過三里而縱民畊耨其間則文身斷髮自同俚俗黿鼉與渚不異蠻民及王身事闔閭君臣志合廼擴其小而大是圖屏其陋而明是向於是爲之築城郭建宫室實府庫厲兵戎

使吳自拔於蠻夷而盟會於上國者大抵皆王之功也于後吳雖盡入於越而吳人思王不忘於是建廟於盤門東城之西隅宋建中靖國時蔡京為之記謂圖經與州縣祝版皆謂双廟一為永昌武定王一為福順賢德王若邦人與學士大夫自昔相傳則皆以為子胥廟所謂福順則常州陳烈帝異代異邦而吳人所以祀烈帝者當吳越錢氏有國時崇報之請也若王忠孝傑然自宜專祀故唐贈右相狄文惠公持節巡撫江南棄燬淫祠小廟千七百所獨存夏禹泰伯延陵季子并王四廟而已夫王德化自後漢太守麋豹按行境內其功曹唐景曰處家無不孝之子在朝無不忠之臣藹乎其言莫之尚也皇元大德三年王嘗顯靈以止浙江之怒潮於是　國朝推贈今王爵至正十二年廉訪僉事遼東李公書吏絳州扈臣巡按吳下力為吳民

繕完城郭已而御史臺檄專以築城事諉之庸田僉事浚儀馬公二公念爲吳建邦啓土首築城池者王之功莫大焉今重築於二千載之後大工大役必祈神祐庶幾旨雨颶風不爲之害待畢日當爲王重建廟貌以爲神庥之報今城果完廟不可不作也乃作王新廟於胥門之上按郡乘昔王嘗宅於其傍故城門所繇名夫王之英靈且將與三光五嶽之氣併爲久遠則於助順福國何間遠近而況於王之故宅與王之故國也哉廟成廼爲迎享送神之詩以落之詩曰胥門峩峩新廟攸作神顧茲邦昔我是擴雲旗徘徊下寥廓兮神宮肇啓殽醑醲美神其顧歆醉飽以喜民安盜弭降福祉兮神之歸兮躡層雲山矗矗兮水浤浤金支孔蓋光繽紛素車白馬還天闕年登穀稔兮神賜者侈樂神無窮兮自今以始李公名善字仲善馬公名忠字元臣監郡

則六十公字子約郡太守高公名履字德基

重建岳鄂王忠烈廟碑

故宋贈太師忠武岳鄂王起卒伍至将帥其謀審戰勝規模施設雖古名将不是過一時渡南諸帥臣不論也而高宗昏孱竟斃之於權奸之手逮今二百餘年矣雖童児婦女槩知王之為烈也孝宗嗣位禮葬王父子於西湖之北山以舊廢智果觀音院賜額曰褒忠衍福禅寺錫之土田所以褒贈之者無不備然其規度蓋甚略視張浚楊沂中墳墓裁十之二三耳嘗謂宋百度修理獨武勇将帥之臣不及漢唐幸而王出支宋運中衰克復舊物以雪不與共戴天之讐頋庸君自委宗社之靈與國之廣忍父兄不世之慨而甘為怨仇之臣子於是王抱恨以殁宋社既墟王墳與寺亦發王子孫在江州者舊嘗與義興岳氏通

諧合其力以起廢墳與寺既復完久王疏屬有爲僧者盡撤寺所有粥諸人不惟王墳洒掃缺弛至於廟貌一切委地行道之人至或泣下會武昌李君全初以承事郎來爲杭州路總管府經歷每過王墓道必瞻望咨嗟思所以興復於既壞之後而杭之人力可爲者於義不屑爲見義勇爲者力或不足爲李君籌於衆得一人焉王華甫華甫素服君之清強承命唯謹於是市材鳩工外爲廟門翼以兩廡中作正寢後作王燕寢且葺褒忠寺於廟之後山今浙西憲司王故弟也舊藏王繪像憲司出王像正寢中像王右像王之子佐武大夫忠州防禦使左像王之壻龍神衛四廂都指揮使閬州觀察使燕寢中像王父母暨王夫人咸在焉王故五子忠州君既侑食正寢矣其次任忠州訓郎閤門祗候贈武畧郎次任朝請大夫敷文閣待制贈中大夫

次任朝奉大夫提舉江南東路常平事又其次任修武郎閤門祗候以及王之女號銀瓶娘子者幷閬州君之夫人與夫王諸孫名位通顯者皆肖像以祀焉王部曲諸將舊繪于壁今仍舊制廟成守土吏一再致祭杭父老率其子弟瞻拜王廟貌有感而歎曰杭内附幾七十年其任幕府長蓋不知幾人矣視王廟貌墳寺頹毁蕪穢漠然無一動其心者今李君乃獨經營一新自非忠義契心千古一致其能若是乎衆圖昭示李君之艱勤與王祠廟並久而弗墜又為迎享送神之詩併刻之石詩曰

墓木陰墓道深作新廟墓之南神來臨兮新廟作粲枅桷王父子儼冠服颯風馭下寥廓神來格兮紡田腴歲有儲牲醴肥酒飄舁神來歟兮神醉止錫壽喜儂享王終復始神降祉兮璆璧陳跪跽頻徽修福更千春儂送神兮

前平江路總管道童公去思碑　代貢推官作

皇帝即位之二年思繩祖武復改至元上顧念萬方惟東南富庶為天下最若吳之賦入則又為東南最於是以通議大夫信州路總管高昌道童公來為平江平江土壤雖沃腴而頻年暵潦民氣破傷重以貪殘侵牟費出無藝舊號兼并而以財雄吳下者數年來困於誅求殫於掊剥至蕩析奔潰父子兄弟不相保公至吳之明年夏大旱公宿公署屏酒肉恐懼修省祈哀百神吳當南北衝送迎謁候無虚日公晝盡人事夜乘單舸或單騎蓋暴露奔走以請羣望雨以時澍而積陰以風稻用虚秕公曰吳民困久矣兹歲又大侵使重掊民椎骨肌瀝髓腦亦無不聽命然豈　聖天子選以牧守以字其民之謂哉屬邑以菑狀聞公遣僚屬出覆畝戒之曰民為國家赤子今誠飢虚為之父

毋者不聽其飢啼而其飢啼謂之誑父母之於子固若是乎今
若屬令畝必以實聞時應訪使者朶歹公按部吳下聞公言是之
及使者身出覆畝所在菑狀無少不讐吳多四方寓公喜持量
短長徃時郡守至必伏謁其門日聽其所言少咈意輒搆飛語
扇禍福公至吳則曰頗已無少懲何卹乎人言一切繩之以法
僑居者徃徃不堪遂身至京邑言公妄以歲凶誑朝廷事聞乃遣
近臣御史乘傳南下鞫究虛實時公已陞江淮等處財賦都總
管府達魯花赤財賦府治臨安公與吳之僚屬皆逮至檇李近
臣御史評詰公則其所言皆妄於是朝廷罪言者而公復還臨
安三吳之民手額南望拜公言曰儂等困瘁久矣今實歲侵儂
飢使公厚自顧惜不以實聞則儂等何從生活哉其間欲以害
公而併及吾儂者自非公清強之實有以孚于人人則何以能感

力之一端也官以俸養廉禮也而郡科助筵贐客吏虛占月給公筵宴既寡亦不徼譽過客吏俸始獲入其私各官卒使率多猾惡少年公先逐其聽事卒餘多望風避去郡用物和雇和買官償其直動經歲年公至物裁入官鈔即償民大便之郡為三吳腹江湖海相通貫公弭盜有方為政野無狗驚之盜公化所被也以至於瀕海軍船給驛舟騎郡庠之養士粒米郊野之勸課農桑與夫鈔庫泉貨軍士器甲凡經郡守所按治者在它人一事已足書若公之惠吳民者其大者百世不能忘也故其餘皆畧而不書若夫田野墾闢流徙復業姦詭遁迹良民其枕事皆具憲臣薦章又皆畧而不必屢書夫今官於其土者其去也率多樹碑頌德美及夫深究其實則多諂諛濫辭豈若予言所紀錄者為目所親擊也近臣所鞫問者予身所親逮也然則民

所稱頌公者非夸詡而溢美斷可知已公世系出高昌望族由偰直殿省初命宣授承直郎中書省舍人一再為監察御史比三命僉廣東山南廉訪司事及今之為平江也凡十有三命於朝矣歷官不為不多練事不為不精然公家甚貧至無方田以耕無區宅以居其為平江也譬諸崑崙玄圃而瓊瑤瑛璧無所不有而公一無所取斯可謂烈丈夫矣宜乎其民思之不忘於是為之銘詩使鑱之石其民之沾涵公之厚德者歌之有所興起也詩曰東吳耽耽啓土之會貢攬金書市罔頤北南投身司寇意仍所甘六十年間民牧代有誰如我公有則有守持官持身其力糾譬之泰山巖巖其石萬國具瞻威稜是式崒嵂霄漢豈混荊棘公来東吳金晶玉潔試以太阿不缺則折公恩在吳以日以月日月照臨猶有眹微公恩在吳億年依依公去而思民罔或違

公始来時民拜牧守公既活我如親父母中更豺虎角崩我首事昧而章益思我公我公不来我淚盈眶徒戴公恩以死以生我死有子子死有孫子孫億年公恩長存樹石道傍以告来者我思公恩豈其自我善法我公誰云不可

前海道都漕運萬户大名邉公遺愛碑

國家以天眷錫福為萬祀無窮之丕基故中外之臣膺慎選蒙厚任亦必清慎端重維持調護上知欽承天心下知愛養民命庶乎同心同德均固福祉不則何以扶隆平佐休運今夫海天下之至險也而國家歳漕東南粟繇海達直沽自非天佑休顯淵司川后效職致命則何以必其無虞也哉京畿之大臣民之衆梯山航海雲湧霧合輳聚輦轂之下者開口待哺以仰海運于今六七十年矣國家以其事大任重於是開漕府平江而漕

臣之選尤難其人淸特自守者隘渾厚不遷者迂任者或傷於刻激能者或缺於廉隅茲四者求盡人事尚未可而况於出布皇靈以當大任以培休福哉元統元年　天子南面思得漕臣以分顧憂於是輟吏部侍郎大名邉公出為海道都漕運萬户佩之三珠黃金符乘傳至吳下公曰海嶼領激民生雖殊其出以給公上義也至於樂生畏死則皆天性然也今滄海漕輓所謂船户者國家雖捐金以雇募之謂之水脚錢然聞之萬斛巨艦崔嵬如山勢非不高且大也遇風濤作時掀舞下上若墜重雲墜重淵不啻揚一葉於振風耳當此時呼神明以救死瞬息自非天朝厚福則雖勇力機智超世絕倫槩皆無所施直拱手帖耳以待葬鯨腹其險若此而赤子歲春夏兩運冒萬死不顧一生亦可念已予承明命來為漕民父母忍不思所以裕養之

蘇息之也哉先是江浙行省降散水脚錢貯之平江官庫方俵于時忩遽急迫鈔多不堪用鈔貫或不足漕民病之公移文省司躬至庫盤勘檢視於是鈔無不堪用與不足之患民便之猾徒詐增新造船謂之補置吏相與並緣而舊船户虧元額與夫歲附運香糯并財賦粮罷困之家不得與而其利歲為富完漕民所掩有公設法為之防使水脚之利溥被於強弱高下仍令探籌自取而吏不容其奸漕海轉輸古無有冝有尸冥權於冲漠者於是建靈濟宫祠天妃祭秩視海嶽有加每粮船遇風舟之人望拜哀號必睹神燈降舟之桅樓其靈迹章如是故所在祠祭惟謹而在吳為尤著太倉之周涇靈濟宫尤大每春夏運行省官躬率漕吏守土吏大祭祠下必慎選轂旦而卜之得吉卜舟乃敢動而豪民至侵占宫之防虞水溝而屋之累數政莫

之間公撤溝上屋而宮始大完祭畢靈濟宮官吏因讌饗什器辦集皆出於坊正畢皆散去奴卒旁午攘竊公獨坐不動督視盡取什器乃出推公愛民之心形見於酒酣燕散邈然不干己之際顧能若此宜其於漕民無不盡其情焉若夫舟大糧少而舟中百須無一可缺者公則命併運起發以至於民舊造船則以民姓名號其舡歷年滋深遂令子冐父諱孫冐祖諱公一一為正其名凡若此類公為漕民曲盡其情者皆可推見也故公臨漕府三四年間漕政無不脩漕民無不悅民心和於下神心感於上於是海無惡風漕運直沽群艦畢集一無驚虞天人祐助所謂維持調護均固福祉於無窮者豈不信哉公仕宦垂四十年廉介之操清慎之實不惟衆所推公而公亦以此自信之篤也故公之貴而能貧約而能守推此言之非履之有素持之有

道其能若是哉公代之明年夏運抨風怒雨船多覆溺漕民思公善政遺愛自非形之善頌勒之金石何以章示永久垂之無窮於是為之頌使鑱諸石頌曰　稽昔漢史如何君公方在職時無赫〻功及其既去民思不忘譬彼桔槔雨時奚庸捲水旱田功莫與京公來漕府既章國程填以惠安號以顯明漕民戴公以保其生千艘林林萬檣蓬蓬轉海北上南來其風天吳潛鱗飢鯨帖首篙師下碇仰瞻北斗以達直沽神京用飽萬井炊烟雲散林藪户曹計功歲書上考是皆我公善總其紐民心悦豫國計斯阜神人依公驩喜噎嘔方公在政民不知有及公既代民病疾首令公既往祭秉國鈞漕運思公靡間神人公不復來川示肆嗔蟄溺啼號哀哀水濱求如我公敬神勤民如在嚴冬安希陽春公佐天子番〻老臣喉舌翕張民氣用伸豈獨漕民

頴解戚犨萬方惠和休祥日臻

長洲縣達魯花赤元童君遺愛碑

高昌直西北為城郭諸國稱首其人才出當休明服勤王家大而輔相廊廟小而長貳府縣班班輩出如星麗天可謂蕃盛也已廊廟公輔勳書太史此不必言其散而試諸長二府縣有大小職任有輕重事勢既殊才任亦異槩可推見也已獨長洲舊為平江望縣其以里計未必數倍子男封邑也其以財計未必男盡田女盡蠶也其秋輸糧夏輸絲也糧以石計至三十有萬絲以兩計至八萬四千有畸餘蓋皆略之也使錢鎛盡翻其町畽桑柘盡植其垣塍然後輸公上者乃可以無缺也柰之何閑田惰農與水旱更相病然則其民力如之何而不瘁哉故自昔號為蕪并及今至無塊壤以卓錐無片瓦以覆首者矣其困罷之

極若此而國家兩稅銖兩不可減然則為是縣之長民者上何以追責下何以逃怨哉故每歲將終大府徃徃械繫縣長貳俾之督税不少貸民窮無可償官至質朝所授書糴粟補完弗憚也噫官吏窘若此縣之人當如何哉延至元仍紀元之元年髙昌元童君來為縣之達魯花赤嘆曰補甚弊支甚廢非殫竭其才智何由集事哉於是日至野次召農父老相高下驗腴瘠謹浚塞厚培糞躬勸其力之稍有餘者出飲食以饁之策勤惰而列之嚴其程役時其賞罰其隄防不敗于水工作不潰于成矣則又課田之瀕江而枕湖者不能必其無風濤之虞也更科以蕩課而民力獲少蘇初至治三年行津助賦役法所謂津助者田畝什抽一以助役二十年間田貿易主屢遷而役悉仍舊殊為民病君考之縣乘驗其消長而均征之君資精明善記憶吏毋

敢欺於是民謹趍事甫及期而粮已告足先是縣理所在郡東北隅縣治既更附大府官即理所舊基而為縣學其實民至緩畜牧佃蔬圃其間君曰今縣學有學官有弟子員而學官不可以缺者特空名將何以謂之學於是建言大府勸募徽州路儒學教授郡人陸德原剏建禮殿講堂四齋兩廡計為屋若干楹學成慮無以養邑士也復募民捐田以饍學君蒞事明聽察明鄉者君嘗同知常熟州民已稱其果斷故於吳習俗悉知之大抵吳俗剽輕而嗜利里胥田主其征粮佃客也寬則緩猛則斷甚至傷支體殘孳息聽訟者不察徒徒為其所矯誣君既得其情故於征科之際民不慢令粮以時集夫政為於平易行之時雖中才無難者惟是甚弊而莫窺其迹甚僃而莫見其隙隱之於將潰匿之於垂敗理之者急則傷於刻緩則流於迂若君之

理長洲譬之用藥然膏肓鍼砭既已疏其會俞通其鬱滯又若衛生之經攝養之術固君素具而深練者使其父於茲邑生育其人而乳之涵煦其人而撫之則其顛連而痒瘠者且將優游於樂生之域矣無何君以三年告代縣之人逮猶愛子失其慈母弟子失其嚴師其傾企而延望者當如何哉僉曰長洲之學建於君學校公論所自出縣之人念君遺愛而不忘者匪樹石於學則後之來游而來歌者何以知君惠其邑之深及其人之厚也乃相與礱石而請文於予辭不獲庸序如左仍繫之詩曰

泰伯君吳端委初其民伾伾樂方蘇至德渾成与化符炙魚匕首閭爭塗沃壤而擅稻蠏區後至射利紛相圖長洲為邑割之吳考之縣賦天下無畽耕寸織殫其力剝瀝肌髓骨先枯圯庭元君至則吁譬醫製劑藥其痛彼竪方執膏肓樞君施芒鍼伐其

隅起傴使直壁使趨謂醫非良亦則誣欵三星霜歲月徂正猶步愈病復加君不我留我孰扶顛連羈窮孰非夫倚君調護保厥軀君方翶翔上天衢　聖皇顧憂民力瘠乞君早登朱輔車激水活我涸轍魚懷恩不忘此其粗俟君侯吳筆屢書用章官程徽其餘

亞中大夫海道副萬户燕只哥公政績碑

國家肇興朔漠族屬之賢出為興王之佐其紀之旂常書之竹帛者蓋已極其盛惟區宇混一垂七十年累聖重熈親親賢賢其所倚任以培丕基以延景運者蓋駸駸然不異萬邦黎獻共惟帝臣之日况於天潢號派以演迤於無彊嗣曆服乎顧惟文昭武穆分食茅土崇大尊榮為萬目瞻睹奚啻景星燦輝卿雲紓祥並見我朝深仁厚澤固結民心永久焉不忘若是耶亞中大夫海

道副萬户燕執哥公實國家族屬之賢自筮仕即為吳長洲縣達魯花赤遂擢兩臺御史湖廣陝西兩省幕府都揔管府總管皆嘗賛畫治政清慎之操忠厚之意日益著聞由是言官交章舉於廷士論交口誦於野遂魁然為世賢大夫人識與不識悉隱然望之為公輔器也今則貳政漕府夫漕運之道取諸海亘古所未聞始　世皇聽海臣之言創法歲每漕東南稻米由海轉饟以達京畿京畿天下人所聚豈皆裹粮以給朝暮縣仰食於海運明矣故其職任之重其臣任之選為尤難其人也初公之令長洲也淅以西吏胥之美惡民俗之習尚與夫貲力之消長蓋已洞知其然今茲之來練歷既多識見弥廣第念有家國天下者蓋無不役之民役其民而驅之以涉天下之至險則無有甚於漕民者列聖審若是屢加憫恤之德音惠護之渥洽歲

須璽書動有榘度然而群有司所掌職靡知大體特務辯給而
已塩筴是也夫塩主五味漕民當歲運每船計口買官塩而食
比達直沽塩司慮其私販遣人巡邏然其弊至有預實塩苞苴
中當搜檢時倉皇紛擾默實塩苞苴指為私販漕民卒莫之辯
竟墜其彀中公乃建言乞中書定議計粮船發期与到日官皆
明給據憑庶不罹其擾害糧船既開太倉風順浪平瞬息千里
設風濤不測動淹旬朔舟載薪有限而涉險無涯於是取薪海
壖凡蒲葦葭菼匪求贏餘俾不乏爨斯足矣而塩司與之爭以
為瀕海草薪官給燒塩漕民何得薅取至拘囚樵蘇毒刑搒箠
公念舟經島嶼非有市苟薪不薅取則幾於不火食雖漦波課
急亦不宜如此檢括公亦建言於是漕船薪能續矣夫海運僅
虞風濤至於猾寇則未之防自至正元年賊於節竹山沙門島

公然駕舟張旗樹矛戟鳴金鼓焚舟殺人然而漕船罔敢擅設兵器拱手待斃以葬魚腹公建言國制五兵擅藏者有禁若夫漕民雖官顧募然實為公既驅涉海一出萬死一生况重之以盜賊無辜一何不幸如此哉公力言於朝當春夏海運檄使沿海分鎮官軍精選才勇善射者預於島嶼巡警清盪比舟發仍用之護送由是寇盜衰息公每念海運重事必得米之精鑿者始不敗事夫何有司奉行日失其指當輸粮特守土大吏委之佐貳官潔已者既難其人漕民交粮一言米惡倉庾奸頑預結群兇輙肆凌虐將訟曲直則迫以風信日期適當春夏之交日氣曝於上海氣蒸於下米漸浥腐至直沽群有司每歸罪漕民伸雪無所至或賣舟糴米貿不能返以故漕民日病公亦抗言其為害悉以上聞凡此數者皆公佐政漕府挺然為其民請命

者若公屢歷中外興利除害以事不在漕政故皆不書今公已代漕運蚩蚩之氓感公矜憂戴公恩德非勒之琬琰則何以寫其不忘之素心乃裒公國族之懿漕政之美既列其事復繫以詩

於皇世祖奄有九州爰創海運與神為謀萬艘林林卜吉海陬撾鼓張颿鯨波安流夜瞻北辰是為京邑億兆仰爨縣栲待實七十年間靡間一日漕政既脩漕民是恤列聖繩武慎選漕臣金符銀印恩重等倫一歲兩漕以夏以春政久斯圮支柱在人穆穆我公國族之懿中外攸歷成國偉熙來貳漕府民愛吏畏遇事見明振舉缺墜事既上聞漕民戴公戴公深恩不殊始終鯨波如山海日吹風計其高深公恩則同今公既代民俟入相懷公不忘更久加尚刻辭于石式示轉饟於昭億年公名滋暢

海道都漕運萬户府達魯花赤和尚公政績碑

世祖皇帝以聖文神武一天下薄海内外幅員之廣亘萬里有所不能盡也上皆包之以宏度故能視六合猶一家四海猶一區於是杭海漕粟以給京師夫天下之名川三百支川三千其視海猶一川然而風波有不測小或驚危大或傾覆雖智者不能保也何況於海際天浴日與元氣溟渤相為底裏哉然而世祖獨運成筭與天為謀開漕運户府於吳六七十年列聖相承一守成憲而惟致謹以選漕臣故漕臣之長必天下重望其長才足以任事明智足以燭理廉隅足以厲俗德量足以服人乃始克勝其任耳愚藉父祖基緒以戎政鎮守吳下凡仕宦之來才不才賢不肖更三載之久同一城而居未有不悉其人者悉其人矣而才賢不得言不才不肖不敢言蓋以非戎職所敢與聞也竊自念朝廷人才出膺大任目擊其賢而恨以職守不得

一言於朝蓋已私自嘆閱若夫其人三歲既代而其政績之美廉謹之操士誦之民思之鏤之金石播之聲詩者忘其僭而屬筆焉則非侵官也今　天子即位思繩祖武仍以至元紀元當元年用浙江道肅政廉訪司使高昌和尚公來爲漕運萬户府達魯花赤夫以憲使之清嚴貴重而乃屈之以督饟運于以見聖君慎選漕吏當何如哉先是漕府版籍録民貲産造舟載粮謂之船户諭舡户大小載粮多寡官以石給鈔雇募之謂之水脚錢船户役既久其間貲産不能無消長官率因循不之考吏得並緣爲姦公至稽蒐覈實舡户役均當春夏兩運官給水脚錢動至數萬緡行中書省歲分宰臣臨莅漕府姦民射利僞濫百端公嚴檄有司躬爲檢閱舡户役雇募之實云先是府吏衆用儒生吳人僥倖以進者賄屬上下預籍姓名吏牘中公曰漕

府數既東南數十郡々豈皆無儒生而獨取於平江廼檄諸郡必其人有儒之實而后取之至尤慮其非召郡博士試而用之府屬僚其長々貳皆五品謂之千户所々吏往々辟諸司縣然多以賂進公亦如辟府吏法以取其人焉其傭書以佐吏與夫輿皂卒伍其始不過竊活須臾久而父子兄弟根株蟠結蠹食漕民公坐堂勵之曰皇上苟非漕府所當設而冒焉趍入者悉捕之由是漕府為之一清舡户貰遺之得官水脚錢移償逋負及期舟弊不任載公許其附載它舟俾無乏事公私稱便江西湖廣諸郡米歲至於集慶之龍灣漕府撥舡户受其米輸之海船户念漕海之艱難每大其量為賫裝費諸郡之人恨其裒取羨是遠客往々至鬭爭殺傷其禍蓋甚憸行省以公嚴重檄公往督之公往平量正罰人無敢犯今者船户遇風濤固有所不測然姦民或

詐稱覆溺逃匿海島官多不覈實公曰誠遇風濤固當痛心設欺官掩米亦當詰其根株由是濵海萬國而人憚威望而不敢罔也公性剛果日坐漕府嘗有權貴入欵干以私望而逡延卒引去公明以燭理人無敢欺才克任事政無少弛德以服人而聲譽爲益隆若夫廉隅整截清儉自守雖古之廉吏無以過之漕府長月給俸不過若干緡公既高昌世冑自奉宜優裕然痛自貶薄衣糲食居處晏如書生寒士此愚所目擊而非傳聞之妄也公既報政成用至正改元之年廷召公還任以大都路都總管府達魯花赤繼拜四川陝西兩省參政入謂公英聲茂實夙德雅望其入相一人以福萬方固世所共儗若夫漕府之政烏足以究公行事萬分之一哉此世之公言而非愚私已之臆論也今榮祿大夫行宣政院使　公僑寓吳下嘗因坐語從容

及公曰今官既代去多伐石以紀其美者如公視諸人詎不遠勝耶子世以兵戎鎮吳而好文學公之美其可泯乎愚自念經書義理嘗聞于人者雖未悉其奧若夫世之名公卿鑿有善治詎宜以庸陋而莫詳其實爰叙公漕政之美之實勒之石使國史後可考復爲之詩俾吳民咏歌之蓋國史非民無所據誦之詩賡幾采公名於不朽也詩曰高昌才英毓公卿多以夙望輔皇明誰如我公世簪纓持官保身全令名向操憲度錢唐城威加秋潮龍不驚一掃貪墨歸澄清東吳漕府控百城鑄銀作印章皇程兮金虎符絳絨繩慎選重臣示匪輕我公威重世所稱來莅漕政美績成天吳帖首伏海鯨祥飈送帆濤熨平龍驤萬艘一羽征總達直沽餉饟歲派由公政善皇威靈公既入覲尹神京輦轂之下有莫勍公能禁止而令行漕民思公鎮懸情引領

北望歲月更顏公富壽而康寧入相天子福蒼生五風十雨百祿并公息在吳遠益稱饒諸樂石播德馨後將有考書汗青

重建路漕天妃宮碑

天地既立海故百川混瀆歸東南而海之功用遂與天地配然自陶唐氏以迄于今王者出而御極蓋非一人至於宏大之量包海宇混南北視鯨波萬里猶一堠龍伯九淵猶一舍凌駕溟渤責成歲功久之無虞如我朝　世祖皇帝者也爰自定都于燕歲漕東南稻米將由河渠以達畿甸則道里遠而勞費大積力久而用功多於是納海臣之請斷自宸衷始創海運方其波平風順一日千里不踰旬日即詣京畿斯實國家享福其蟠地際天取道於海若執左券交相付然風濤有時不測雖河流之細猶不免況於海乎設使颶風鼓濤鯨呿鰲抃天跳地掉萬斛

之舟輕於一擲當此之時雖有絕倫智力亦必拱手待斃哀號
籲天吁呼神明救死瞬息粤有天妃肇迹前宋著靈於我邦家
亟揚神光出于䑋霧其光曄煜謂之天燈飛泊高桅不令墊覆
舟人稽顙咸稱再生舟遂順濟其靈顯白章章如此於是列聖相
承累加封號爰即江海之要建祠妥靈若夫路漕靈濟宮則尤
典禮尊崇者也蓋海舟歲當春夏運畢集劉家港而路漕實當
港之衝故天妃宮之在路漕者顯敞華麗寔甲它祠國家致重
漕饟既開漕府於吳歲每分江浙省宰臣一人督餫當轉漕之
際宰臣必躬率漕臣守臣咸集祠下卜吉于妃既得吉卜然後
敢於港次發舟仍即妃之宮刑馬椎牛致大享禮饎腯牲肥醇
酎饔斛庶羞畢陳絲聲在弦金石間奏咽軋簫管繁吹入雲舞
既歌闋泠風肅然填境虎臣卒徒擢舟揚舲撾鼓鏦金響振川

陸文嚴武齊群拜聽命而後舉由始建宫迄今五十一年矣神人願歆歲仍舊章罔敢或怠迺至元仍紀元之五年亦嚙宫坊日就虧圯翼官周廬閽亦頽壓爰歷五祀審以宫迫海滑波濤浸淫工莫就緒今至正二年江浙行省參知政事燕山圖魯公實董饆事漕府以有事于妃宫告公即齋沐登舟弭節祠下顧瞻宫宇之弛惕憂形色立漕臣於前戒飭之曰朝廷嚴事天妃潔蠲明誠牲幣器數樂度舞綴悉有攸司載在祀典至於列聖歲遣近臣錫金函香事事孔誠猶恐弗至今路漕岸坊崩虧若此夫臣子之於君父每先意承顔尚懼或失傾今豈得自安哉漕臣對以非遷宫不可而遷官之費甚繁計無從出爰積漕餘得中統鈔二萬五千貫計貲量工什裁二三無何劉文明者跽於庭拱而言曰某常熟所海船户也蒙神庇庥漕海積年衣食

糾絲今參政公勵精於上漕府群官盡瘁於下事神恤民可謂至矣欲徙神宮顧以已貲合今漕府鈔悉委其料理洎完畢焉廢幾川后妥靈官政盡美於是公與群僚咸加奬予退而文明相地於神宮之稍西乃徙宮其上土埴燥剛户向高平經構於是年正月哉二視朔用告落成殿寢言門廡崇崇梁拱森齊丹雘朗潤凡茲視舊加壯是歲春運達直沽無一少損文明念舊址已圮歲久自非分省明公贊貴嚴切省愼都事王公慶掾史常時等叅贊明敏漕府群公克承公志則是舉也幾何而得就緒哉文明既髻以紀天妃之聖靈以及官臣之庥績庶幾神人相與取信無窮若夫妃之氏族靈異往往散在傳記故茲不書事既鑱于石復為迎享送神曲以繫之其詞曰瀰為洲南海陬積靈淵生川后兮川后生赫明靈帝爰命尸滄溟兮滄溟大森祕怪

既咸若不吾吾兮川后來紛雲旗從群龍耀金支兮川后神海若馴廟食懿更千春兮海安流漕政脩實畿甸更千秋兮后靈妥恒福我新宮成璨靈瑣兮后馭旋雲滿川依皇元千萬年兮

元普應國師道行碑

禪自少林指心單傳十一傳而為臨濟玄玄十八傳而為雪巖欽欽當宋之季其道明濬光潔嗣其法者夥矣而獨得一人焉曰高峯妙公妙於欽諸子其得法最先而其道最為卓絕後登天目之西峯見其山高林深便卓錫巖石下書石作死關而居之閱十七暑寒不跬步出外方是時尊教抑禪欽江右召至錢唐授密戒訣方遺世子立身巢岩為目瞪雲漢何止空四海於一睫也其大弟子得兩人焉曰斷崖義公曰中峯本公義嗇其用以推揖于本故本公獨以其道為東南末法倡公示寂之十二

年當元統乙亥　天子錫號普應國師仍以師所書曰天目中
峯和尚廣録三十卷賜之入藏敕詞臣序於書首其徒狀事龔
石請於余曰吾師身棲谷岩名聞廟朝　仁皇嘗製衣降詔一
再遣使入山致禮賜號佛慈圓照廣慧禪師其受業師子院改
陞師子正宗禪寺勑翰林學士承旨吳興趙公撰碑以賜　英
宗繼明寵賚如之逮　文宗臨御師已入寂賜謚智覺禪師塔
曰法雲之塔塔之序文并銘詩令奎章閣侍書學士青城虞公奉
勑撰恩言寵數可謂至矣然吾大僧自唐以來有封國師者降
及五季亦有尊之為一國之師者然僭竊不足言宋有區域幾
四百祀僧之顯者班班出然未有尊封國師者今吾師遭遇聖
明遂膺殊典自非總其實如唐名僧道行碑則將何以章殊恩
顯異數敢扣首以請余謂名公卿其殁則有碑蓋因公室禮得

用碑以葬子孫因宜而不去遂以銘其德行焉今大沙門尊封國師其葬雖無龕穴而其名行勒之金石孰曰匪宜謹按行錄師諱某俗姓孫錢唐人母娠師時夢無門開道者寄龍燈其家而生師師生有至性不好弄而好謌梵唄結趺坐髫鬋讀論孟未終卷母喪輟學年十五輙然臂持戒誓向空寂久之閱傳燈錄有疑志在參決遂登死關見妙公妙髮長不薙衣弊不易孤峭嚴冷未嘗一啓齒而笑亦未嘗為其徒剃落獨見師即驩然歎為祝髮蓋亦已知為大器焉久之誦金剛經恍若開解者師自謂識量疏通於義趣無不融貫然非悟也已而薙染給侍死關天目於東南諸山最高寒廪粟屋材徼飛輓則莫能至其上師晝服力役夜事禪定十年脇膚不沾席後於妙言下機旨洞契妙以其克肖書偈付之師益自晦未嘗以師道自任也然而王

在山珠在淵其光氣自不可掩况審之以咨决重之以記莂哉至元間松江瞿霆發施田建寺於蓮花峯號大覺正等禪寺妙將遷化以寺屬師師毎謂住者必無上大道其力可以開明人天夙植福緣其力可以蔭結徒衆明智通變其力可以酧酢事宜故凡住持道為之體而緣與智為之用有其體而缺其用雖則化權不周事儀不備猶之可也使無其體而徒倚其用則雖處衆而衆歸制事而事宜亦不足言矣况三者併缺而冐焉尸之者其於因果能無懼乎當五山缺主席宰執大臣致書幣屢以為請師皆力辭至於窮厓孤洲草栖浪宿屛遁其跡而避之然四方學者北殫龍漠南踰六詔西連身毒東極搏桒裹粮躡屩萬里奔走而輻輳赴師者逺無虚日南詔僧玄鑒素明敎觀辯博英發每曰吾聞大唐有禪宗使審是耶吾將從學設或

未當吾宗易其宗旨而俾趨教觀由其國來一聞師言即悟昔非洞發源底方圖歸以倡道而殁於中吳鑒之徒畫師像歸國像出神光燭天南詔遂易教為禪奉師為禪宗弟一祖至治三年春天目山木稼其徒之老異之秋八月甲子師遂入寂即山之西岡塔其全身未逝前一日遺別其外護并法屬一一皆師手書是日白虹貫山師世壽六十一僧臘三十七矣余僑客江南聞師所至四衆傾慕香茗金幣拜禮供養悉成寶坊而師一衲一箪未嘗屬目入念其豐肌暑月膝腐奉葛衣以襯衵者師一不以近体他可知已雖屢辭名山以自放於山林江海解滕繑脫袘笠在處結茆以居一皆名曰幻住蒲團禪板晝作夜參規程條章井井森列儀榘慎嚴如臨千衆至於激揚提倡機用翕燿嬰之者膽喪聞之者意消而其文致則深惟世道降道離諸方

禪者累佛祖為可痛心每謂其教傳佛心宗單提直指惡有所謂授受哉惡有所謂言語依觧哉故師於其教法欲救其弊而藥其病皆以身先之故師之於物洪纖高下緩急後先拒之而不遺接之而不携人徒見其發於悲願其誠而不知其一一以身教而匪事夫空言也以故當世公卿大夫器識如徐君威卿清慎如鄭君鵬南才藝如趙君子昂一聞師之道固已知敬及接師言容無不歆慕終其身江浙丞相脫驩公家號嚴重讀師法語便斂袵望拜高麗瀋王以天屬懿親萬里函香拜禮起謂人曰吾閱人多矣未有如師福德宛勝者獲師開示涕淚感發嗚呼師躬已以究其道豈有毫髮涉世意哉然而其名不行而至其道不言而信自非行成相應聲實一致永久益章而弗昧者抑亦何以致此哉乃為錄詩傳之其徒昭示不朽若師所著

書其目見皆銘茲不贅詩曰天目於山擅宏貴兩峯高盤帝青雲孤禪行坐虎豹群延敵死関駐孤軍神機觸着身火焚濯以甘露洗垢氛有幻一人奪旌旗正令一下千騶馳定目不覩轅門麾摩尼寶玉鋑輪時如日始出扶桑枝光雲照耀千須弥崩驕轃赴無中邊百舍重趼走莫前來者駭汗命髮懸幻以鑪錘煮金鉛其出躍冶流炎焰不缺則折非龍泉乃復煆鑄而鍊烹爰肉亦骨死以生醍醐上味投寶瓶藥香珠幢帝網纓一一芬馥而光明問師何由執神樞一切入一亦無餘陰裨國程肇皇圖天子南面味道腴五朝恩光鬱扶輿踐尊國師章異恩錫書入藏開蒙昏揭若日月行崑崙又如大海涵乾坤俾人盡證毘耶門正宗的的萬子孫億劫師言永長存

石樓鄭氏先德碑

仁皇帝在潛邸時聿有羈靮之臣石樓鄭元亦備嘗艱勤既正春宮以其勲舊言于上、即超授中順大夫太子率更令及即位累遷資德大夫司農卿時延祐六年也是年秋九月二日上御鹿頂殿顧謂侍臣曰國家官制予貴而推恩於其親者視予秩高下以號恩令鄭其扈從以事朕二紀矣欲以一品恩官其三世用示特恩以優異於羣臣於是贈其曾祖考翼金紫光祿大夫上柱國大司徒追封韓國公謚康簡祖考璘加贈純成保德功臣太保金紫光祿大夫上柱國謚安懿封同顯考濟加贈推誠濟美功臣太傅開府儀同三司上柱國謚莊僖封同曽祖妣褚氏祖妣高氏妣段氏皆韓國夫人仍命詞臣代言以章寵數其戴上恩既極深重而在廷之臣亦皆歆艷以為曠代盛典猗歟休哉謹按石樓之有鄭氏自康簡仕於金官至龍虎衛上將

軍艮夏節度使移鎮晉寧因家焉當時用法嚴峻康簡能以寬
濟猛晉民德之由康簡以上有諱元亨利貞四人俱隱約田里
以終其身元之配薛實生康簡康簡既起家秉旄節安懿以任
子尹石樓晉既内附仍用安懿以長尹其鄉邑時兵燹之餘白
骨蔽野數百里之内人烟雞犬無復孑遺而安懿撫綏其凋殘
振蘇其困弊恒呻吟愁歎於壞垣缺甃之下安懿必躬視其有
無時其燥濕均甘苦同勞佚以休息之以故殘民之歸者日漸
有之乃復分其少有餘以濟其甚不足至於孤嫠鰥煢爲之擇
配俾有室家鉏犂錢鎛視其利鈍以驗勤惰以故石樓之爲縣
較它邑生齒粗爲完聚逮安僖而不願仕教授於家塾以誨其
邑之人知其積之厚而發之有日勸其姑亦觀光皇都時則仁
廟在京邑其宿衛之臣有與其同里者介之入見其長身疎眉

面目光潤氣宇豐偉俾之言天下事詞意粲然明達於是親遇日隆後從往覃懷遂贊之以入繼大統一時明良慶會為盛遂由宫臣登兩府延賞及乎三世自非其前人培植深長何能致是哉先是某為率更時舉監察御史郭文卿以自副上審其人某慊然以己不及為對上嘉其不難於自屈至大改元官師府罷遷陞翰林侍讀學士侍讀必兼知制誥同修國史以所授缺之也仁皇自為言于上得可乃已已而遷禮部侍郎未幾擢兵部尚書裁九閲月仁皇詔於朝若曰某既長兵曹任邦政不得如宮僚朝夕進見豈其初執羈靮以從朕於艱危之意哉即加授昭文館大學士階中奉大夫居無何轉工部尚書遷拜江西行省參知政事繼改山東道肅政廉訪使將上趣拜資德大夫太醫院使時仁皇憂各處官貪吏弊民冤政缺分遣重臣宣布德

音撫安黔黎於是某選自宸衷俾之宣撫古肅道使還稱旨延祐三年授政祥院使未幾超拜陝西行省左丞以病在告未上擢授大司農卿蓋某敭歷清要出入禁近或一年再擢或僅歲復除寵數之便蕃恩意之稠疊一時廷臣鮮與儷君子於此推見之譬則水與木水之發也源不深長其流遇坎而止何以能百折以東而達于海木之植也根不深厚其枝何以能委翳而上干霄漢成夫棟梁之具哉予於石樓鄭氏積德鍾慶亦若是云某既追惟先自高曾以來粗摭其縣勒之豐碑又念其伯州父亦不可泯泯乞附見焉其諱浦字潤夫者公從州父也母則高夫人嘗以軍職從軍南征卒軍中從伯妣賈夫人生一男四女男諱輔女皆適宦族輔生三男諱智仁勇皆孝友才辯莊僖字惠夫其行實神道有文茲不贅於乎晋更宋金兵禍連結故

家遺族譜系淪落無所稽正則鄭氏之先由其之聞于家庭間者若此其不得而聞者又何但於此哉用序如右仍為之銘銘曰

仁皇御宇極盛至隆閭此太平繄誰之功百辟卿士星旋景從爰有宮臣是惟鄭公賛　仁皇入統皇極大明當天溥照萬國公於其間以道賛畫思意滲灑飛泳動植公貴之驟公寵之赫人皆訏公不究其極其極伊何公之前人能徠攜離能蘇苦辛遂令凋殘漸煦以春積茲厚德其郭可信篤生司農為時拮輔思覃三葉玄袞大璐几几赤舃煌煌朱户昭哉旂常以顯思數石樓之邑山高土深鄭氏有阡松栢陰森紀有先德式如玉金勒茲聲詩以雅以南昭示億年以閭民心

許昌馮氏先塋碑

維馮氏遠有委系其墳墓在真定者蓋不知世數矣其居許下

則自處士君始處士至其孫夢獬於今爲三世矣昔金之亡河
北受兵禍憐其民多南徙圖避而馮氏遂來許處士諱聚与其
配師夫人之居許也生子男四人曰信曰玉曰用曰祥用娶郭
氏亦生子四人其長即夢獬次夢岩夢得夢周夢獬最知名以
中書掾歷諸大府幕僚泰定初朝廷討其伐越之功超拜朝散
大夫江浙省理問所理問正被服金紫人咸以爲光榮夢獬念
郭夫人老矣非躬奉子職不足以盡其心即辭職就養丞相不
允而辭愈堅夢周方以湖州歸安尉辟掾浙西憲府亦以養親
辭與其孟均侍郭夫人怡愉盡懽當時稱孝養蓋推其兄弟云
未幾郭夫人棄養吳下奉柩歸葬于許昌服闋至順元年陞授
中順大夫湖南道宣慰副使元統三年擢拜嘉議大夫靜江路
總管於是　天子推恩於其三世聚贈太中大夫彰德路總管

輕車都尉進封始平郡侯配師氏追封始平郡夫人用贈通議大夫中書吏部尚書上輕車都尉追封始平郡侯郭夫人封同夢弼深自惟念馮氏自得姓其間顯晦升沒蓋不知幾世幾人矣至於其祖考播遷來許依蓬藋建生業知力農以給賦知執兵以戍更其於譜誌圖牒散亡淪落不暇念其所從來無足怪矣至於夢弼循官序積年勞秩真二千石何莫非其前人之種積哉使又晦昧其祖考雖有其先敘不著之文詞不勒之金石則豈承藉先德以發于其身之謂哉於是礱石墓左乞銘于元祐且復自致其言曰夢弼四兄弟廑先人教育當至元三十年先人年五十二而夢弼始冠不幸而先人物故其弟蓋甚幼穉也郭夫人躬紡織縫紉以字諸孤方是時文儒未大顯用而夢弼素善用儒術緣飾吏事於是起家入蕃元帥府令史郭夫人

亦就養而南而長弟夢岩嘗為許州管田產提領守許下墳墓夢得則為季竺長官司吏目其幼夢周亦以海北帥府吏而調尉安吉今以承直郎而任溫州路經歷夢周向嘗馳傳至京師道真定訪所謂欒城劉村者得高曾以上墟壟蒼藤古木猶有僅存者河南梁貢士為文以記之夢獬今老矣其始仕也圖以致養鄂夫人及夫人之壽康而後享年八十有二歲累見夢獬叨忝恩命得累贈先人中順大夫歸德府知府上騎都尉始平郡伯而老母亦累封至始平郡太君而又及見孫男若干人孫女若干人烏烏私情獲展終養是皆先世積厚流遠不自享其榮名而遂發于夢獬顧惟無似恒恐隕墜及今既老而獲歸拜桒梓瞻石墓下不慚見鄉里父老是皆先公先夫人教道之篤而疵穢小子何足以當之也哉元祐聞其言而有感焉夫河北

當金季轉死幾盡彰德之來許也夫豈覬望其子孫顯榮若此
方是時尚書君入則致養其親出則耕稼以給公上蓋皆朝夕
不暇給亦何自而發于其子哉昔人有言人可以僞而天不可
以僞是雖不章々於人而默々有昇於天矣則夫天之報施于
其子人有不得而窺者矣不然何其得於造物者完而遂其志
者果也尚書諸孫名震貢晉者夢弼子也夢弼先娶郭蚤卒生
女一適梁庸々亦早卒繼娶王皆封始平郡夫人震貢王出也而
震早夭夢岩娶張子禺順夢得娶顏子升履夢周始娶張生復
觀繼娶郝生謙豫益嗚呼厚德之積非一日矣及尚書身歿而
僅見於子今夢弼雖告老於朝而夢周之聲實獵々方繼起其
孫之多又若是天於馮氏厚德之報方未巳也是宜爲銘々曰
馮遷許昌幾閱星勤身戰耕服民經生居死葬心攸寧有宅在

㕓墓在垌桑城北望鹿冥〻冢樹尚或連雲青匪不頽處逃兵刑僑許再世滋德馨爰生佳兒大門庭恩封寵褒侈皇靈奎章昭回賁泉尚其先塋之水泓渟决為河潤勢建瓴其大渾〻細泠〻不東注海不暫停徵辭琢石揭之塋章潛闡幽恭勒銘子孫其昌後千齡殆人於茲羆鴞亭德辱必鄰如律令過者下騎宜善聽

僑吴集卷十二

僑吴集卷十二

遂昌鄭元祐明德著

行狀

元故昭文館大學士榮禄大夫知祕書監鎮太史院司天臺事贈推誠賛治功臣銀青榮禄大夫大司徒上柱國追封申國公謚文懿湯陰岳鉉字周臣第二行狀

曾祖諱天祐字賢佐金太醫院副行司天臺事

祖諱熙載字壽之金司玄大夫贈資善大夫集賢院學士上護軍追封南陽郡公謚簡惠

考諱壽字椿卿贈榮禄大夫大司農柱國封申國公謚僖成

岳得姓遠矣由唐虞三代降至漢唐五季無大顯者及宋渡南而太師岳王起相州湯陰縣事宋高宗用功名顯著于天下若其忠義大節則尤冠絶古今王薨而家南徙子孫在北方者更

兵燹禍亂分徙于燕遂為燕人者公之家是也院副公精於推
步占候之學盈虛消息之道仰觀於上俯察於下究於天之道
而不忒驗於人之事而詔令且攻軒岐難素諸書方是金所策
士有精通玄象科博贍醫藥者其選甚精最与儁術同院副能
以其學連中兩科累官至太醫院副使行司天臺事簡惠公幼
而警敏稍長讀書五行俱下日記幾萬言正大間以玄象科
登第授司玄大夫簡惠既以占候之學起其家於是甚有所論
述有天文精義賦天文祥異賦列舍史傳星總主管等書金南
遷從宣宗都汴迄金之亡後還燕用其所學進見　太宗皇帝
既以推驗無不應者遂以天文屬之公逮僖成公用其家學事
闊端太子行司天臺太子征行屯戍十餘年間無一日不以公
自隨也禡牙建陣掩襲攻取多諮於公而後行配張夫人夢神

抱嬰兒下雲間接之夫人者夢覺而生公々在孩抱即警敏異群兒髫齔便嗜學時北南阻脩國家起朔漠戡金定中國書籍經喪亂其得見者蓋甚寡有以資治通鑑示者公見大喜即手鈔成帙晝夜伏讀故公於史傳君臣治政之美惡世統脩為之長短禍福倚伏之兆興壞理亂之迹餘二千年間槩不異於燭照枚計而周知也若夫觀天之道由院副公來三世于兹矣年未冠自通姓名見劉太保劉方得列舍星緫等書讀之有疑碍無從質問知公司天岳氏子孫試扣之　公得書即掩捧以其義歷々語太保大奇之翌日即以公見　世祖皇帝顧謂太保曰是兒骨髮聳秀目光爍人俾之觀天其有契於玄象必矣是日降旨許公出入禁近時至元十年也至十三年陞接中議大夫司天臺提點廿四年乃顏反北方勢張甚上親征命公從軍凡屯

行日時營壘止作乘機邀利皆命稟於公先是上無意於必殺故親御象輿以習戰意其望見車駕必就降鋒既交兩陣矢激射幾蔽天乃顏悉力攻象輿時公已勸上下輿御馬矣平章李宰山固請以其衆陷陣而入盡殲乃顏非上意也先是上行殿西南塵起漲天衆謂賊且大至公曰是將有粮儲以餉我師毋驚已而槖駞八百載皇后所進糗糒以餉軍公之精於占候皆此類也乃顏平車駕還京策勳行賞擢授嘉議大夫知祕書監賜玉帶一金織幣四端自是親信深篤公往〻入奏事帝后雖並坐上必問曰御豈有欲言者乎無所言則已將有意於敷奏雖皇后亦起避親王大臣望見未嘗不歎羨其得君也公益感激遂抗章言以爲臣所職者天文所司者測候然天道遠而人道迩天道幽而人道著古之聖王其於敬天恒若對越其於勤民

恒切撫馭是故勤民者敬天之實古人謂敬天以實不以文向謂實茂選賢才使居相位一相既得其人則必愼簡群僚布列中外進則盡忠獻納以廣上之聰明退則修身齊家以宣布上之德澤刑賞當功罪而必信賦歛罷誅求以養民是皆敬天之實也夫紫微上宮三師上輔皆環拱帝座下應宸極由此爲輔相者天豈可以非其人哉時權姦桑哥當國故公言及之是年尚書省以民間逋負係官錢糧桑哥奏立徵理司設官置吏使軺将命者旁午於道所在貪墨吏並緣爲姦欺民貲產破蕩不足償至榜繫猶纍纍相屬民間騷然幾無以存活時彗星見方掃宿指處山崩地震上春秋高而權姦方務蔽塞聰明而其威燄軋天下人懷私憤無敢爲言者公竊歎曰我家恩遇厚矣懼禍不言是孤聖主時從獵柳林以從容諫諷大意以爲臣職司乾象所當

言者日月之推移或失經星辰之飛流或失度今天垂象呈耀
光芒地震動坤道失其常况皇上聖躬違和皆大臣欺聖明虐
黎庶所致非除舊布新洗濯苛穢則何以回天心釋民怨於是
上即柳林命詞臣草詔大赦天下比使臣馳至闕命百官具朝
服詣崇文門聽德音顙哥知有赦乃大驚馳詣柳林密令其黨
與察上近臣敢啓沃者其黨以公對顙哥大怒召公詰責公徐
言曰某所言者天象宰相大臣不當與聞顙哥怒愈甚至令人
以權摭公者二公先顙哥往泣訴於上顙哥繼至其所言以為
天下之大既已屬之臣矣方理財助國今建官徵誅方就緒而
岳其乃敢啓赦以沮臣上令公與之辨公則曰宰相者論道經
邦燮理陰陽者也今國家疆宇亘日出没向少於區錢粮而宰
相乃為國斂怨况聖上春秋高體愆和丞相權輕重果何在顙

哥詰塞上留公問以事曰力言顙哥之姦不誅無以謝天下於是上始有誅哥意臺省知公為上所親信多款門候謁以自通殷勤公與言一惟忠信孝悌而已設正人端士遭誣罔陷害公必懇懇言之當路其人或知而來拜叙謝意公必拒之未嘗言出於我也先是世皇與劉太保語問其壽猶有幾太保為尚可得三年活上復問三年後孰可倚任者太保一一為上言至於司天則以公為對上嘗以宋銀宮漏賜公製作極工贍公不敢藏於家請置之司天監成宗皇帝即位以公先朝舊臣尤加眷寵超授昭文館大學士中奉大夫知祕書監且賜古白玉環後賞賚益頻疊多故不書大德三年有告山西某家私藏讖緯圖書者朝命公辯覈公曰山野愚民豈知讖緯法象之典第恐怨家誣罔已而推驗果得其實公臨事忠厚多類此五年彗星見公言

聖上宜亦躬修省進賢去佞省録寬卹以答天戒乃分遣使臣
宣撫天下七年監修地理書大一統志八年上以久不豫庶政
多取决於中宮公從容言於朝曰六年之間彗星見者五此豈
尋常变故哉崇門道士禱祠頻瀆皆非應天之實惟帝后深自
修省慎選忠賢以為輔相如此庶可以少回天心言達中宮后
大怒同列皆為恐怖公曰天垂異象臣盡忠言雖死何憾公歸
謂所親曰余言非過分而觸怒中宮一當聰於天耳翌日復對
后已怨解且俾盡言毋有所諱公因感激力言天人之道非有
二致人心和則天心悦也近年灾異頻見上自宮壼下自廟堂
宜一新庶政以格非心由是權貴人多不喜公而公處之洎如
也同列以灾異請於朝宜從事禱禳規取金帛公皆拒不受十
一年成宗崩武宗鎮北藩仁宗在懷孟后將有所挾立藩王時

丞相荅剌罕心憂甚彷徨未決公潛往勸丞相以天心有所在測候見之矣丞相宜蚤定大計於是迎仁廟入京師內難悉平定武宗入即位超拜正奉大夫長祕書監仁宗既即位登拜榮祿大夫仍知祕監領太史院司天臺事公以耄力辭不允仁宗每謂公世皇舊臣不特精於占候忠言嘉猷所以裨贊累朝者不一方有意大用而以皇慶元年三月五日薨於官享年六十有四訃聞上為哀悼賜中統鈔五萬錠為賻仍勑有司具儀注為襄葬薨一月諸子奉靈輀葬大都城南之鄧林先塋之次配樂氏封申國夫人子男三長祖義初任太史院都事娶馬氏今官温州路平陽州知州次宗禮由國子生任中書舍人娶于氏次嗣貞未娶女一適許某而寡孫男六人公有兄諱斌簡惠公從濶端太子西征時賜其氏出也家羌中公篤念同氣每因西

人物色求訪至元癸巳誠來京羌公即引見世祖上為歎息俾同知西涼州總管府事且厚賚其行先是大德間公嘗言於上以為旬日内妃后當有菑乞厚自愛上詰尔言妃后定為何人公曰在皇太后上忍命書之至九日皇太后崩又遇熒惑入南斗司天者以為言公笑謂曰是不在朝廷吳越明年當大稔但不利於江浙省相臣耳已而果然公於天象雖究極幽與然未嘗以自負故能出入宮禁四十餘年小心慎密恒若不勝衣弗輕漏一言于外故自禁近重臣省憲僚屬靡不稱公為本分人平居言議絶口不及推測事每曰高允崔浩一可為師一可為戒況吾家三世業此逮乎猶莫之測何可以授非其人故公三子每教以脩身慎行而已若夫推候之學則一不與言國家承平久官署多峻陞凡在職者亦就遷司天秘監以為言而公恬

吳之聽家貧泰然弗介意每遇賞賚輙分給親友京城私第所居蕭然一室幾不異於山僧野人然公氣禀剛直遇所得言雖鼎鑊刀鋸不少挫怯若平居無事則惴惴不以其所能驕人若此者抑亦可謂純德君子也已公薨後二年朝廷始推恩享贈卹之典然而諸孤薄宦四方寶公遺訓皆清慎自持因循久尚未乞銘當代大手筆粗述公行事萬分一以章示不朽云謹狀

哀詞

元故水南王先生哀辭

越故水南先生王公卒五寒暑矣某甞因杜君原父謁先生於當塗杜尊師之玄元館先生長身寬衣幅巾白髭髮癯徐出其以諸生謁拜其情言風致望而知為厚德長者時方饑驅欲為弟子都養弗可得頗聞先生仲子艮官兩浙都轉運塩使司

經歷迎養錢唐朝廷加恩封承事郎新昌縣尹當大曆改元壽八十七用是年春正月卒初先生與東陽許古道同客武林宋亡浙東道梗於是先生拉古道入越舍古道中霤而自居前榮古道念妻子存沒不可知出其貲裝白金二百兩託先生買田築室而身往東陽迎妻子歸抵舍而殯先生走往哭盡哀悲其所託金歸之其妻子固弗知一旦得金意料外悲愕歎訝以其半壽先生揮手謝弗顧先生於書徧讀每惟身隱而言文是求顯也故其詩文不多見然其言論覈覈上下今古興壞理亂枚數條析若之何遂可完廢可舉使人韙聽如指諸掌睹世降俗漓觸目感心不能自已者言之未嘗不涕下歔欷於書覽而有得必懇懇為人言見人製述合體要輒稱道不容口否必款曲開示務引之繩榘度乃已親舊行有過差聞即弗樂見其人必輸肺

貽以告而不令人知也故士於詣詎不稍謹苐恐先生知先生初名鯉後入京學更名理字倫卿杜尊師嘗為其言宋行都已破淮安忠武王命史滕師偏師下越趙孟松以宋宗臣矢不屈滕尋平定之而先生名德素為東越重坐孟崧黨與繫獄滕夜神入盤擊生鯉指語滕曰是鯉不可殺詰旦獄上滕悟縱遣之夫尊師老人言不妄質諸其子信然嗚呼為善責諸天固有冥夢不可必者而天於先生為善之報若執左券交相付於是脫非辜享壽考清強裕謚及見其子朱衣象笏躬致祿養諸孫仲揚仲廬等皆勤慎績學其素承教益為製哀詞列之墓云植之腴兮藝之良子始穫兮遲年穫天之報施兮靡不償子孫其賢兮稼日以美一稃二米兮天降嘉祉公侯子孫兮自今以始

墓誌銘

元從仕郎廣濟庫提領張君墓誌銘

國家以大寧為北京其民厖叅錯以國族信厚朴直天性然也君既世為北京懿州人而出於蒙古氏因曾祖妣輦遬氏者譯言張姓也君諱信字子誠繇父千户君徙家東平而君遂好讀書淮安忠武王帥師南征君載筆從軍凡幕府文簿皆憑主之江南內附尋辟甘肅省江淮譯史用年勞授將仕佐郎弋陽縣主簿邑更兵燹盜椎埋肆姦君為擒獲殘民用安乃捐俸建縣學人士至今德之尋轉常州路録事常民被殲無遺者君糾録郛內掩遺骼定坊巷建官署立廛市事多由君監倉庾出內四年人誦其平直繼擢長興州判官獄多平反部使者録其勤而君一不以介意陞從仕郎廣濟庫提領未幾引去君佐長興既代過故人馬尚書掌銓曹遣人語君曰漕運千户皆宣授我力

能為君豈欲之乎君謝之曰父母老矣何忍以遺體涉鯨波乎尚書復謂曰樟樹鎮務官歲可得萬錢君豈欲之乎君復謝曰親令僑于常而安之願得近常者以便養於是調庫官君既篤孝其親而其父名簡字居敬嘗從軍東平其太師國王用為長陽穀與魯千户公長者殊不疑人欺飲酒幾斗不亂君仕既南父母亦皆老矣君左右就養官卑禄薄而能樂其心志君二弟珪桂從君同居盖其先四世不析炊及君生子女而四世實相見初君之从戎南下也才不逮君者往往立功名取卿相而君盡瘁尺籍伍符之間雖為淮安王器重而終不能自顯者非命也歟及淹抑州縣在他人則浮湛徇俗矣君獨持身廉勤毫不茍取所至吏畏民愛表有政績顧其家則甚貧然而益以養親自樂也及千户公捐館君廬墓哀慼甚人愈賢之君配耶律氏生一

子五女子襄克樞密院譯史婿姚成楊衍孫儀白溥馬讓孫男一壽安孫女一適李仁延祐乙未年七十二十一月十八日卒之十七年為至元二年襄以孤負始克葬君于常之東門外從千戶公之兆是宜銘銘曰孰勇其逢孰嗇其終是天不可詰而歸全于先人之宫松槚滋茂孟昌厥後常覃億年世保其東門阡

李處士墓誌銘

夫退處士雖良史不能無譏褒善人在政典尤所當謹然而藏密者道恒晦善卷者跡若汙世之君子不以其卷而貶其迹因晦而詘其道也若句吳李處士其人乎處士諱敦字誠功其先占籍龍興武寧縣之東溪逮其父和父宦遊入吳而遂家焉和父娶沈生處士處士生而俊穎少長從師講學知為己力行務徇義和父歎曰吾兒於聲利不苟取楚江以西茶荈所自出於

是屬君以營什一而致養焉不欲速貧尼父猶申以子夏豈其
致富嬴政乃慕於懷清顧惟其人何如耳嘗鬻茶儀真樣茶爲
人所先嘗而仍内之鈔筐者處士默以鈔幾千實之筐不令人
知也貧族有賣其女於人處士贖而教育之俟長擇配嫁之間
有竊其貲逃湘潭者處士怡然不以語人其厚德往往皆此類事
其親盡孝養甘膬親嘗温凊節適嚴慈先後殁哀毁頓擗弔者
稱焉娶許生男一良臣教之能不負其學言必顧行以遵素履
欲不勝義克任雅度撫其庶弟良祐尤盡恩意至順四年秋七
月十五日卒壽七十有四即是年冬十月廿五日葬長洲縣武
丘鄉祖塋之原卒之六年爲至元後紀元之四年良臣用儒術
起家湖廣行省檄桂陽州學正處士於是孫曾孫詵詵蘭茁其芽
金鎖其鑛可以推見其爲人矣處士暮年家益裕而自奉益簡

布衣蔬飧泊如也良臣饌滫瀡褻麗密以奉輒蹙然却去之曰内德以堪之夫人内省者不外慕貴天守者賤人其斯之謂乎臣深惟幽潛之輝素履之行懇無傳乃圖鑱堅珉示後世夫中郎之盛製獨不媿于林宗東觀之雄文豈宜後于君公哉用銘使刻之曰理欲兩岐在爲適宜魚塩致富飯牛而肥曾不以汙謂與道違婉李君惟道是鄉躬營什一圖致忠養營養其親侃侃和樂兒闡詩禮身重然諾我居其厚孰處其薄善念日滋慶源日長瞻吳西門松栢欝蒼爲善庸式隱君之鄉

信菴李先生墓志銘

世言燕自太子丹傾身結客故其流風多尚氣而好義喜賓友急然諾其來遠矣信菴先生家于燕累世由其上皆饒貲至先生乃結交天下知名士若商左山姚牧菴暢純父高彥敬及焦

達鄉鮮于伯幾李仲方若仲賓父則先生從兄弟而劉蘇州嗣宗則又姻家也世祖皇帝駕馭天下豪傑布衣一言動萬乘立至卿相無難者先生生長輦轂下其一時游從皆海内名德鉅公禁近大臣有以言于上宣授泉福司提舉先生咲曰堯舜之世尚有巢由豈可強其所不欲哉竟辭以不仕之節高諸公間久之又欲強之仕者於是挈家南游時故人有尹江陰者遣使過維揚迎先生過申浦買田築室為住計矣而嗣宗以北京憲除蘇州又再遣使江陰迎先生入吳劉既無子撫其甥如兒四方朋舊咸以先生素喜客而姻家為中吳守客皆至先生莫不典衣沽酒所以慰藉之者惟恐失人驩心而未嘗令劉知比劉卒于任而先生衣貲罄盡故人南來者皆思所以處先生獨高公鍾情尤切至凡能以禮待士者高皆懇懇致禱而先生尤能以禮自

居一語不合意便引去僑吳若干年終始能以禮事先生不少
懈若惟荆溪岳仲遠氏已而淅以西文獻故家日益凋落求如
仲遠者不可得於是先生居鬱鬱而遂卒于吳時其年月日也其
子英祖字志仁先生卒後若干日亦逝志仁室劉更幾日亦歿
志仁之子謙力度不能舉不免焚而函其骨暫寄鄰僧菴念先
友無在者含淚比還甚即先曾故廬教小學數十百童子得脯
金攻苦食淡一錢不妄用累若干年乃揭來南奉其三喪歸葬
于燕宛平縣西柳村之原距先生卒若干年為至正十年某月
日也先生諱某字英發享年六十二謙將葬其祖乞銘於予曰
子嘗客岳氏知吾祖獨子在銘不得辭也故序而為之銘銘曰
出與處孰汝主處易而出難與其難而刓也孰若易而獲完嗟
嗟先生自計明一朝南遊一羽輕拱木蒼蒼家宛平孝式有孫

負函骨歸葬歲時矢弗没勒銘堅珉其永昭示千秋春

慎獨陳君墓誌銘

吳有隱君子曰陳君叔方自其上世皆以讀書績學服膺儒術然以隱約終其身至叔方父三世于玆矣始予東入吳識其尊人寧極先生沉潛問學淹貫群經年已髦會諸先輩著書立言咸造庭蘊予與先生有維私之契而先生長予廿餘年先生降屈齒德時相過從高談疊疊不絶予於君一年之長而君能以文行學術結知士林時方承平巨室大家欲淑其子弟者必厚幣延致有非乘壺牽犬所能致禮也君尤篤孝每館授歸其浣滌不但中裙厠牏若夫溫凈室廬則其上世蔽風日者至於滑瀡飲食之奉必躬庖享價固貴有所不計也以故老先生壽體康寧無少不如意者君能力學其為文以經為準貫穿諸史百氏

發其菁華以立言其為詩尤刻苦精練本之於杜而參以唐諸名家在宋則尤喜陳黄至於畫思之盤礴裸委山林泉石幽篁怪木各盡其變態然貴富以挾而求之者雖百金不與一筆無之襟度洒落其割三牲以奉客亦肴膳無豐潔與人交重然諾至正壬寅辜月五日卒享年七十娶費早世繼夏生二子長訥先歿次謹女二長慧適俞沂次清適曹敬謹以卒後十五日葬吳縣靈岩鄉朱塢之原曾祖考德一配張祖暹配柳寧極先生諱深字徵靜配周君諱植自號慎獨叟朋舊私謚曰慎獨處士謹乞銘於予為序而銘曰士而處矣久當舉矣胡為乎更三世而益偃也身雖屯而道則純豈得於天者而嗇於人耶既以有行有言無緇磷矣其示不朽有堅珉矣尚何痛慟有弗信者矣

王處士墓誌銘

甲吳山水深秀自昔多古仙神人其家顯著則王方平降蔡經家又如王可交嗜酒斫鱠遇星宮七真雖玉壺縹醪不得飲而得啗火棗其骨遂仙事載郡乘豈虛言哉近日王處士蓋亦仙者類其先本會稽人大父以上皆宋衣冠世胄後徙居吳長洲之永昌溪釣游耕鑿縱浪大化浩然自以為葛天氏之民而獨好飲酒盡擺脫世故以自適於酒而扁其室曰醉鄉當其時悲歡窮達興壞理亂曾弗絲毫繫心世降習媮非達人曠士可以外骸形齊物我也於是其家不能無朘削然猶嗜酒不問有無其於翥能自力於學博洽淹貫鄉人士推重之而翥也能恣意以奉處士於是得陶然醉鄉云處士取朱氏先卒後鰥居屏處四十餘年能待其孫之成立以屬其家處士雖飲酒而神觀明朗人不敢欺諱元字元之二子長亨次良亨娶周良娶郁二女

長清次明清適陸明適陳翥亭之子也卒年七十九顏皃如孩嬰人皆以酒仙稱之而處士亦自咲曰神仙道人亦人而已耳生於戊寅卒於丙申七月廿日翥卜十月五日葬亟骨於許墅鳳山之先塋翥言處士當屬纊時猶索酒曰吾醉鄉蓬萊瀛洲不是過也惜宗人可交福不逮不得分飲玉壺春耳然以遇仙馳名豈若吾之樂無涯也哉翥摭斯來乞予銘是為銘銘曰醉而死其不死者吾不知誰之子斯言也吾聞諸聃史何以知其然蓋所謂一念萬年不為形毀不為形全是之謂醉鄉

平江路總管致仕張公壙誌代其子都中作

張氏世占吳郡籍而為長洲之相城人至先公始以謹飭小心入仕于朝儤直殿廬久之　成皇以先公忠勤褒之賜名伯顏大德五年宣授將作院判官十年冬出為泉州路總管府治中

至大初陞授同知邵武路府事明年改兩浙都運鹽使司同知丁內艱服闋延祐元年除慶元路同知七年陞授奉政大夫池州路同知泰定三年進階朝散大夫福寧州尹至順二年超遷太中大夫漳州路總管至元二年丙子先公年六十有五是夏代歸先公素有止足意即告老于朝於是以正議大夫平江路總管致仕歸卧吳下春容丘園而以三年夏六月十四日卒于相城之私第不肖孤忍死用是冬蜡月七日亟營葬同邑盍地鄉謝澤原清河侯之兆嗚呼先公自元貞初入見闕庭繼拜恩寵一爲中朝官四貳郡政一佐鹽運司晚年一再典牧藩翰而引退之志亟矣漳州代乞懸車未匝歲而天奪之痛哉先公諱世昌字正卿先大父諱顯江淮等處財賦副總管累贈亞中大夫廣德路總管輕車都尉追封清河郡伯祖母酆氏封清河郡

君配沈氏子男二人長不肖孤都中次好禮早夭女人許適羅
烈嗚呼先公歷政清操善治著之民心傳之士論後來太常議
之國史傳之非玄堂所得識也於是不肖孤謹抆淚攟世緒官
封主卒葬歲月納諸幽云　某人填諱

江西行中書省左右司郎中高昌普達實立公墓志銘

至正七年冬十有二月朔奉政大夫江西等處行中書省左右
司郎中高昌普達實立卒於吳享年四十有四卒之日其父榮
祿大夫前江西等處行中書省平章政事買住公告老于朝懸
車吳下哭之慟曰吾賢子也天不留為家與國吾何以生為吳
自寓公若水司漕臺及郡侯牧皆會哭於其私第一是皆曰以
孝以廉而天乃奪之速可不為天下慟邪按普達實立諱也字
仲溫其大父光祿大夫河南河北等處行中書省平章政事柱

國秦國公諱阿台脫因配阿台的斤杜氏皆封秦國太夫人曾大父贈光祿大夫上柱國中書平章昌國公諱和禮納配越德哲氏封昌國太夫人其母楚薛堅氏朵兒哈真氏皆封秦國夫人仲溫以世胄當文宗時傃直禁衛謹飭端重爲上所知召宰相問曰某可倚任以事中書遂擬除承事郎尚乘寺大使上頋其名曰是宜寘清要相臣對曰初任試此遽重用矣時至順改元秋也是年冬十月御史臺以除目奏上復指其名曰良御史也御手點除陝西諸道行御史臺監察御史就任即有威望關陝閒過少暇輒從宿儒學人見其夜參半猶篝燈讀書人訝而問曰豈欲窮經作博士耶仲溫謂益人神智無如讀書縱紛冗猶當學況茲事簡不委已於學異時悔何及乎由是材識與學俱進四年秋轉南臺其所建明興利除害要皆有得於講學故

其言切於用而不刻本於理而不迂元統三年春奏授承務郎拜内臺上自乘輿次關廊廟又其次朝署之間皆有所匡正權奸柄國仲温力言其非疏入不報納印乞去權奸罷黜乃已是年冬起拜淮西廉訪僉事淮本宋疆埸内附後民氣猶未復建言乞妙擇守令涵煦其民而孳育之至元四年奏陞奉直大夫遷廣東仲温言廣海去天遠朝廷三年一差官分詣行省自三品以下皆得優等斟量銓注謂之廣選然年勞未及者有之品叙猥冗者有之上任未久多見奪於省部已授官以故人懷苟且莫肯盡心遂至路府州縣往往闕官廣海之間計闕八百餘員仲温意謂地遠近不同其為王臣一也宜慎選其人即同實授庶不缺官敗事食鹽害民所至皆是而嶺海之間其害尤甚蓋官既設辦鹽提舉司所司辦鹽裁三之一其二分則驅迫

州縣民至破家蕩産猶不充具言世皇中統詔凡以塩椿配處一切停罷文廟時詔海北散辦塩課自今悉停仲温建明嚴設科條禁止鹽司非理害民等件雖塩禁未全寬然所以恤民之意見矣部使者每季慮囚官吏勞擾仲温謂一歲兩讞為庶幾所在獄囚徃徃有死者此皆士師不加之意今後囚死者坐獄官罪仍於解由開寫囚死數目以明降黜嶺海官員死無以歛喪無以歸雖舊有恩例然宜加厚六年夏擢授西臺經歷関陝仲温嘗冠廌於昔年矣見仲温復來咸驚喜迎迓未幾擢浙東海右廉訪副使巡按所至威不殘寬不弛温州路平陽州民倪景元嘗捕海寇後為怯烈州判及其子雅古攘其功賞反以倪為賊遂枉問于連沈貴寃拷掠死仲温察倪冤怯烈坐罪減死一等倪冤獲伸斷官吏罪必殷勤訓諭至曰汝毋畏威匿寃弗言

也咸曰公長者我罪自我分尚何究尤急於興學勸士具宣教養之意誘掖其人士多抵成効至正二年冬陞授奉議大夫廷湖北其治如浙東四年春擢拜奉政大夫江西省郎中仲温天性至孝每念其父母老矣宦轍無由得合并其在湖北時平章公奉旨首宣政而仲温有江西之除亟與平章會于吴一再遣使趣仲温上而仲温樂與親聚首朝夕色養惓惓焉而兄禀雅實立方為吴江州達魯花赤次兄相哥實立廣東僉憲僑居吴而弟阿蘭納實立將上岳州路平陽州達魯花赤亦會于吴仲温深念骨肉聚合之日無幾其志將辭職以為養平章毅然不許乃是怏怏之江西既而祖母杜夫人卒于京乃由江西入吴且將從平章北上葬秦國一再行皆以病作復歸吴盖仲温之孝弟由中以著乎外有非勉強而然者再北上舟發閶門而復病止

更四閱月而卒卒之日平章俾其室人奉衣歛則皆弊素無鮮潔者詢其子五十四奉其母以告于平章曰不惟衣不給其饔飧於人者至四百緡平章乃始知仲溫平日所以奉事之者非皆有羨也矣之頓絕曰吾兒力孝若此天忍奪之耶蓋仲溫以親年幾何竭力以奉猶恐不及敢計有無哉然不知中道遽爾煩没猶張目視平章曰兒負父不得盡孝矣烏乎使仲溫稍待於大用移其孝親者必効忠於國如之何止於斯也配金童氏封大興縣君子一即五十四女二孫男一觀音奴將以其年月日歸葬于秦國公之兆其子以平章之命來拜乞銘銘曰　壽雖中道夭其特立者固表表峨鷹三臺佐憲四道顛豈無其人哉求如公之賢則猶劍之有龍泉不缺不折斯全其節是則仲溫氏皎如玉雪者也歸葬于燕以從秦國之阡名德章章久益傳

白雲湯士陶君墓碣

君姓陶氏其得姓始於堯至晉長沙公與靖節處士皆以垂名無窮更江左五朝歷唐沿五代以入于宋衣冠蟬聯世不乏人有諱稷者台州司戶參軍遂家于台八世孫諱若晦始居之地乃以姓顯生子諱晨史館校勘校勘生太常寺簿諱居安寺簿生太學錄諱應雷至元丙子淮安忠武王統兵平宋偏師至台學錄為鄉里請命將授以官則曰吾欲全父母之邦豈知有他已而築室清陽溪上藥病者櫝死者賑飢者煦寒者其配繆諱靜慈而克賢故志得伸及生君有異質赤髮鬢即異常兒稍長從周仁榮先生學遂於易遠百家九流皆曉達學成乃出遊足跡幾徧天下上京師王公貴人聞君言論莫不驚喜傾下然所持者連城之璧照乘之珠襍之碔砆魚目為病於是翩然南歸

每曰燕趙古稱多奇士今所見何不逮所聞耶既歸齒髮方壯而家貧鄉里諸儁先力勸君宜少屈以就祿遂試吏蘭溪州民盜鬻連逮一十三人當刺臂君念其貧輕鬻直得縣免浙省檄補江陰州〻民劉鐵欲強姦趙屠妻趙訟鐵〻抵罪一日縛其妻犯之痛箠趙幾至殞趙乘急抆刀刺劉斃君謂事出俄頃非有意故殺也趙得減死州重違治所君主辨社稷壇歷久寖壞每春秋社祭之道民院門外君白於尹社稷復建壇壝調松江創聽事後燕堂六楹君才優長能使民不知役而事集屬邑上海民徐德訟戴千户強刦二人庾死十九人獄具民皆以為寃君平反之時部使者韓公審讞一如君所言移文附賞而辟縣豪民朱管坐戮死籍其家悉以兩家田賜丞相脫〻丞相威權震海內差官高成劉錫副以惡少年為爪牙南下肆虐設計陷民掊財

無辜被搒掠死者無筭府縣曲承風指莫敢誰何王兼善以母
老被詬辱奮不顧死言於官〻吏悉驚避獨知府楊侯伸憤痛之
意未決君進曰朝廷命公守是邦寧忍坐視赤子啖餓虎頤耶
侯喜遂與謀傾諸惡少勢稍減所差官乃轉委憲省遣使至府
考立官猶震懼君獨抱案條析理明詞直悉依律斷遣事聞丞
相賞鈔幣以年勞省除杭州東北隅録事司典史畏吾人伯不
花與其妻忽刺真自昔同艱苦生女已十歲一朝為省宣使乃
娶忽都女觀音奴為小妻貌美豔豐善迎合至抑正妻〻不勝憤
不花擲刃以剚弗斃閉一室因之及其女日少予食欲俾餓死
婢引兒訴主母枉於官録事揮使去君曰此婢去三人必俱死
於是叩頭白憲府使得伸理獲全伯不花雖遇赦釋免猶坐黜
矣至正壬辰春除信州弋陽縣以病不赴秋再除湖州歸安縣

時方兵興長興州已陷浙省參政脫脫檄君與烏程縣各運粮二萬斛給餽餉君募巨艘二十以載君未至半道潰即指授諸艘使各有定処甫二日湖州陷君白參政畫計策遄復湖州而軍無見粮君走一介召諸艘其至無時刻違遂加賞賚錄功申書不報方事變時守土大吏望風奔潰槌埋竄蔑至有火人室廬溪殺繳恣君禀命參政按其罪不少貸良民始復蘇丙申冬除紹興上虞縣歎息言曰吾懷抱利器出將為家國天下用而乃浮沉下僚今年七十其所藴曾不得少試以没尚何言戊戌九月廿日卒於府城都昌坊之寓舍享壽七十有三配趙氏諱德真故宋宗室孟本女也有淑德先君十二年卒葬黃岩州靈山鄉逍奥之原今侍講張公翥為應奉時銘其墓子男三人長宗儀娶都漕運萬户松江費雄女元珍次宗傳娶錢唐於從正女

淅英次宗儒未娶女三人長宗媛適同郡杜思絅次宗端適寧國楊至次宗婉尚幼孫女沒時艱路梗寓殯會稽王笥山之原其爲人倜儻磊落於爲義若飢渴居父母喪哀毁骨立四時薦享感愴怛悼待人以誠律己以廉蓋天稟然也君諱煜字明元自号逍遥山人又號白雲漫士喜吟詠善樂章尤其游歷與所交友及所抱負當大有爲可也乃老死簿書期會間然觀其志心吏牘不怵於勢不溺於利享尊爵厚祿者愧於君多矣庸述其履歷之槩以副其子之請庸揭諸墓以俟銘傳者采焉

畬山老人墓誌銘

嗚呼士而抱利器屈下僚如轅下駒受牽縶於庸妄之手不得一展足爲千里試此龐士元式困頓於漢昭烈何况常人也式東吳直東南瀕大海九峯三泖間才器如畬山老人卒厄於簿

書期會共可哀已老人諱仁字子壽姓陳氏其先浚儀人大父嵩宋迪功郎崇德監酒稅遂家錢唐父嗣青鎮酒醋務都監没時家貧母杜殊賢淑脱簪珥營襄事誓守節弗移躬紉紡蚕織給其子讀書而老人能淬勵力學時宗匠人以吏為師老人念親老養迫從舅杜汝霖君肄吏業使獲禄為養旨甘無少缺母喪哀泣甚人至不忍聞其舅亦漸老養之如母至八十三而卒大德間松江陞府老人筦庫与計偕解府諸項錢若干萬緡時府為皇太后湯沐邑直隸徽政院道路以歲侵往往埋竊發老人用智周防卒善達畿甸院官以老人才可大用比告歸勑其府擢之調上海以年勞遷辟為府史地瀕海斥鹵宜荳麥不宜稲其事合言浙省而衆皆首鼠憚行老人毅然請往意為東南民力竭征徭寬一分受一分賜抱吏牘翻覆辯論曰海隅罷氓迫

其所有急供上庸何辭令輸官欲以其所無有是殺之也宰臣韙其言止科荳麥已而調常州吏鎮江焦山寺有田在府寺僧端挾寺貲陰持丹徒縣長短與同寺僧醒有憾殺醒以滅其迹事逮所謂嚴閏于湛等拘之獄搒掠誣服人皆寃之老人按而得直時天久旱而雨人以為洗寃雨次年薦浙省除老人婺州路録事與史浙東憲治在婺守土大吏日惴惴懼飛語而老人以才幹稱婺民有殺已女舁尸沈潤竈陘下圖陷以得賄老人直其寃秩滿轉衢州衢俗獷號難治而老人從容案牘間三年如一日一日嘆曰湛卑職固吾命頤止足則在我於是引年以歸松江有舊田廬琴書畫冊足以娛歲時邑人長者喜而携子弟相從奉几杖進尊罍靡以間吳興趙魏公為書秋圃二大字遺之金華黄侍講賦之詩浯溪俞伯貞父為記秋圃堂其大致以老

人持官不剋而樂廉退故安於晚節且有子四人長元善次亨道利用貞固皆以儒術致身女二人皆適士族孫男曾昇思配何氏先卒老人雖從吏而酷嗜問學經史百氏言往往能成誦遣子從許文懿公講道金華山故其子皆知名當世亨道從事漕府時迎老人居吳時猶承平每嬉遊山水間意甚樂也至正八年詔賜高年帛老人亦與焉還松江是年秋九月五日捐館於其里壽八十諸子以十一年蜡月望葬於邑之集賢里畬山之原十八年亨道自閩任滿歸吳謁予銘墓予惟老人出而為用弗殫才而子多才俊皆可書於是序其事而為之銘銘曰稼于石田園難望其有年忽倍其穫灌溉然嗟嗟老人百僚底施於其難而可紀壽康令終又有子畬山藏極遂美嗟嗟老人是之為不死

蜀虞處士墓碣銘

宋亡今八十年能以文儒至顯于國家無如虞雍公子孫其顯
者海内章章知其為侍講諱集者矣然族之宗有居吴者至正十
五年秋七月庚子公六世孫處士君卒其子堪衰斬哀毁以某
先公太史與有世契迺從其從父太常奉禮愷來乞銘哭曰先
人生不諧俗竟以隐約終其身願先人之孝行懼泯泯無聞大父
諱栩博極群書内傳後北南從游者衆已而病病且一紀先人勤
苦以養恒手浣中裠厠牏大母夏氏病目至以舌舐之先人既
老而堪問學蕪淺出館授以為養温清之室廬滫瀡之飲食曾
不足以少慰其心今没已未能盡大事嗚呼痛哉夫欲致養而
莫遂雖啜菽水盡驩斯謂養歛手足形無槨斯謂葬今堪是已處
士諱炫字明之蜀隆州長壽縣人雍公既相孝廟故其家有在
吴者於是處士生於吴其諱[illegible]累官至朝請大夫户部郎中知

岳州者處士之曾大父也處士生至元十八年辛巳年七十五娶宣氏生二子長堪次坊女一堪既負重以兵興世艱棘舉無助者能以是年八月庚申奉葬吴縣下駕邨烝山之先塋去其高祖雍郡侯墓在玉遮山張市村者可一望而近宜為之銘曰

宗相世系有克保其墓地者百無一二而堪能守其先塋奉其先人以葬以志斯可謂忠孝之懿而詩書之澤百世不墜者已

盧山陳天倪墓誌銘

天倪諱徵字明善姓陳氏藴懷瓌奇不屑求世用嘗讀莊周氏書至曰和之以天倪因之以曼衍故以天倪為自號其先本蜀人遠祖篆嘗登宗宣和進士第歷官至左朝散大夫以蜀險遠遂徙家盧山之下其曾大父霦大父洽皆宗鄉貢進士父仝隱居不仕娶黄氏生處士始予在杭計籌山中得從黄松瀑先生

游先生長不踰四尺自六藝百家之書無不讀而尤清介孤峭然以侏儒竟自爲道士當時名流如吳興趙文敏公巴西鄧文肅公皆斂衽畏敬其甥陳誠善亦厲志苦學已而先生没誠善亦蚤殀而予亦東入吳顧乃於無錫梁溪之上始識天倪聚語已洽乃知爲黃氏甥而誠善則其兄也又始知幼嘗從草廬吳先生學學于先生之門者盖彬然獨稱天倪既卒業迺北上燕趙古所謂悲歌慷慨之士今所謂公卿大夫之賢天倪皆得與之握手傾肺腑論天下事甚可措之於用既久之南歸若北庭貫君酸齋山東李君溉之無不稱其才雋如青城虞公伯生豫章揭公曼碩亦盛稱而形之詩文者皆可考見夫士不得志于時浪遊海宇以才氣與人相軒輊觀其所與交可以知其人矣矧重之以黃先生之甥耶已而入吳知舊有延之取資者於是

遂僑于吳娶故宋相古心江公孫女生二男子曰汝秩曰汝言女三人天倪卒於至正八年戊子歲秋七月廿有六日得年五十二而二子能力貧而學養其母能盡歡以至正十六年四月四日葬於吳縣雅宜山大墩之原夫以天倪懷才負氣盍措諸用迺不遇而歿非命也夫非命也夫二子以予嘗從其外氏游來拜哭乞銘於是為之銘銘曰嗚呼天倪竟止於是而歸耶保身全歸人孰以汝為非耶歿而有子九原其泯汝輝耶

張子昭墓誌銘

吳人張旻字子昭其先浚儀人宋宣政間其遠祖通官御器械從高宗南渡居錢唐宋亡其祖世傑父興嘗居燕已而居吳遂為吳人子昭髫鬌便嗜學喜從儒先君子游時宗社已屋三十稔矣故老遺黎殘校退卒猶有存者子昭從其人問宋遺事朝

廷宗廟宮室制度會同燕享生殺除拜車輿章服征屯討伐文
詞經術下至幽人逼士言論出處雖不能盡得其詳然依約什
一於千百視後生晚進懵懵無聞知不可同日語已喜遊錢唐錢
唐實宋故都歲必一往或再往左江右湖山川之勝城邑之舊
以至荒臺歌榭壞冢故墓斷碑殘碣頹垣廢宅更久湮沒未嘗
有過而問之者子昭每游息登眺必徘徊躑躅吁歎感嗟哀不
能已人或指目咲之不顧也兼通聲音律呂清濁高下長短疾
徐每遇張筵設樂八音並奏坐客方懽譁而子昭獨顰蹙歔欷
人問之輒俯首不荅或嘆曰時根於音其有地乎尤好樂府詞
曲遇故舊咲樂輒為之歌又時吹洞簫觱篥奏調清越方其發
聲噴氣旁若無人而子昭亦洋洋自喜遇其不欲歌雖貴為王公
弗能強也臨市衢構樓蓄書其上上經傳子史下逮稗官百家之

言無不備子昭日紬閱研究至其會心得意處引卷疾讀往往能成誦然不喜人言科第得失官程吏牘與夫巧宦逐富其為人大致如此故寠約終其身年六十四歲卒於至正十六年十一月廿七其子田葬于吳邑胥臺鄉黄山之原娶陳氏繼黄氏次子里孫男一名肎田讀書苦學能紹父志裒子昭所著書繼潛錄若干卷意蓋繼潛夫論也盡記補遺書補遺并墨記凡若干卷予讀其書皆終卷田泣而言曰先人與物無競其為學不求人知浮沉中吳閭巷間今没矣僅其書存耳不幸殁之年遭世變平生知舊舉皆淪落故田居益貧若臨街小樓先人没之日又讓與田仲父今葬已久而墓碣未有銘先生幸無靳夫子昭更事時宋亡已久而子昭若感于宋豈有所儆覬以沽名于萬一哉此與周之頑有懷于商嗚呼其在周則頑矣在商則惡得不

謂之義哉然予聆之心尤爲隱約而難見予讀其繼潛錄其間有可哀者多然不出於憫宋之亡其遺文陳迹儘可以補野史之缺他如畫記書補遺之類又皆博洽有考匪空言也昔歐陽公於五代史作獨行或出或處雖皆不同然士不可以一途取故爲之銘銘曰混于俗而其行獨碎之玉其庶乎全其璞者歟

邵景義室人陸氏壙志銘

邵氏居華亭之胥浦爲康節先生支胤故猶有讀書績學之士若景義父其一也景義襟抱坦朗言論達古今喜賓友每坐定或不如意輒泫然流涕曰使吾室人在安至此哉人問之則曰吾室人姓陸諱靜貞父潤卿居雲間爲右族室人年廿一歸於吾族蕃衍吾室人性嚴潔上事舅姑順婦道則稱之曰孝婦中接姻妯遵禮度則稱之曰邵氏子舍之賢下御僕妾則稱之曰

賢哉。主饋之人生一男，宗永，娶謝女媛。清媛、貞皆有適。媛齡待年于室。以吾室之賢，宜左右以偕老，詎意四十六歲而卒，至正戊戌七月十日也。嗚呼痛哉！今欲奉祭祀，絜牲醴，以相予，復何人？所以凄斷梗塞，尚忍言哉。以其年月日安葬，乞予銘之，曰：為婦賢，為母明，叶猗。壽弗長，良人傷，猗。子克紹，庆後昌，猗。

金母沈媪墓志銘

媪姓沈，諱性貞，蘇之吳江人，同里金潤甫之側室。潤甫四世祖宋迪功郎，家已饒於貲，而好施予，赴人急難，不啻從己出。至潤甫莫不皆然。潤甫尤篤於學。媪奉其夫婦，惟謹，上下安之。生子天麟。裁九歲而潤甫謝世，媪躬紉績，勤劬以育其子者，悉禮備至。天麟方成童，即遣從師受學。歸每誨之曰：吾至汝家，惟見攻學行義而已。汝齒已長，苟弗紹隆汝家，異日使吾何以見汝父於地下於是天麟感激務以遠大自期先是媼本姓屈媼父成從其母嫁沈因冒沈姓屈自祖父來皆好善誦佛書成之祖海陵居士每勸迪功積德既深當益於前而昌於後故自媼之奉其主增益其家而為人所稱道媼十餘年來病風痺不良于行天麟醫禱殫力竟弗瘳乃於至正己亥四月卒壽六十以是年五月壬寅葬長洲縣金墩之原既葬五視朔其始克弔天麟於哀次見其居喪以禮慨然歎曰喪禮三年之中自轉徙執事而后事行者面垢而已聞媼久病天麟每輿其母以行今居喪若是其可謂篤行之士也已以其友虞勝伯狀媼之行乞予銘銘曰金墩之隆土厚而豐是為媼之宮更萬子孫孝弟樂施振祖父之風其永弗痛

僑吳集卷十二終

僑吳集附録

遂昌先生鄭君墓志銘　　維揚蘇大年撰　昌齡

處州鄭氏遂昌鉅族也君世以儒顯曾祖克故宋西川經畧使祖開先朝奉郎知道州永明縣考石門高士諱希遠高尚不仕國初徙家錢唐結屋湖上以耕釣自樂妣蔣氏二子君其仲也君諱元祐字明德天資穎悟過人垂髫入鄉校日能盡記同坐諸生所授書鄉先生大異之年十五輒弄筆墨作詩賦往往出奇語驚人石門君篤意教君樹樓聚書恣其披閱君不出戶庭者十年於書無所不讀作為文章滂沛豪宕有古作者風時咸淳諸遺老猶在君遍遊其門質疑稽隱其見聞充然有得侃侃以奇氣自負諸老皆折節下之江浙行中書省郎中汴人趙天錫剛正謹嚴慎於交際獨延君於家與其子期頤講學期頤後中

甲科即中書叅知政事子期公也君既得友益自刻勵於學晝夜不倦由是克底厥成是以名世時鄉林平章廉公以朝廷宿望退居錢唐與君爲忘年友君由是徧交當世之士聲名藉甚四方慕君者識與不識皆稱爲明德先生君既以儒業起家仰承石門君夙志而奉養之禮無所不至石門君卒君偕其兄介甫先生移居姑蘇兄歿喪之如父從君學者户外之屨常滿浙省御史府宣閫憲臺交章以潜德薦君於朝君自以臂疾不願仕在廷諸公知君之志亦弗甚相屈也優游吳中者三四十年富貴聲利一不動其心素不喜著書嘗謂學者曰經則經也史則緯也義理淵藪在焉學者能盡得古人之意鮮矣况敢私有所論述乎識者稱其有見於道性平易真率不爲矯激之行與人交亾然汲引後進常如不及頭童齒豁壯氣不衰應酬餘暇

手不釋卷吳人欽仰風裁罔弗敬禮之者雖小夫賤隸亦能知
君姓名入有患難拯援之如救水火士友或貧不能自存度無
以相給則徧告諸有力者賙其困阨君兒時乳媼提携右臂脫
骱左手寫楷書規矩備盡世稱一絕又自名為尚左生至正十
七年大府授將仕郎平江路儒學教授君欣然不辭曰講學我
素志也居一歲即移疾去後七年陞江淛儒學提舉君亦不辭
曰文臺也儒者之職也居九月感微疾而卒朝官士友遠近聞
者莫不奔赴君生於至元二十九年壬辰閏六月六日午時卒
於至正二十四年甲辰十一月二十九日未時壽七十有三娶錢
俶王十二世孫女三男一女長曰吉次曰起曰貞吉娶陳氏先
十年卒貞未娶先君十二年卒起娶陳氏女寧贅蘇人湯惟新
女孫二尚幼以明年乙巳正月二十六日葬於平江路吳縣太

平鄉橫山之原君所為詩文若干卷藏於家孤起以狀來請銘僕泣而撫之曰君天地之全人也生長承平晚涉世變骨肉竟相保無虞又且安享十年之福而後逝蓋君明哲保身行業素無愧於造物而造物之報君者亦厚矣君之學淹貫而博洽君之行純誠而篤實君之見高明而正大君之文雄深而雅健君之詩清峻而蒼古君之書嚴勁而端麗其見諸緒餘如清談雅韻依稀晉人如君者蓋一代不數人也君已矣世不復有斯人矣君未疾前五日與僕會飲檢閱曹新民家歷歷自叙其平生出處語僕僕竊疑其強聒不已無幾而卒乃知君有託於僕也將屬纊又呼僕面焉固宜為之銘銘曰

世之人全於人者未必全於天全於天斯可謂之歸全君雖文與學碩德高年著名當世追蹤昔賢生榮死哀有德有言謂之歸全孰曰不然勒銘貞石

後有稽焉知其為遂昌先生有道鄭君之原

郡志儒林傳　　郡人盧熊撰 功武

鄭元祐字明德處州遂昌人父石門高士元初徙家錢唐幼天資穎悟入鄉校日能盡記同坐諸生所授書年十五輒弄筆作詩賦往往出奇語驚人於書無所不讀為文滂沛豪宕有古作者風時咸淳諸老猶在皆折節下之平章廉公以朝廷宿望與為之友父卒移居姑蘇從之游者甚衆省臺宣閫憲府交章以潛德薦自以臂疾不願仕嘗謂學者曰經則經也史則緯也義理淵源也學者能盡得古人之意者鮮況敢私有所論述乎識者韙其有見於道平生見人有患難拯援如救水火士友或貧不能自存則遍告有力者賙之至正丁酉大府薦授本路儒學教授欣然不辭曰講學我素志也居一歲即以疾止後又陞江浙

儒學提舉亦不辭曰文臺也儒者之職也歲餘而卒故國史蘇氏嘗誌其墓謂為一代之偉人又謂天地之全人有遂昌山人雜録一卷文集若干卷

刊僑吴集録

遂昌鄭明德先生為吴中碩儒致聲前元其著述甚富有遂昌山人集二十卷僅分詩與文而無類叙皆漫稿也又有僑吴集者編次固當然多繁蕪重出生通録之得其詩文之精純者併為一十二卷仍名僑吴用梓以傳若先生履歷之詳德學之盛已具蘇編脩墓誌銘盧中舍郡志傳好古君子苟觀是集則自得先生之所藴庸何加喙耶

弘治丙辰秋八月望吴下晚生張習識

僑吴集附録終

動近臣御史不貽儂子孫萬世大戚哉然則公之於儂生死而肉骨有不足喻者矣於是合三吳之民願立石道左頌公去後思公不忘之心以式示萬世其民之老自吳走寧國乞予文其實予曰檇李庭對時予在焉固不待父老言而後知也父老則又出事狀以示予予以儒素備員平江推官與公共事久讀事狀無一不讎者然其大致則有四焉持身嚴燭理明決事敏待人直由是吏攝其威民懷其惠而爾民遂有所不能忘公者矣謹按平江歲征夏絲二萬二千餘斤歲立三限收足其間並緣為姦民受其害公設法周備俯終六月而夏稅足徵吏與為戢吳屬邑下民有訴於其邑而邑不為之直者於是訴於公公置籍民所訟言與夫民訟之未絕者送之屬邑務得其情而早決遣之訟為之簡稅務月虧課郡遣官監收則務預抑商賈以足之次

月則復虧課耳公至務司憚公威明而虧稅之患爲之頓絶郡素富侈百司與寓公宴客排辦皆出於坊正坊正者郡富民輪充宴散家奴留其什器須坊正出鈔乃得什器還公正身率物私第未嘗燕客人家宴席爲之稀少坊正獲少蘇云酒課户供讌席必上等名酒公一切禁止酒課辦集郡以七倉儲粮歲設所謂杴斗者百三十人皆積年在倉蠹納户者公盡逐去之選富實誠愨者爲杴斗倉蠹爲之一清民輸粮七倉豪右屬官吏初限皆細民其輸粮也石加五六斗不能足豪右至末限什僅納二三却用細民多輸者足之公設法初限必大户户齊足而次及細民七倉屋建於宋歷年滋深歲科里正修葺率具文無實公曰倉不可不修修之不可若是其苟也於是躬督倉屋役百工具輿撤去弊陋仍復堅完識者謂七倉可以數年不修蓋省惜民

右鄭元佑僑吳集十二卷乃弘治中張習重刊本也就張跋語鄭有遂昌山人集僑吳集是元時實有兩本今不可得見所存者重編本耳余於數年前觀書朱文文游家見此書張刊者其時不喜購文集因忽之後往蹤之而已散去矣去年從書船買得宋元人文集數十本皆太倉宋蔚如校抄者僑吳集亦在焉然非刻本行款未敢信之近有書估買得海虞故家書攜至余家內有此集刊本字跡古雅與所藏張來儀徐北郭諸集悉同惟紙背皆明人箋翰簡帖雖非素紙印本然古氣斑斕亦自可觀宋元舊本往往如是又何傷耶第十一卷前平江路總管道童公去思碑脫去五六兩葉惜無刊本可錄仍當闕之又恐讀者不能卒其文復取宋氏校抄本照此集行款錄附於後可云慎之至矣抑有巧者余向得皇明詩選前後部葉紙背多係明人

箋簡爰取此以補此集缺葉而餘者書余跋語以無用為有用
天下事又若相待焉故并誌之
嘉慶三年歲在戊午秋七月處暑後八日棘人黃丕烈識

朱三丈故物今在周香嚴家較此本多十一卷之六
葉其第五葉仍闕此也竟用借歸嘯亭影寫
補入而去所附錄宋氏抄本之半仍留前一葉
後他本以續完璧云　八月望日潤賓記

光緒十六年四月廿一日武進費念慈從建甌同年段讀
時久晴望雨甚切念慈記

此僑吳集十二卷雖明中葉刻本字畫古雅猶有宋槧遺意舊
為潘笏盦明經所藏建甌太史以古幣數十易得之亦藝林佳
話也
辛卯中秋後百昌識

僑吳集補遺

玉山草堂雅集補四十四首

送張仲賢北上

送達兼善秘書

月氏王頭飲器歌

次韻陳子言

次韻劉憲副春日湖上有感五首 其五

次韻錢伯行遊仙體律詩二首 其二

催花雨

生香亭

陳栖山

西馬圖

寄李大夲兼柬理江陰

錢氏東樓

荅謝白馬輿公送茶

題二馬圖二首

題許道寧溪山秋晚圖

題盧益修白描水仙花

題盤松扇頭

題畫山水二首

題梅花卷
題柯敬仲墨竹
題趙仲穆擦痒馬
題趙子昂蘭
題趙子固水仙
題墨山礬便面
題蘭蕙便面
題熊自得叢竹便面
題李成枯木
題萬竹圖

補遺目錄

題王元章梅五歌韵

題顧定之竹仄韵

題明雪窗蘭

題趙子昂蘭石

題柯敬仲梅竹圖二首

題文與可竹

題岳家舊藏高彥敬雲山圖

題山水扇面

至正十年正月一日與龍門僧良琦臨海陳基聯句送匡廬道士于彥成歸越兼柬蕭元泰盧益修云

送僧礼五臺

送人

題張叔厚白描麻姑像

題達監司所藏柯博士秋山圖

送李秀才鄉舉此首與集中所載異

登鴻山弔梁伯鸞

桐華烟為吳國良賦

玉山名勝集補六首

金粟影

春暉樓

補遺目錄

可詩齋銘

碧梧翠竹堂

湖光山色樓

次韻咨玉山

乾坤清氣集補一首

五峰将還維揚因言沈侍郎在吴賦此以寄

師子林紀勝集補八首

師子峰

栖鳳亭

飛虹橋

鐵網珊瑚補二十首

游仙詞十首

賦巫峽雲濤石屏

春暉美華孝子也

題張氏世壽堂

繙經一首奉簡天民有道先生

成廣陵先生以詩寄張先生韵度深穩謹依韵奉和

題林屋佳城圖

顧宏中画韓熙載夜宴圖

鄭所南推蓬竹卷

趙子昂馬圖
錢選浮玉山居圖
倪迂春山嵐靄圖
題司馬温公史草
元宵懷錢唐
甲子新歲
次韻蔣春卿見寄
揚州一首寄嚴治中裕之
和徐生芾元宵有感
江村銷夏録補一首

西清菴冬日桂華盛開
僑吳遺集補四首
宿通玄觀
壽樂亭
採蓮涇
神光樓與張伯雨聯句
朱珪名蹟錄補一首
贈朱伯盛
靜安八咏補八首
赤烏碑

陳檜

鰕子禅

講經臺

滬瀆壘

湧泉

蘆子渡

綠雲洞

僑吴集補遺

送張仲賢北上

海上人家亦壯哉遠潮平處是蓬萊道人宮闕天晴見
龍伯衣冠霧裡來東日欲升長照檻北辰在望每登臺
鳳麟洲近天光密鳷鵲樓高雪霧開論治儒臣工獻納
當陽聖主急賢才貢琛還見柑登俎讌席仍聞樂奏陔
過雨綠蕪連地遠翻階紅藥倚雲栽故人若問滄江老
為語窮愁絕可哀

送達兼善秘書

木天高拱夜何其翠被初寒更漏遲上帝録書藏紫禁

貴神燃火出青藜懸知策府稽詠處預想虞廷獻納時
厚報函盈荼蓼頌湛恩汪濊蓼蕭詩豈徒述作矜雄艷
政以都俞啟蔽虧國是每濡雙賜筆黽光長發萬年枝
從容寶録開金鏡縹緗祥烟度玉墀儒術致君還有道
皇明鑒物本無私廟謨已發群經祕岩穴寧令一士遺
歌咏太平還有待腐儒頭白竟何知

月氐王頭飲器歌

穹廬野布諾水東大旗之下單手宮甲光五色馬如蟻
列　層壇嘶北風月氐降王昔授首圓顱啟封出盛酒
金屑　露刀撓以留犂不停手漢國使者歃血盟

大邦氣与虹霓争當時老上夭驕子控弦西射金天精
数級論功濺腥血劍花交簇陰山雪飲至龍廷醉蹋舞
一卮倒注陽靈穴哀王之歿同智瑶帝閽盡遣巫陽招
魂招不來守之泣恨結玄雲貫寒日

次韻陳子言

花蘂迎春紅漸肥燒痕傷早緑全稀涸陂未下雙黄鵠
空谷何嫣一布衣仙掌玉腴甘露降齋房芝嫩彩雲飛
德星會向良宵聚只恐山公取醉歸

次韻劉憲副春日湖上有感五首　前四首已見本集此第五首也

青苔寺裡客來稀烏石岡邊僧自歸金鴈嘈雲春不去

[illegible]補遺

玉魚銜雨夜曾飛出門每歌月皎〻製佩莫惜芳菲〻
人世何由比金石嗟我欲把東皇衣

次韻錢伯行遊仙體律詩二首 第一首已見本集

軋〻青牛凝度沙煌〻白兎豈無家肉生徐甲符難秘
斧鈍吴剛桂始華諦授寶書盟刻玉醉離瑶席舞傳葩
竹宫望拜真癡絶日〻鼉光在景霞

催花雨

陌頭微雨細數〻陌上小桃紅未開盡日已催梅破蕚
向陽還迫艸抽荑長鑱早与栽黄獨深巷時須步緑苔
只恐晴明花發盡須教梁燕早歸來

生香亭

方看幽艸動區萌，便有文枝轉谷鶯。樹影齊圓日停午，蜂衙欲罷雨初晴。青摹屋角山容出，翠養蒲根石髮生。自為新來作詩瘦，隱侯元不負閒情。

陳栖山

栖遯青山深復深，尚爾𣥺𣥺聞足音。雞鳴樹顛客叩户，水流花開風滿林。身拜東皇撫玉珥，首戴南冠彈素琴。一間招隱淮南賦，便將飛鐍度千岑。

西馬圖

西來萬里氣如雲，便策天閒第一勲。此日登謌薦清廟

于今能淂幾人聞

寄李大本熏東理江陰

不見李丹名父子澄江日〻水烟中角聲古戍淒霜月暝色孤帆亂渚鴻苜蓿闌干罷采上蒹葭零落歲華空登高能賦陪熊軾却自窮吟倚北風

題仙山樓觀圖　此首已見本集

嵯峨三神山仙聖之所居芝艸為樓觀霞光曳衣裾渴飲碧柰漿飢餐紫林腴霓旌冉〻下八鸞馭其輿青童啟藏室帝命較寶書齋心始能讀字〻皆玄梱朗詠以相授靈風舞神魚天遠不得聞何以能啟予空瞻珊瑚

日照耀金芙渠

錢氏東樓

飛樓百尺俠山西，長日看山不下梯。簷樹午晴烏鳥噪，井梧月上鳳皇栖。翠蛾度曲繁聲換，緗帙垂籤細字題。何處一聲樵子笛，陰陰桃李綠成蹊。

荅謝白馬爽公送茶

玉川破屋柴門晚，遣送靈苗似穀芽。秀句驚看紅藥嫩，狂歌起舞白題斜。籃封外裹藏丹箬，鼎候旁存伏火砂。啜罷乘風欲仙去，更從何處覓三車。

題二馬圖二首

奚官浴馬試与騎一匹受鞍一匹嘶房星之精四飛去昭陵風雨夜凄〻沙陀義兒御兩馬正從梁晉爭天下惜哉不見夾寨破楊五功名竟獨跨

題許道寧溪山秋晚圖

江山黃落楚雲寒野老岩柄一塢寬賣藥長安不求識如何飛墨下雲端

題盧益修白描水仙花

盧生吮筆寫三香海上仙人欲取將宮闕象酥春雪霽好留屛曲寫孤芳

題盤松扇頭

曾障西風庚亮塵支撐根抵妙輪囷屈將千丈虬龍質一握生綃敢望仲

題畫山水

海嶽菴前萬頃雲高深顯晦屬誰分不因此老淋漓墨那得溪山在練裙

畫史誰如此老顛能融筆墨寫山川青林白石江南路何處堪畊二頃田

題梅花卷

此花正如黃叔度不見令人鄙吝生谷底歲寒誰邀得

白駒欻側晚烟明

題柯敬仲墨竹

夭矯窮鱗江海姿只令飛墨髩如然五雲天遠龍髯墮

畫作篔簹雨後枝

題趙仲穆擦痒馬

啄瘡烏去夕陽西磨痒枯株振鬣嘶今日戰場春艸綠

相看誰濯錦障泥

題趙子昂蘭

鷗波亭下楚香銷公子騎箕上泬寥縱是死灰芬酷烈

巫陽誰下九重招

題趙子固水僊

雨帶風襟玉體寒為誰解佩在江干金支翠鈿那復得只愁歸去便乘鸞

題墨山礬便面

一握方諸七里香玉英如雪暎春陽空山絶埊東風晚底事湘纍忘楚芳

題蘭蕙便面

障面無嫌京洛塵一叢蘭蕙出氷輪只疑大地山河影不照沅湘有逐臣

題熊自得叢竹便面

漪〻緑捲鏡中天元子何須苦惡圓萬葉千枝繁不亂
化工消息儘無邊

題李成枯木

誰如惜墨李營丘屈鐵交柯烟雨稠記得滄江龍出蟄
怒鬚捲霧拔山湫

題萬竹圖

遠近陰晴玉萬竿渭川何在緑雲寒硯坳飛墨如飛雨
白髮蕭郎仔細看

題王元章墨梅

舊時月色有誰歌拔劍王郎髩已皤惆悵春風舊詞筆

南枝香少北枝多

　題顧定之竹

石屋老人畫竹石後之學者森如織河源一分百派殊
天下紛紛竟誰識

　題明雪窓蘭

生公臺石比雙峩兩不為稀萬不多蘭蕙香銷荊棘
裏光風流轉奈君何

　題趙子昂蘭石

捐玦孤臣萬古愁思君日夜水東流春風開遍閒桃李
却對青山泣楚囚

題柯敬仲梅竹圖二首

苔石相依葆歲寒憑誰翠袖倚闌干玉文堂上蕭蕭雨
墨瀋于今尚未乾

誰料丹丘不復生眼眵長向墨蹤明釣竿若拂珊瑚月
少為梅花住越城

題文与可竹

欲屈王郎作槩使只應蕭李与文侯尚有陰陰竹里館
萬竿玉立輞川秋

題岳家舊藏高彥敬雲山圖

千柱華榱淇渌堂只今衰艸野田荒空餘寶玩誰開闔

一叠雲山淚一行

題山水扇面

一握方諸鏡裡天分明鴈蕩石城連仙人不恙蓬壺小
便駐鸞笙五百年

至正十年辛卯正月一日与龍門僧良琦臨海陳基聯
句送匡廬道士于彥成歸越兼柬蕭元泰盧益修
云

歲朝逢王春雨雪暗吳下行人明當發祐別袂慘莫把
飄颻賀監舟基蹀躞靈運馬山驛梅始繁琦溪船浪仍
打行紆莊舄吟祐去結遠公社禹穴紬奧編基蘭亭集

見僑吳遺集

群雅神運鶴氅朗風標鶴經寫祐雙鳧繼遯躅千秋祝
純嘏基信憑回潮尾春融枯樟骻祐越臺瞰蓬瀛胥濤
駕龕緖基白戰隱鞍甲綠醑酣艤笄祐智囊倒精悍詞
鋒發侈哆琦蕭史臺多神仙德符欱盧敖天本靜游者道梔混溟滓滓語
穽脫誒髁祐但令冠峨々肯羨綬若々滄海等稊米黃
金真土苴接羅或露髮短褐不掩踝捷若矢離弦勇如
金躍治青雲步伊始白雪和殊寡基土膏動句芒春情
滿原野琦桂樹歌詎已柳枝折難捨基別夢梁月墮清
談松風洒琦蓬藿既可居蘆菔自堪鮓基望々王山阿
來朝期卜燈灺祐

送僧礼五臺

飛錫曉辭師子林五臺天遠谷岩深寶光両〻金銀刹天樂時〻鐘磬音崖土亦知成佛貴峽泉似瀉祝尭心北歸且向皇都住莫聽西風月夜砧

送人

歲月蹉跎秋復春輪囷瓔樹不求伸斧斤何待秋零落多是長松百尺身

游仙　此首另寫入此處删去

煌〻珠樹四時春樹影玲瓏月滿身理罷玉笙朝斗去就中誰是避秦人

題張叔厚白描麻姑像

狡獪仙人來自東海波清淺日輪紅易遷宮裡飛霞佩只在鸞笙一曲中

題達監司所藏柯博士秋山圖

風流南國典籤孫筆底江山妙吐吞雲湧座隅岩木動瀑飛書屋浪花翻危橋僅尺疑虹飲怪石逾拳作獸蹲可即田廬朝掛笏只應蘿月夜窺門林深昌致巢松鶴谷響如聞嘯樹猿褁飯趣墟身欲往擔簦陟嶠手堪捫公廷未竟東方諾画史恒推北苑尊老矣五文堂上客悲歌一慟為招魂

五文堂前作玉文堂元本误当攷

送李秀才鄉舉 此首与集中所載異

秋風又復度宮槐文采何人似尔佳花渚飛雲迎客棹柳絲縲雨映天街寶刀必淬吳歐冶天馬還生漢渥洼俗士紛〻今我病何時高論寫澄懷

登鴻山弔梁伯鸞 此首与集中所載異

我以飢驅爰適樂土居近山麓山名孔膴問之父老曰漢伯鸞父嘗登茲山覽歷平埜因以名山義匪誇詡我行山棲跡豈其所敬弔夫子願嗣德音鳥棲擇高魚游擇深夫子當盛時尚投朝簪頎與德耀傭舂是任杵臼和樂雝〻琴瑟上揖唐虞下混古今而我肮折不知息

心年登知命尚浮尚湛聖域緬邈世途崎崯矢將從夫
子投遁深窅既齊物我兼忘昏曉萬里非曠一隙非小
毋曰昭〻示人皦〻聊從跡逝以謝膠擾夫子不我遑
終我身是從蠅附以驥　松有薪朝炊有稻夜礱
長子老身真情是鍾優哉悠哉歌以相舂

桐華烟為吳國良賦 此首與集中所載異

桐始華桐始華開向荆溪之水涯溪聲長繞李侯廟
桐陰儘覆吳生家吳生家藏燒墨訣傳自李潘語非
夸掃桐華烟三萬石鬼物守護無疵瑕千杵萬杵白兔
臼麋角搗膠無夜晝製成龍香古圭璧玉剛金純石

同壽奚老然松〻化石潘癡坐井〻裂梵二子知栟桐
花烟生也与之相後先墨成飛上通明天紅雲一朵捧
官硯試之漆黑勞磨研吳生伎成等潘李肯讓諸莆先
著鞭以上四十八首見玉山艸堂雅集

金粟影

岩桂花開江浦流辟疆園裏舊曾游天方雨粟成金色
風直吹香上玉樓空裡寶雲獅子座鏡中絲髮鸕鷀裘
姮娥手種誰攀得一曲鸞笙萬壑秋

春暉樓 與本集所載異

陽春有暉汎在物表寸艸承之不謂其小春陽暉〻彼

艸離離區萌旁達土膏斯腓以區以萌仰此春日載茁其芳載就其質陽春斯溥物意斯皂恩齊覆幬就與之尚許人載歌悉物之情子于父母恩莫與京寸草春暉爾云善喻人非貞曜意孰斯著彼美君子顧氏仲瑛樓名春暉結搆落成春暉之樓花香竹色瑛奉其親惟志是獲奉親養志在昔孔難瑛娛其親滫瀡具歡溫清室廬和婉琴瑟載色載笑孝子愛日山水清暉在樓户牖奉觴壽親紅顔皓首猗人之生具慶寔飾瑛淂于天載綵其衣瑛衣采采我詩渢渢富壽是鍾樂與瑛同

可詩齋銘 集作可齋詩與此異

昔者聖人以詩詔我興觀群怨皆僅曰可方其興起夫
豈一端由乎人心天理即安懲創感發一歸于正天君
是維孰不從令四詩攸陳其類匪一在善學者考見得
失繫人之生群居是繆主敬行恕和而不流詩之怨者
與人一致惟其優柔不怒其氣用以事親孝哉有子移
孝為忠曾不越此人倫之大孰踰君親性情斯協無往
不伸雲飛川泳根柢動植其類至夥旁資多識是蓋聖
人以詩設教下逮百王是則是傚湘纍始騷五言由漢
百體變殊孰聚其散委糸雖別求源則同惟情攸歸豈
汙豈隆頎仲瑛甫學詩嗜古遂初是幾本之樂祖賡歌

僑吳集補遺　十二

伊始如或聞之猗那商頌如或陳之六義迭奏以賡以韶積力斯久匪一夕朝名室可詩意猶未盡不有聖師道何由狥嗟甫于詩既殫源委我歌以樂之幾父其復始

碧梧翠竹堂

碩仲瑛父作堂溪滸矗矗其楹植植其礎飛甍斯鬱高拱其楚綺疏迎陽粉扉作堵文藝之苑圖書之府爰植梧竹翠碧之溥竹蓋冬榮梧因夏膴既敷其蔭又備而儷春莫首夏炎日當午合梧與竹繁陰在下魚跳矜肥鸎囀命侶父即樂只坎坎其鼓載斟清泉載陳列俎歌

聲在節絲聲合謝竹梧交枝高出雲雨賓既醉止舉觴壽父頎父壽樂以續妣祖以長子孫以養父母以承天之祐

湖光山色樓

晴峰抹出海霞山宛在空明野水間范蠡不騎丹鳳去仲雍仍駕彩雲還浪花光閃芝三秀霧雨寒增豹一斑試問風颿去何許想聞環珮玉珊珊以上五首見玉山名勝集

次韵荅玉山

誰似龐侯孫子賢燕賓歌舞鬭清妍門前岍柳占潮訊裡岸音候客船海氣若浮山隱玉野光純淨月當川

人生得意須行樂莫遣閒愁到酒邊以上見玉山名勝外集

送林彥清歸永嘉

玉晨明皇大道君丹霞上宮校瓊文芙蓉製冠珠織裙並乘綠輦駕飛雲有美一人岸青幘來從東甌東海濆不笑不語寡戚忻帝驚碩語仙聖群是能執持神化蘊子昔夢墮帝怒責拯子于危釋憂懼報崇仙階秩孔殷尚念無以章殊勳琳宮紫幄珠流煩靈來乘純去乘雯影響濁世那由聞神孫飄翩接芳芬烹陽冶陰調夕昕氣神元精駐不分由能鍊之久益賁水浸不溺火不焚是謂真人非外棼鴈蕩木落溪沄沄子今東歸似鸞麇

將與浮翠同氤氳醲之清泠濯垢氛我將學之意則勤
其如衰年日已曛況復歲晏手足皴作詩送子空云云

五峰將還維揚因言沈侍郎在吳賦此以寄

二月桃始花三月客還家階前疎雨落堂上春衣薄爲
言沈約在吳中玉壺青絲酒如空春風相過蕙草綠芳
菲滿堂樂未終 見乾坤清氣

師子林八詠

師子峰

天目耽耽師子岩金毛閃日燿烟嵐轉身却向中吳吼
直與淩霄勢並參

栖鳳亭

翽翽朝陽孤鳳皇綠筠千尺起高岡何人解續卷阿頌
戛玉鏗金作晚涼

飛虹橋

彩霓連蜷飲海空老僧留作小飛虹艤舟因憶吴江鈎
蒼雪吹涼滿雨蓬

問梅閣

謾道龍駒踏殺人梅花成實又逢春不因嚼碎無留核
誰為征途洗渇塵

指柏軒

反霞神（一本作禪）機老趙州庭前柏樹幾經秋空林元自無枝
葉莫著祥鸞宿上頭

玉鑑池

活水涓涓一鑑開玉光射日瑩無埃臨流照見行禪影
天際孤雲驀地來

立雪堂

少林山裡雪漫漫誰復將心與汝安近日師林寒徹骨
氷花吹滿碧琅玕

卧雲室

老隨雲卧不朝天空影長當木榻穿便是繡衣傳詔下

空山且復伴龍眠以上八首見師子林紀勝集

西湖竹枝詞二首

岳王墳西是妾家望郎不見〻棲霞孤山若有奢華日不種梅花種杏花

青〻兩點海門山郎去販鮮何日還潮水便如郎信息江花恰是妾容顔以上二首見西湖竹枝詞

題倪雲林畫次韵

雲林雨過踏春一本作青陽澗水濺〻老樹蒼不是硯坳雲作陣疎篁空自拂簷長

題陳惟允荆溪圖

荆溪〻上首重迴豈意人間化劫灰只有斬蛟橋下水
可曾寫入畫圖來以上二首見珊瑚木難

游仙詞

向嘗次韵信都趙君季文父游仙詞亡友虎林
張君伯雨父見而愛之亦嘗倚韵以屬和昆山
清真觀道士俞君復初伯雨愛友也寫所和詩
以遺復初復初今年冬欵予于吴郡之城南乞
予寫所和合張君之什併藏之江空歲晚朋友
間能詩如伯雨寥〻絶響因寫舊作不能不興
感云耳今年至正二十年庚子歲之冬也遂昌

鄭元祐明德父

金碧樓臺瀛海東娉婷仙子下瑤宮聖凡千古無窮事
都在鸞笙一曲中
藹藹身中三素雲朝暉出海共氤氳桃霞沐雨輕匀面
柳浪含漪細織裙
鳳麟洲上水烟分女伴同祠李少君點定易遷宮裡籍
步虛攜手踏紅雲
煌煌珠樹四時春樹影玲瓏月滿身理罷玉笙朝斗去
就中誰是避秦人
雲旗阿母降珠庭母為雙成欲授經塵世登真無要訣

藥囊辛苦貯參苓
才炊松屑飯胡麻又見蟠桃一度花不為靈妹工服食
金盤那得棗如瓜
窈窕溪真十二仙靈犀分水夜長然珠宮每按皇人筆
點較青瑶第幾篇
寶髻駢雲誰最高花間行數舊栽桃笙洲月出星宮近
騎着神魚舞翠濤
紫皇親駕按寰瀛又見鯨波徹底清仙籍不能無謫降
塵緣敢恨有虧成
欲采靈芝敢後期游魚千里費尋師不因悟得長生著

一局纔終未了棋

賦巫峽雲濤石屏

石理庚庚有至文江濤鼓浪忽蒸雲鬼神不露雕鎪巧
那得陰陽一線分

春暉美華孝子也

陽春有暉物其是依何獨寸艸春陽載　菲菲芳艸沐
沐春陽德澤之溥寸草之長子之于母其恩莫大鞠育
成人恩等覆載兒之出矣念兒衣單為縫為紉惟恐或
寒是意之微孰為識者有唐詩人孟氏東野華彥清父
奉其母儀春艸名軒本乎孟詩嗟彥清父既親早寡奉

母斯軒飲酒伐鼓有孫在膝有孫授室兒在母前諸孫
林立母喜謂兒爾父歿時天高地厚煢煢孤嫠安知今
日孫又抱子是皆爾父積慶有此兒聞母言悲喜盈襟
歌我聲詩以慰母心

題張氏世壽堂

奕奕金壇世壽堂鍾才應運適相當練川新借光華月
吴縣陰垂蔽芾棠孝友已堪民表率清廉更作吏隄防
殷勤父老求篇詠寫向金仙吕藥傍

繙經一首奉簡天民有道先生

矯矯金壇八十翁繙經收得大乘功瞳人水翦琉璃碧

舌相香噴菡萏紅一邑絃歌蒙子化四窗燈火与孫同
太平有日歸陽羨還理田園樂歲豐

成廣陵先生以詩寄張先生韵度深穩謹依韵

奉和

白骨自應無葬地青山可復有遺民何時淂返屠羊肆
古廟無慚刺虎人製錦邑中推令子聽經池上躍修鱗
綠雲洞裡遺編在循省加工莫厭頻

題林屋佳城圖

墟隴依〻隔洞庭孝思圖裡栢杉青火烟空闊驚身在
霜露晨蒿每淚零休屋洞深雲氣重婁江潮落雨蓬腥

想應橘熟秋林晚歸墾岩田老一經

　顧宏中画韓熈載夜宴圖

熙載真名士風流追謝安每留賓客飲歌舞雜相歡却有丹青士燈前密細看誰知筵上景明日到金鑾

　鄭所南推篷竹卷

墨胎之墨死不化固應此君長入画雨裡推篷略見來至今風節傳天下

　題趙子昂甕牖圖

窮通由命不由人結駟來窺甕牖春富貴不淫貧賤樂山青雲白水飄飄

題趙魏公二帖

餘不溪邊采白蘋鉄網珊瑚寸寸珍天上玉樓盛不住
虹光夜夜貫星辰 已上二十首見鐵網珊瑚

題曹雲西山水

筆底江山不露鋒茅茨十尺倚長松采芝空谷歸何晚
知在晴雲第幾重

題管夫人懸崕朱竹

亦是檀欒池上枝却緣硃色借胭脂清陰忽訝繁紅藉
勁節難從染絳移結實定為朱鳳食騰空堪作赤龍騎
多應血淚湘妃盡客賦梁園摠未知

題郭天錫西二首

飛墨來從海岳菴春烟林麓是江南緑蘋洲渚閒鷗白不著征人一解驂

商頌何須曳屐歌江南山色硯池波長鬚蘸淂琳瑯墨留作飛雲在磵阿以上四首見後鉄網珊瑚

題馮子振居庸賦

馮翁耽耽老墨虎嘯風詞林彌飛弩熊羆象犀在不數血人牙牙齒齒踰斧有一嬰之折汝股橫行妥尾孰敢侮天門九關列翁伍讓翁先登翁孔武丙班文章耀策府葩華綷錯雜織組不于其彜于其祖物不虎傷虎物遅

枝撑倒顛人汝昔北登居庸豁心腑飛巒去天僅尺五
黛擁嵐浮動百堵翠華北巡六飛舉從官車騎多如雨
翁如揚雄不羅縷作賦鋪陳傳下土如何大将建旗鼓
六師如雲一擲賭翁今騎箕還帝所獨遺手書作媚嫵
淂之者誰鄧春父菖蒲為葅范登俎螢喉戟腐不敢吐
還如天霜儹宿莾物以多貴等東埜嬖婦煬竈喜欲儛
遂昌山樵手獨捐題詩愧無一字補翁名星垂萬々古

物故盧氏母周夫人輓歌辭

賢哉此媪相良人所至俱稱德化醇婦道雝々銀鹿備
母儀柳々彩衣新避兵遠憶重城路同穴全歸百歲身

日莫青山水嗚咽諸孫哀慟徹秋旻

金蓬頭画像賛

巍巍龍虎山融結自太古篤生虚靖君道獨繼祖武真人坐岩穴蕭然一環堵蓬首目光炯燕坐閲衆父奚契虚靖心天風檜杉舞

趙子昂馬圖

王孫曾騎天廐驊每憶龍駒便寫真曹霸祇今那復得丹青剥落淚沾巾

錢選浮玉山居圖

餘不之水浮玉山仙人來往乎其間珪璋藻思發天巧

粉墨絹楮留人間錢翁山居窈綿密深潤山林閟白日
翁去而今能幾年舊遊一變成荒烟惟有墨蹟長不泯
夜〻白虹光滿天

倪迂春山嵐靄圖

九龍峰上雨雲乾影落栖神澗水寒不是天機飛墨妙
何由寫入畫圖看

題司馬温公史草

典午渡江後盜臣接跡起由其創業初所事不以理温
公成通鑑善惡悉就紀心畫既嚴正形〻見在藁紙藁蓋
人所忽敬慎不少弛固宜公之心天地同終始

元宵懷錢唐第一首已見集中

錢唐江上雪初晴鳷鵲樓前月正明萬炬金蓮開火樹六
龍翠蹕降瑶京簫韶並入鈞天奏宮掖讙聞下土聲猶是
向來歌舞地鬼鐙寒雨暗荒城

甲子新歲

上元甲子天開日春定更新詔下時親舍晚依吴子國
客窓山近偃王祠墻陰夙草春泥濕屋角鳴禽曉日遲
西堠梅花正如雪晚來横笛為誰吹

次韵蔣春卿見寄

華髮垂〻到鬢鬚青春故〻把人拋生同失木狙分芋

不及知風鵲有巢楚澤生涯千樹橘杜陵破屋幾重茅此時歸老南山下不夢朱干舞玉梢

揚州一首寄嚴治中裕之

蕪城孤起暮雲中邊燧漂沈樓櫓空兒烽不銷忠義血史臣惟著簡書功銅鹽利聚吳王國歌舞香殘煬帝宮惟有紅樓舊時月朱簾隨處卷春風

和徐生芾元宵有感

錢王宮闕暮烟平陸海金蓮此夜明潮去潮來淪霸業花開花落故陪京九天歌舞銷塵劫萬井輪蹄捲市聲今日桓伊江上笛卧吹落月下空城 以上十二首見書畫彙攷

西清菴冬日桂華盛開

桂叢何自舞傳葩驚怪玄冬見此花月窟再開金粟影天香重降玉皇家攀枝楚客歌招隱耐冷常娥起散花況有清霜辟蟫蠹從茲不老是生涯 見江村銷夏録

宿通玄觀

褰衣度松聲泉石泣斜照采薇入山阿白雲起岩微仙人駕青牛泠然下虚峭璚璈鼓春風空歌發微妙擘麟觴玉醴服之五情療前林忽暝色海月涌圓嶠天高帝清寒萬里入遐眺嵯峨玄通闕磴道歸蘿蔦孫登勞我思木末戛長嘯

壽樂亭在嘐西邑隱寺

西隱西邊壽樂亭六時天樂語簷鈴傍人馴鶴行穿竹
掠水飛魚出聽經月到中庭開碧落星從南極上滄溟
千年一息那伽定長結慈雲擁帝青

採蓮涇

曲〻欄杆水殿涼紅綃扇底芰荷香按歌誤觸鴛鴦
起宮漏今宵分外涼

神光樓與張伯雨聯句

藏書地肺穴歸巢湖領山秋清薰葭露祐水落芙蓉
灣蟲飛燭見跋雨鶴唳棚上擐桂蕤豈充隱祐艸間斯

役閒脱幘鬢俱秃雨哦詩意殊慳驚飈攪墜葉祐疏檽
裊裊蘭爐温夕薰罷雨汀寒夜舟還瀛嶼倚突兀祐海
圖挂斕斒熊經諒方煦雨豹隱知難攀遥聞城外柝祐
卻撫刀頭環濡毫瀝蟾滴雨拄頰揮雨頌祐倚墻童鼾
熟雨覆杯酒腸孱神光出葭莩祐澄懷嘶茅菅氣存驗
當宁雨道充甘抱閔腥腐孰不死祐伐洗我獨頑仙從
琴心舞雨聖視咼胙敚黎明官祭和靖祠出處非異致躁静難
同班淵宅鑑黽氣雨天游滌神奸緬昔郿塢築祐餘此
巾細殷雨併乏麥飯饗祐益重黎旺瘝雨彈聞鶻血雨
重洒化鶴潛窮閭刼厌聚祐故國亡詩刪於焉遁蒿井

雨豈徒慕裔顔茹芝腹能實祐飲菊姿逾媚披雲陟砢硪雨臨池漱潺湲神鯉破網出祐乳狸據裀跧雨烟際拏書鷁祐掌中餧白鷴去鄉吴音觖雨支頤越吟艱一世更聚散祐多岐重憂患睽違隔風雨雨空聞珮珊珊祐○以上四首見康熙辛未鄭起泓刊僑吴遺集

贈朱伯盛

子刻印如刻秋濤轉折變化手縱操蟠扁神凝李斯篆冐綮妙悟厄丁刀漢章舊制蟠龜鈕魏武新書虎豹韜太史周南縱留滯劍文仍欲洗金膏朱珪名蹟録

靜安八詠

赤烏碑

龟趺蠏首立重玄淪落蛟龍百尺淵大手似聞皇象筆老
僧空記赤烏碑

陳檜

華飛三閣竟蕭條萬木江南一夜凋獨有禍明纓絡檜
霜皮剥落氣摩霄

蝦子禪

名緇神異肯炊沙鉢裡蜿蜒噴浪花漂海不隨蝦國去
渡江還爲老漁賒

講經臺

東土高僧大夢回講經猶剩雨花臺天龍去盡香雲散
滿地松陰長石苔

滬瀆壘

東吳内史晉長城滬瀆千年壁壘平莫向月明悲往事
即今滄海已塵生

湧泉

湧泉亭子小冰壺老蚌胎寒露濺珠只許蛟人弄明月
懶隨龍叟澤焦枯

蘆子渡

吳淞古渡水如烟十里蘆花雪滿天一葦可航還自許

老僧應不汎虛船

綠雲洞

長松鉅竹翠敷腴爽氣清含雨露濡不異茅君主句曲尚容元結隱猗猗　以上八首見靜安八詠詩集

則天如師子林

天如和尚上嗣普應國師倡道東南其謝絶諸方一以國師遺訓既却掃松江之上而中吴之人必欲得和尚來吴也于是建師子林以延致之居無何四方之士為詩為歌以寓其游從之意者凡若干予亦隨例賦長句一

篇復作八絕以詠其景物後之來者紀詠續
至當不止此云遂昌鄭元祐
萬竹陰陰師子林蒼霏如雲不厭深影當初陽鸞鳳舞
響作平地蛟龍吟契機元非聲後悟來涼已向栽時尋
行鞭土酥雖佶屈霈潤法雨方陰森筍時不傳滄玉法
定起每聞貫珠音不知閻浮有六月只緣毗耶無二心
眼先于焉爍天地王度乃爾式玉金老矣蒲鞋尚湛纖
貧豈藜莧長之斟養威窟中善自愛解鈴領下知誰在
顧我塵勞竟何已便應於此投華簪